CUBANOS DE ACCIÓN Y PENSAMIENTO

COLECCIÓN CUBA Y SUS JUECES

EDICIONES UNIVERSAL, Miami, Florida, 2003

OCTAVIO R. COSTA

CUBANOS DE ACCIÓN Y PENSAMIENTO

Copyright © 2003 by
———

Primera edición, 2003

EDICIONES UNIVERSAL
P.O. Box 450353 (Shenandoah Station)
Miami, FL 33245-0353. USA
Tel: (305) 642-3234   Fax: (305) 642-7978
e-mail: ediciones@ediciones.com
http://www.ediciones.com

Library of Congress Catalog Card No.: 2003100733

I.S.B.N.: 0-89729-965-5

Composición de textos: María Cristina Zarraluqui
Diseño de la cubierta: Luis García Fresquet
Foto del autor en la cubierta posterior: Octavio Costa Jr.

Todos los derechos
son reservados. Ninguna parte de
este libro puede ser reproducida o transmitida
en ninguna forma o por ningún medio electrónico o mecánico,
incluyendo fotocopiadoras, grabadoras o sistemas computarizados,
sin el permiso por escrito del autor, excepto en el caso de
breves citas incorporadas en artículos críticos o en

ÍNDICE

Introducción   7
I Protagonistas de las Guerras   9
  Carlos Manuel de Céspedes (1819)   *10*
  Francisco Vicente Aguilera (1821)   *22*
  Salvador Cisneros Betancourt (1828)   *43*
  Bartolomé Masó (1830)   *47*
  Máximo Gómez (1836)   *51*
  Calixto García (1839)   *58*
  Ignacio Agramonte (1841)   *68*
  Antonio Maceo (1845)   *82*
II Fundadores de la nacionalidad   93
  José Agustín Caballero (1762)   *94*
  Francisco de Arango y Parreño (1765)   *96*
  Félix Varela (1787)   *100*
  Tomás Gener (1787)   *106*
  Nicolás Manuel de Escobedo (1795)   *109*
  José Antonio Saco (1797)   *114*
  José de la Luz y Caballero (1800)   *122*
  Gaspar Betancourt Cisneros (1803)   *128*
  José María Heredia (1803)   *134*
  Domingo del Monte (1804)   *139*
  Calixto Bernal (1804)   *143*
  Anacleto Bermúdez (1806)   *146*
  José Morales Lemus (1808)   *149*
  Francisco Frías (1809)   *152*
  Antonio Bachiller y Morales (1812)   *155*
  Cirilo Villaverde (1812)   *162*
  José Silverio Jorrín (1816)   *165*
  Miguel Aldama (1820)   *167*
  Nicolás Azcárate (1828)   *170*
  Juan Clemente Zenea (1832)   *172*
  José Martí (1853)   *177*

III Cubanos entre dos siglos — 191
Enrique Piñeyro (1839) — *192*
Manuel Sanguily (1848) — *195*
Enrique José Varona (1849) — *210*
Rafael Montoro (1852) — *214*
Raimundo Cabrera (1852) — *218*
Juan Gualberto Gómez (1854) — *220*
Antonio Sánchez de Bustamente (1865) — *227*
José Antonio González Lanuza (1865) — *229*
Manuel Márquez Sterling (1872) — *231*
Cosme de la Torriente (1872) — *233*

IV Figuras de la República — 237
José Manuel Carbonell (1880) — *238*
José Manuel Cortina (1880) — *246*
Fernando Ortiz (1881) — *250*
Mario Guiral Moreno (1882) — *253*
Néstor Carbonell (1883) — *256*
Agustín Acosta (1886) — *259*
Emeterio Santovenia (1889) — *263*
José Ignacio Rivero (1895) — *269*
Arturo Alfonso Roselló (1896) — *272*
Juan J. Remos (1896) — *274*
Jorge Mañach (1898) — *277*
Carlos Márquez Sterling (1898) — *286*
Guillermo Martínez Márquez (1900) — *288*
Lydia Cabrera (1900) — *290*
Joaquín Martínez Sáenz (1900) — *293*
Francisco Ichaso (1900) — *296*
Herminio Portell Vilá (1901) — *299*
Luis Casero (1902) — *302*
María Gómez Carbonell (1903) — *305*
Roberto Agramonte (1904) — *307*
Andrés Rivero Agüero (1905) — *314*
Luis J. Botifoll (1908) — *316*
Leví Marrero (1911) — *320*
Humberto Piñera (1911) — *325*
Guillermo de Zéndegui (1912) — *329*
Gastón Baquero (1916) — *332*

Introducción

Este libro, "Cubanos de Acción y Pensamiento", se ha compuesto como mi "Ser y Esencia de Martí" a través de los años. Pero si el del Apóstol comenzó en 1940 para terminar en el 2000, éste de ahora comienza en 1985 con una evocación de las grandes figuras cubanas bajo el título de "La Cuba Eterna". Según las escribía trascendían al periódico semanalmente.

Si revisamos la lista de mis libros, aparte de las biografías, nos encontramos con volúmenes que recogen semblanzas de varias personalidades. Comencé en 1945 con "Diez Cubanos", "Rumor de Historia" en el 50 y "Hombres y Destinos" en el 54. Y si no menciono otras series publicadas es porque no llegaron al libro que aún esperan.

Estos antecedentes y este libro con sesenta y cinco notabilísimas figuras cubanas revelan la importancia que tiene para mí el ser humano. Es posible que en este rumbo de mi trabajo literario haya sido influido por Carlyle con su libro "Los Héroes" y por Emerson con "Hombres Representativos", obras que me leí gozosamente en mi tan lejana juventud.

En el libro del inglés me impactó su declaración de que "La historia de una nación no es más que el conjunto de las biografías de sus más destacados ciudadanos". Estas palabras repercutieron en Martí cuando dijo "que la mejor historia que se le podía ofrecer al pueblo cubano era una colección de biografías de sus más grandes personalidades".

Aparte de la historia, dentro de la filosofía se ha producido un movimiento hacia el hombre y la vida con las apariciones de la Razón Vital, el Existencialismo, la Axiología y la Antropología Filosófica. Esto demuestra que la persona humana es el eje en torno al cual se mueve todo desde los más remotos tiempos hasta la actualidad y en todos los niveles y áreas.

A través de estas cuatro últimas décadas, fuera de Cuba, yo no he perdido la oportunidad de escribir sobre sucesivos "cubanos de acción y pensamiento" que hayan estado positivamente involucrados en la vida pública del país, tanto en la colonia como en la república.

Frente a este material histórico, consciente de lo que saben los cubanos sobre nuestra historia y sus protagonistas, comprendí la utilidad que podrían tener esos textos míos si trascendieran al libro y fueran leídos por nuestros compatriotas. Cuando informé a Manolo Salvat del asunto, no vaciló en decirme que le interesaba el libro y que lo publicaría.

Cada una de estas semblanzas está condicionada por el momento y las circunstancias en que se escribió. Por eso tienen tan distintas extensiones mientras que en el conjunto no hay una uniformidad literaria o estilística. Me las veo con personajes y vidas muy diferentes.

Algunos que respondían a los requerimientos señalados han quedado fuera porque yo no quería un libro que pasara de las trescientas cincuenta páginas. Pero éstos y otros, por muy justificadas razones, aparecerán en un futuro volumen.

Ojalá que la evocación de estos fundamentales cubanos de nuestra historia sirva para iluminar nuestro pasado desde las cuatro últimas décadas de los setecientos hasta el desplome de la república en 1959.

Asombra la tan alta calidad moral de estos cubanos y su tan vasta y sólida cultura con varias lenguas. Conocían a Estados Unidos y habían viajado ampliamente por Europa.

Mucho agradezco a la señora Patricia Orozco la eficaz ayuda que con tanto entusiasmo me dio en la busca de estos materiales y en la revisión de las pruebas. A la señora María Cristina Zarraluqui por la paciencia que tuvo conmigo y por el primor de la composición. Y a Juan Manuel Salvat, toda una institución dentro del mundo editorial, por la publicación del libro. Sin él, no lo tendríamos publicado. Confieso que todo este dificilísimo trabajo lo llevé a cabo cada día bajo el permanente recuerdo de Caruca. Ella está conmigo y es imposible olvidarla.

Octavio R. Costa

I

Protagonistas de las Guerras

Carlos Manuel de Céspedes (1819)

Los Céspedes estaban instalados en Bayamo desde los últimos años de los setecientos. El que primero trasciende a la historia es Manuel Hilario, padre de Jesús María de Céspedes y Luque, a quien se le reconoce como criollo. De su matrimonio con Francisca de Borja López del Castillo va a nacer Carlos Manuel de Céspedes el 18 de abril de 1819. Son familias hidalgas que logran levantar, por ambas ramas, muy considerables riquezas

Bayamo es una villa totalmente distinta a las otras seis fundadas por Diego Velázquez. Aparte de su densidad histórica ha logrado tener un muy particular estilo de vida dentro de la cual sobresale la cultura tanto en lo literario como en lo artístico.

A pesar de estos atributos, por las circunstancias generales del país la enseñanza primaria es muy deficiente. Pero a lo poco que le enseñaron sus maestras él añadió lo que pudo aprender en el Convento de Santo Domingo. Al margen de sus clases al niño le gusta el campo. Es un buen jinete y un diestro nadador. En ocasiones sale de cacería. En la ciudad se comporta como un caballerito. Mucho le agrada la amistad con las niñas.

A los dieciséis años ya Carlos Manuel revela una no común inteligencia, un afán de aprender y un fuerte carácter.

Como no hay posibilidades académicas en Bayamo, el padre lo manda a La Habana para ingresar en el prestigioso Seminario de San Carlos, donde ha enseñado el bayamés José Antonio Saco. Carlos Manuel no alcanza a conocerlo porque ha sido proscrito en el año anterior a su llegada a la capital, que fue en 1835.

Graduado Carlos Manuel, estudia Leyes en la Universidad hasta licenciarse. Y a los efectos de lograr su doctorado viaja a España con su joven esposa, María del Carmen Céspedes, prima suya. Se radica en Barcelona. Llega en días muy turbulentos.

Desde el 36, la Reina María Cristina, bajo la presión de un motín escenificado en Aranjuez, ha restablecido la Constitución de 1812 que Fernando VII, ya fallecido, había ignorado. En consecuencia rige una monarquía constitucional en la que funcionan dos partidos: el progresista con Espartero y el conservador de Narváez. Entre el primero y la Regente, madre de la futura Isabel II, hay fuertes tensiones que a su vez están envueltas por la guerra civil que protagonizan los carlistas y los isabelinos.

Carlos Manuel se interesa tanto en la agresiva política que se desarrolla en Barcelona, que de la mano de Juan Prim se ve envuelto en la misma. Entre el influyente catalán y el joven cubano se traba una buena amistad. Mientras tanto, sigue sus estudios hasta lograr su doctorado. Y consumada esta meta, viaja a París. De Francia va a Londres, donde conoce a ingleses de altos niveles sociales que lo invitan a una cacería de zorras que le sirve para exhibir sus habilidades de experimentado jinete.

De Londres va a Suiza, Turquía, Grecia, Italia y Alemania. Lleno de experiencias y hablando inglés y francés, regresa a Cuba con la esposa y el hijo que repite su nombre. No tardará en nacer otro, Oscar, en 1845. Ha transcurrido una década, desde que había dejado su terruño para ir a La Habana. Con veintiséis años y las experiencias tenidas en Europa ostenta la más atractiva personalidad.

Abre un bufete. Es socio de la Filarmónica. Hace una intensa vida social, habla con singular elocuencia y escribe muy buenos versos. Se le ha encargado la contaduría de la Junta de Fomento, semejante a la que se creó en La Habana para desarrollar la economía. Asimismo se le nombra Síndico de esclavos, cargo para la defensa de los mismos. Y por esos días fue que pudo lucir su destreza como espadachín al sostener un duelo con un oficial español que algo desagradable había dicho sobre los cubanos.

Si la conspiración de La Mina de la Rosa Cubana no repercutió en Bayamo, al ser ejecutado Narciso López el gobernador de Bayamo organiza un banquete para celebrar el suceso. Ante el mismo el doctor Céspedes pronuncia enérgicas palabras de condenación. La consecuencia es que se le destierra a Palma Soriano. Y es ahora cuando en un debate poético con José Fornaris escribe el antologable soneto dedicado al Cauto.

A partir de este incidente Carlos Manuel no deja de estar en la mirilla de las autoridades españolas. Dentro del dolor que sufre por la muerte de su padre, algo dice sobre el gobernador, que éste se siente agraviado. El coronel Gómez Rojo lo destierra a Manzanillo, donde funda una Filarmónica y hace la misma vida social que acostumbraba en Bayamo. Dedica sus ocios a la lectura. Escribe para varios periódicos.

En 1855 ajustician en La Habana a Ramón Pintó, ilustre personalidad que secretamente trabajaba en favor de Cuba y Céspedes no vaciló en condenar públicamente el crimen, hecho que le cuesta que lo destierren a Santiago por un año. Pero en esta ocasión no conserva su libertad de movimientos, sino que por varios meses está confinado en un viejo barco español que se encuentra fondeado en la bahía.

Cuando queda totalmente libre comprende que son las armas la única solución que tiene el problema de Cuba. Y como él hay otros que piensan lo mismo, pero no se deciden a aliarse con quien ha dado tantas muestras de tener una fuerte personalidad. Sin ninguna posibilidad revolucionaria retorna a la vida social de antaño. Se ajusta a la rutina cotidiana de aquellos días pautados por el gobierno de Domingo Dulce.

Y para sorpresa de todos, un nuevo Capitán General desarrolla una política distinta a la de sus antecesores. Es Francisco Serrano. Le abre las puertas de palacio a los cubanos. Recibe a las más connotadas figuras a fin de que lo que lo ilustren sobre la realidad que se vive en la Isla.

Comprendió que Cuba no merecía el régimen vigente. El país necesitaba las reformas que venía demandando José Antonio Saco desde los treinta. Habló con los más sobresalientes reformistas y les sugirió que se organizaran y así se hizo. Se invitó a Saco a venir a La Habana y Miguel Aldama le ofreció un banquete en su palacio con la presencia del Capitán General y su esposa. Y si la visita del ilustre cubano no produjo ningún resultado positivo, al regresar a Madrid, Serrano pronunció en el Senado un elocuente discurso en favor de la isla.

Logró que se convocara una Junta de Información para que se informara al gobierno sobre las necesidades de la Isla. José Morales Lemus presidió la delegación. La Junta fue inaugurada en octubre del 66, pero en esos momentos Serrano estaba fuera del poder y cuando concluyeron los trabajos en abril del 67 nada se había resuelto. Si se había pedido la sustitución de un impuesto por otro, se impuso el sugerido sin cancelar el primero. El hecho repercutió negativamente entre los cubanos, especialmente en Céspedes que siguió con mucha atención el proceso reformista.

Después de lo ocurrido en Madrid, Carlos Manuel comprendió una vez más que nada podía esperarse de España. Sin avisarle de inmediato a él, que está en Manzanillo, los bayameses Francisco Vicente Aguilera, Pedro Figueredo y Francisco Maceo Osorio empiezan a conspirar.

Se produce la primera reunión el 3 de agosto del 68 en "San Miguel del Rompe", con una asistencia de unos sesenta procedentes de distintas áreas y se formó un comité con los mismos tres iniciadores. Pero no hubo acuerdo en cuanto a la fecha del alzamiento. Mientras Aguilera quería la espera de un año, Céspedes la reducía a un mes. Y Salvador Cisneros y Betancourt confesaba que Camagüey no estaba preparado. No se contaba con las armas necesarias.

Hubo una segunda reunión el primero de septiembre, en la finca "Muñoz". Y se volvió una vez más al litigio de la fecha, Si Céspedes seguía insistiendo en la inmediatez, otros pensaban que debería esperarse a que pasara la zafra. Aguilera accedió a que se adelantara para el 24 de diciembre.

Sin acuerdo definitivo, se produjo un tercer encuentro en "Caletones". Como no hay modo de lograr la unanimidad, Céspedes, sin Aguilera, reúne a los más impacientes en "Rosarito" y se resuelve que el levantamiento se produzca el 14 de octubre.

En esta situación es que llega el telegrama que ordena la detención de los jefes de la conspiración. El telegrafista hace llegar la noticia a Céspedes y éste, tras de avisarle a Aguilera, da el Grito de independencia en su ingenio "La Demajagua" el 10 de octubre del 68. A esos efectos lee el documento que ha preparado para explicar las causas y las metas de su decisión con la presencia de treinta y siete cubanos, Entre ellos sus hermanos. Además figuras de la importancia de Bartolomé Masó, Manuel de Jesús Calvar, Luis Marcano...Y sin ninguna vacilación declaró la libertad de sus esclavos.

Había que pasar del pronunciamiento a la acción. Pensó dirigirse a Manzanillo, pero se decidió por Yara, donde fue derrotado. La mayor parte de sus hombres se dispersaron. Fue entonces cuando dijo en el colmo del optimismo: "Aún quedamos doce, suficientes para independizar a Cuba." Pero, los que escaparon para salvar sus vidas ante fuerzas muy superiores no tardaron en retornar y fue entonces que decidió llegar a Barrancas para acercarse a Bayamo.

Además, según se va sabiendo lo de "La Demajagua" se producen más levantamientos. Aguilera, tan pronto recibió el recado de Carlos Manuel, se levantó con el contingente que ya tenía preparado en su finca "Cabaniguán, Donato Mármol con Calixto García y Luis Figueredo en Jiguaní, Vicente García y Francisco Rubalcaba en Las Tunas, Francisco Maceo Osorio en Guisa y así sucesivamente figuras que se consagrarán en pocos días como Máximo Gómez y los hermanos Antonio y José Maceo.

Cuando Céspedes llega a Barracas se le calculan unos ciento cincuenta seguidores, pero muy precariamente armados.

Con gente de Bayamo se le suma Perucho Figueredo. Y ante los trescientos que llegan está Luis Marcano y se robustece la decisión de Céspedes de dirigirse a la ciudad natal de los cuatro iniciadores del movimiento. Carlos Manuel le dice a Aguilera que se quede con los suyos en Barrancas a fin de proteger la marcha. Ante tal contingente, bastaron cuarenta y ocho horas para vencer el 22 de octubre la resistencia del gobernador Julián Udaeta.

Triunfalmente entraron los patriotas en la histórica ciudad, Céspedes asumió sus funciones de Capitán General. Se entró en la iglesia para asistir a la solemne ceremonia religiosa. El sacerdote bendijo la bandera que se había enarbolado como el símbolo de la lucha de los cubanos por la independencia y se cantó el himno de guerra que había compuesto Perucho Figueredo. Consciente de su autoridad adopta las necesarias medidas administrativas. Incluyó a dos peninsulares y a dos de color en el nuevo ayuntamiento.

Tan pronto la noticia llega a La Habana, Lersundi, que es el Capitán General de turno, ordena al Conde de Valmaseda que se dirija a Oriente para rescatar a Bayamo. Y el 8 de enero derrota a Donato Mármol en Saladillo. Con esta catástrofe el camino hacia la ciudad quedaba perfectamente expedito. Ante tal situación, Céspedes dispone que se prenda fuego a todas las casas. Cuando Blas Villate llegó se encontró que las llamas habían arrasado con todo lo que se había construido en tres siglos.

Al llegar a Madrid la noticia se mandó a Domingo Dulce para sustituir a Lersundi con la encomienda de que agotara todos los pacíficos recursos posibles para convencer a los cubanos que depusieran las armas y abandonaran la rebelión iniciada contra España. Nada se logró en ese sentido y la revolución se extendió a

Camagüey y las Villas. Ni los llamados voluntarios ni los casinos colaboraron con el nuevo gobernador. Lo derrocaron y lo devolvieron a la Península.

Frente a las fuerzas de Camagüey están Salvador Cisneros Betancourt, que había intervenido en la conspiración de Oriente, y el joven abogado Ignacio Agramonte. Entre los villareños Eduardo Machado y Miguel Jerónimo Gutiérrez.

En cuanto Agramonte, formado políticamente con las ideas de la Revolución Francesa que habían llegado a América, era tan liberal como demócrata y republicano. Creía en los derechos humanos y en la división de poderes de Montesqieu.

Esta posición política lo enfrenta con Céspedes. Además, frente al monopolio oriental que Carlos Manuel representa defiende la unidad de la revolución mediante la convocatoria de una convención constituyente con delegados de las regiones levantadas en armas. Bajo su inspiración los camagüeyanos se habían organizado en una Asamblea de Representantes del Centro, que de inmediato se convirtió en el Comité Revolucionario del Centro, presidido por el Marqués de Santa Lucía y con éste Ignacio y Eduardo Agramonte.

Dos veces Ignacio se reunió con Carlos Manuel, quien como el iniciador de la guerra, era el más alto representante de los alzados. Pero él estaba en Oriente y ya los camagüeyanos y los villareños peleaban contra los peninsulares y los no pocos guerrilleros que se les habían sumado.

Al fin Agramonte convenció a Céspedes y se convocó la convención constituyente de Guáimaro. No le fue fácil a Carlos Manuel acceder a los razonamientos de Ignacio. El bayamés era abogado, hombre de leyes, conocía la política española dentro de una monarquía constitucional que funcionaba a base de dos partidos con un jefe de gobierno y un parlamento. Era un hombre culto que había viajado por Europa y pensaba que en toda guerra había que tener un mando personal. Pero esto estaba en conflicto con los principios democráticos de los camagüeyanos que soñaban con una cámara de representantes en la que estarían algunos de ellos.

Sin embargo, el bayamés intervino con el camagüeyano Ignacio Mora en el proceso electoral convocado para elegir a los delegados. El 10 de abril del 69, seis meses después del 10 de Octubre, se reunieron los delegados y con ellos numerosos patriotas interesados en el acto. Por razón de sus edades, Céspedes, el más viejo, asumió la presidencia, y por ser los más jóvenes Agramonte y Antonio Zambrana ocuparon las secretarias.

Y éstos son los mismos encargados de redactar el texto de la constitución que se va a someter a la asamblea. Si los iniciales trabajos se desarrollaron armoniosamente, esta armonía presidió la lectura y aprobación del texto completo. Y de inmediato empezó la discusión de los veintinueve artículos uno por uno. Los correspondientes debates se llevaron a cabo civilizadamente. Ni Carlos Manuel tuvo el menor reparo ante aquéllos que contrariaban su concepción del estado que allí se estaba organizando.

Se le daba todos los derechos a la Cámara. Ella nombraría al presidente y al jefe del Ejército con la facultad de poderlos deponer. Los nombramientos de los secretarios de despacho tendrían que ser aprobados por los diputados. Lo mismo ocurría con la designación del cuerpo diplomático. Y para que no le faltara ningún disgusto, se desechó su bandera y se adoptó la que Narciso López había tremolado en Cárdenas en mayo de 1850.

Se declaró la igualdad de todos los cubanos con inclusión de los de color pues quedaba abolida la esclavitud. Y se consagraban todas las libertades que se habían proclamado en la constitución de Estados Unidos. Es decir, Cuba quedaba organizada como una república liberal y democrática.

Se declararon como representantes a los mismos que habían compuesto a la asamblea. Como presidente de la república se designó a Céspedes. Y a Miguel Jerómino Gutiérrez se le nombró para presidir Cámara con Agramonte y Zambrana como secretarios.

En cuanto al jefe del Ejército se designó a Manuel de Quesada veterano de la Guerra de Secesión y cuñado de Céspedes puesto que éste, ya viudo, contrajo segundas nupcias con su hermana Ana. Era el hombre indicado para el puesto por sus experiencias militares, pero que por razón de su fuerte personalidad no resultaba agradable para los jóvenes diputados.

No terminaron los trabajos sin que Manuel Sanguily le observara a Agramonte que nada se había dicho sobre un grupo de color que presenciaba el evento. El camagüeyano le pidió al habanero que subsanara el injusto silencio en que se había incurrido y el orador cumplió el encargo con suma elocuencia.

Tan pronto Valmaseda supo de lo ocurrido en Guáimaro dispuso que el fuego desapareciera el humilde pero ya simbólico poblado.

De inmediato tanto el Presidente como la Cámara empiezan a cumplir sus funciones. Esta redacta la Ley Orgánica de Ejército a fin de controlar a quien lo encabeza. Entre Quesada y los jefes de los departamentos en que se había dividido el territorio de la guerra empezaron las dificultades. Aquéllos que nada sabían de la ciencia militar, se resistían a aceptar algunas disposiciones de Quesada.

La causa fundamental del conflicto consistió en que si Quesada aspiraba a formar un ejército que pudiera expandir la guerra, los jefes se negaban a salir de sus territorios, dentro de los cuales tenían a sus respectivas familias. Esta desobediente actitud obligó al General en Jefe a tomar medidas que repercutieron negativamente en la Cámara. Por otra parte, a presencia del gobierno se produjo el fracaso de no poder tomar, como se había anunciado, a Las Tunas.

Tras esto el General en Jefe reclamaba más facultades, quería actuar con menos dependencia de la Cámara según la ley aprobada. Todo esto daba lugar a que representantes como Rafael Morales y González lo atacaran. El 10 de diciembre se planteó su destitución y al defenderse, ratificando su actitud, da más argumentos para que se le retire la confianza. En vano renuncia. Se le destituye a pesar de que había tenido el apoyo de Agramonte.

Céspedes lo desagravia nombrándolo agente oficial suyo en Estados Unidos. Al despedirse del Presidente le advirtió que la destitución se repetiría con él. Hubo cambios en el gabinete. Aguilera abandona la Secretaría de la Guerra y es entonces que se crea la vicepresidencia y se le designa para la misma a pesar las objeciones constitucionales del Presidente. Para sustituir al bayamés se nombra a Moralitos.

En cuanto a la jefatura militar se nombra a Thomas Jordan, que no tarda en renunciar y regresar a su país por enfrentar la misma resistencia que se había tenido para Quesada. Desde entonces los jefes, nominalmente dependientes del Presidente, actuaban por si mismos, Jordan había sido el maestro de Agramonte y había tenido brillantes éxitos.

En marzo del 70 ya está Quesada en Nueva York y de inmediato empieza a organizar una gran expedición que dio pie para que se sospechara que la misma no tenía otro objetivo que disolver la Cámara y fortalecer a Céspedes. Este rumor, que no respondía a la realidad, exacerbó el comportamiento de los diputados con el Presidente.

La presencia de Quesada provocó la aparición de los quesadistas y el inmediato enfrentamiento de ellos con los aldamistas. Esta conflictiva situación hacía que ambos grupos fueran incapaces de mandar a la isla las armas y los pertrechos que necesitaban los patriotas que se batían con los españoles. Ente ellos Máximo Gómez, Calixto García, Vicente García, Bartololomé Masó, Ignacio Agramonte, Antonio y José Maceo, Carlos Roloff, Manuel de Jesús Calvar, Modesto Díaz, Flor Crombet, Guillermo Moncada....

Mientras tanto, el presidente Ulises Grant recibe a Morales Lemus y decide comprarle Cuba a España por 125 millones, pero no para incorporarla a los Estados Unidos sino para entregarla libre y soberana a los cubanos. Para eso nombra como plenipotenciario a David W. Sickles. Fueron en vano sus inteligentes gestiones. Los españoles demandaron una tregua que no era posible. Luego un plebiscito de imposible realización y por último dijeron que "antes de vender a Cuba preferirían que se hundiera en el fondo del mar". El fracaso americano tanto afecto al muy ilusionado Morales Lemus que el corazón le falla y muere.

El año 70 fue fatal para los cubanos, sin armas suficientes frente a fuerzas bien armadas. Dentro del mismo se produce un malentendido entre Céspedes y Agramonte en relación a la familia y éste renuncia. El Presidente comete el error de aceptar la decisión. Todo cuanto el Bayardo había logrado desaparece. Muere Eduardo Lorda. Asesinan a Augusto Arango. Fusilan a Domingo de Goicouría y sus acompañantes en Cayo Romano. Lo mismo ocurre con Luis Ayestarán y Oscar de Céspedes, hijo del Presidente, es apresado. Se le pide al padre que deserte del gobierno y abandone la guerra. Era lo que se le exigía en cambio de la vida del muchacho. Carlos Manuel no cede y se produce el fusilamiento.

Fallecido Morales Lemus, Céspedes nombra a José Manuel Mestre, pero ya nada se puede hacer en la Casa Blanca. Grant dijo algo que ofendió a Mestre y a Aldama. Éstos le replicaron y fueron mandados a detener. Ya dentro del 71, aunque llegaron algunas expediciones la situación de los patriotas era bastante calamitosa, sin que se dejara de pelear heroicamente. Agramonte había vuelto a la guerra y había reconstruido sus antiguas fuerzas.

En ese mismo año 71 se producen dos horribles crímenes. El 25 de agosto se fusila al poeta Juan Clemente Zenea, que fue apresado al salir de Cuba con la esposa de Céspedes. El había regresado a la isla con un salvo conducto del Ministro de España en Washington para llevarle al Presidente un mensaje del Ministro de Ultramar. Fue un simple portador de un interés de Madrid con lo que nada tenía él que ver.

El otro fue el fusilamiento de ocho estudiantes de Medicina que fueron culpados de profanar la tumba o el nicho de Gonzalo Castañón, un periodista español recalcitrante enemigo de los cubanos que había sido asesinado en la Florida. Eran absolutamente inocentes. No hubo ninguna prueba del hecho imputado. Entre ellos había uno que ni siguiera estaba en La Habana el día del inexistente suceso. El crimen fue violentamente promovido por los voluntarios. El honor de España estuvo representado por el Capitán Federico Capdevila que asumió la defensa de los criminalmente acusados. Estos dos tristes sucesos repercutieron dolorosamente en el corazón de Carlos Manuel, siempre tan sensible.

Son tan dramáticas las noticias que llegan desde Nueva York en relación con las pugnas que escenifican los quesadistas y los aldamistas que Céspedes manda a Aguilera, en su condición de vicepresidente, con la encomienda de que logre la pacificación de los dos bandos a fin de que puedan mandar las expediciones que con tanta urgencia se necesitan. Lamentablemente el ilustre mediador no pudo cumplir el encargo del ejecutivo. Su infinita bondad se estrelló en el muro de pasiones que enarbolaban los emigrados y se dirigió a Europa en pos de un empréstito en Londres y de donaciones en París.

Si no obtuvo lo primero, fue muy precario el caudal conseguido de lo segundo. Al regresar a Nueva York, fuera de su voluntad, surge un tercer grupo, el de los aguileristas. Aldama se convierte en el más injustificado adversario de Francisco Vicente.

Vuelto Agramonte a la pelea con triunfos y no pocos episodios como el del rescate de Julio Sanguily, Máximo Gómez, por sugerencia de Carlos Manuel o por iniciativa suya, se dirige al Bayardo para organizar la marcha de sus fuerzas hacia La Villas, donde no hay la necesaria actividad bélica, pero Gómez es intempestivamente destituido. El dominicano no puede sospechar la causa. No es otra que un intrigante le ha dicho a Céspedes que entre él y el camagüeyano se confabulan para destituirlo.

Gómez se resignó con toda dignidad hasta que con la inesperada muerte del invencible Ignacio en mayo del 73 Céspedes le ordena que ocupe el cargo que ha quedado vacío. Por entonces se produjo la tragedia del "Virginius" con una expedición más organizada por Quesada. Avistado por los españoles se le obligó a entrar en la bahía de Santiago con sus 175 expedicionarios. El 4 de noviembre empezaron los fusilamientos. Cuando se había ejecutado a 58 apareció el barco "Niobe" de la armada inglesa. Su capitán demandó el cese de la matanza bajo la amenaza de bombardear a la ciudad y el gobernador obedeció. Entre los muertos estaban Pedro de Céspedes, Bernabé Varona, Jesús del Sol, Agustín Santa Rosa y Herminio de Quesada, hijo del General.

Unas semanas antes de esta tragedia algo muy grave ocurre al Presidente. Desde la Convención de Guáimaro se advirtió la hostilidad que sucesivamente se producía entre la Cámara y el hombre de "La Demajagua". Nunca los diputados de turno dejaron de atacar a Céspedes, dejándolo sin otra posibilidad que la resignación en la espera de que le llegara la destitución que le había advertido Quesada. Al cabo de cuatro largos años se habían sumado no pocos cargos contra Carlos Manuel, que por su parte movilizó todos los recursos por evitar lo que llegó en octubre del 73. La causa final fue un manifiesto suyo. Los diputados se sintieron agredidos y no necesitaron más razones para juzgarlo sin su presencia.

El estaba en "La Somanta", en espera de la sentencia. La Cámara había logrado el respaldo de dos jefes tan importantes como Calixto García y Vicente García. Mientras, el Marqués de Santa Lucía aguardaba con avidez su arribo al alto cargo que quedará vacío tras el desalojo de su titular que no se molestó en defenderse y que aceptó la sentencia con la ecuanimidad que le exigía su notoria grandeza. Era un hombre superior a la suma de todos los que lo condenaron.

El iniciador de la guerra del 68 fue sometido al más cruel tratamiento. Se le acosó por Félix Figueredo para que devolviera todo lo que, según el reclamante, pertenecía al cargo y no a su titular. Luego lo hicieron, seguir con el gobierno en sus movimientos hasta que al fin se le dejó en libertad sin dársele la debida protección. Se dirigió a San Lorenzo donde compartió con los que allí vivían. Enseñaba a los niños. Hasta que los españoles supieron el lugar. Lo rodearon y empezaron a disparar. El prócer esgrimió su revólver y disparó también hasta que se desplomó. Era el 27 de febrero de 1874. El cadáver fue exhibido en Santiago, donde se le dio sepultura. Hasta ahora persiste la gloria de su personalidad y su patriotismo, Si se le ha dado el título de Padre de la Patria también se le denomina el Mártir de San Lorenzo. Con alguna excepción nadie se acuerda de sus enemigos ni de sus asesinos.

Francisco Vicente Aguilera (1821)

Cuando Carlos Manuel de Céspedes tiene dos años nace también en Bayamo Francisco Vicente Aguilera el 23 de junio de 1821.

Su padre es el Coronel Antonio María Aguilera, cubano de nacimiento y con estudios en España. Estando allá se produjo la invasión de los franceses y el joven fue de los que tuvieron que pelear para derrotar a los extranjeros. Este hecho fue el que le mereció el grado militar que ostentaba. Su madre fue Juana Tamayo e Infante. La pareja ya tenían un hijo que repetía el nombre del progenitor. Y después vendrán dos más.

Dada la precaria enseñanza que hay en Bayamo cuando Francisco Vicente tiene doce años el padre manda a los tres vástagos a La Habana para que estudien en el famoso Colegio de Carraguao, dirigido por José de la Luz y Caballero y así llamado porque era el nombre del área habanera en que estaba ubicado.

Uno de los maestros del colegio es el joven José Silverio Jorrín, llamado a trascender a la historia de las letras cubanas. Es tanta su influencia que las ideas del profesor penetran en la mente del bayamés. Terminado el bachillerato pasa al Seminario de Carlos y estudia la carrera de Leyes. Cuando no la ha concluido, estimulado por Jorrín, en el 43, va a Estados Unidos. Este viaje fue una extraordinaria experiencia para quien tiene la suficiente sensibilidad para darse cuenta de lo que es la vida de una república y el contraste que la misma le produce en relación con el régimen que España le tiene impuesto a Cuba.

Regresa a La Habana, se gradúa de abogado en el 46. Le llega la noticia de la muerte de su padre y regresa a Bayamo para asumir la responsabilidad de los vastos bienes de la familia. Han pasado diez años. Joven y rico, con alta y delgada, figura y tan agradable personalidad, no resulta indiferente para las muchachas. Y en el 48 se casa con Ana Kindelán y Griñan después de haber tenido un romance con una manzanillera que ha dado un hijo bautizado con el nombre de Eladio y con el que el padre no hace distinción. Ana no hace caso de ese hecho y le dará sucesivos vástagos.

Al margen de los negocios, que él acrecienta hace mucha vida tanto social como cultural en Bayamo y además sigue las noticias que tienen que ver con el rumbo de la patria. No se afilia al reformismo de Saco ni al anexionismo de Gaspar Betancourt Cisneros, pero está al tanto de sus procesos. La misma reacción tiene frente a Narciso López y sus dos expediciones. Los destierros de Céspedes por sus rebeldías no le son indiferentes, pero no imita a Carlos Manuel.

Aunque se empeña en mantener una buena distancia con el gobierno no puede rechazar el cargo de alcalde. Éste tiene funciones judiciales y cuando pone una multa, él la paga sin que se enteren las autoridades. Asimismo se le nombra jefe de las milicias blancas y asume el cargo porque rechazarlo sería despertar sospechas sobre sus ideas en los funcionarios peninsulares. Llega más lejos y girando sobre su inmensa fortuna hace muchas mejoras en ese cuerpo.

Su serenidad, su discreción y su prudencia le permiten flotar sobre la realidad que vive sin ser un simulador. En el fondo de su corazón se siente abolicionista, pero tiene esclavos para no discrepar del ambiente en que vive. Los suyos no tienen motivo para quejarse.

En el 63 muere su madre. Ante el dolor que sus amigos le ven vivir le recomiendan que viaje a Europa, cosa que le agrada. Y por casi un año recorre España, Francia, Italia e Inglaterra. Esta estancia europea lo ha enriquecido muchísimo.

Pudo conocer directamente a estos países y saber de sus gobiernos y cultura. Cuando regresa a Bayamo comprende que Cuba es muy pequeñita en todo al compararla con esas tierras que ha visitado. Tampoco se le escapa saber que el país de los españoles no se parece a los otros, en los que él capta más progreso y bienestar.

De regreso a Bayamo compra en Manzanillo el ingenio "Santa Gertrudis" que moderniza con aparatos más modernos, muy superiores a los que tiene el de Carlos Manuel. A sus más cercanos amigos como Perucho Figueredo le cuenta sus experiencias en España en relación con Cuba. La isla no existía para los españoles y algunos de ellos pensaban que lo de Cuba estaba mejor que lo de la península.

Lo sorprende la actitud de Francisco Serrano, el nuevo Capitán General. Era algo semejante a lo que había ocurrido con Luis de las Casas en los setecientos. El poderoso político no discriminó a los cubanos, les abrió las puertas de palacio y promovió en tal medida el reformismo que Saco llegó a La Habana.

Cuando ya Serrano está en Madrid sabe de las elecciones para elegir a los delegados de una Junta de Información. Y cuando ésta se lleva a cabo la sigue hasta donde le es posible. Pero cuando acaba y José Morales Lemus, que presidía la delegación cubana regresa, supo entonces la significación del fraude en que ha incurrido Madrid treinta años después del rechazo en 1837 de los diputados de Cuba electos en unas elecciones convocadas por el régimen. Fue entonces que Saco, una de las víctimas, dijo que lo de la isla había que resolverlo con balas. Sin embargo por tres décadas más mantuvo la tesis de reformismo.

Lo más irritante fue que si Morales Lemus había planteado la sustitución de un impuesto por otro, se aplicó el sugerido, pero no se canceló el que debía desaparecer. Pero el colmo fue que las autoridades de la Isla se defendían diciendo que esa nueva imposición había sido pedida por los cubanos. Era verdad, pero no toda la verdad. Una injuriosa calumnia más sobre un infeliz pueblo explotado y escarnecido.

En consecuencia, el independentismo de las primeras conspiraciones en la década de los veinte desplazó la ilusión reformista que a su vez había suplantado al anexionismo de Gaspar Betancourt Cisneros y del "Club de La Habana", compuesto por hacendados. A partir de ahora Aguilera, sin signo externo alguno, en silencio, no hace más que pensar cómo y de qué manera él puede iniciar a trabajar en la organización de un levantamiento bélico que pudiera dar al traste con el dominio de España sobre su país.

Algo, sin embargo, flota en el ambiente de Bayamo porque en ocasiones el gobernador le pregunta si él ha tenido que ver con un conato de alzamiento y con un evento donde se profirieron exclamaciones contra España. Las respuestas fueron tan dignas para los cubanos como enigmáticas para el español. Es que sin aceptar los rumores en el fondo no niega que él pueda protagonizar lo que se le sospecha. Se mantiene en su finca "Santa Isabel" y desde allí, fuera de la sede del gobierno, va haciendo contacto con los amigos y patriotas que algún día no lejano tendrán que actuar con él en favor de la independencia de la patria. Su subterráneo mensaje recorre sus varias posesiones a través de sus más responsables y fieles servidores.

Y entre sus contactos hay uno de alto nivel con Pedro Figueredo y Francisco Maceo Osorio. No lo hace con Céspedes porque está en Manzanillo oficialmente impedido de entrar en Bayamo. Pero no va a verlo porque sería algo que provocaría alguna sospecha de los españoles. Por otra parte parece que Francisco Vicente no confía mucho en Carlos Manuel como consecuencia de su tan expansivo temperamento.

Como las logias sirven siempre para hacer los necesarios contactos sin ningún riesgo externo, los tres bayameses fundan la denominada "Redención", nombre que no puede ser más significativo y no menos sospechoso para los españoles, a pesar de que los miembros no se reúnen en el área urbana sino en "Santa Isabel". En un principio sólo se juntan los tres fraternales amigos a fin de discutir la estrategia a seguir. Pronto llegarán algunos de los más importantes comprometidos.

El 14 de agosto del 67 no se reúnen en la finca sino en una casa de Perucho, que no es su residencia. Ese día se integra un Comité Revolucionario, que preside Aguilera. Figueredo es el tesoero y Maceo Osorio, vocal. Por primera vez hay otros de absoluta confianza y de muy notorio prestigio. Se aprueba expandir el movimiento. Aguilera se ocupará de Santiago y Camagüey, Maceo Osorio de Holguín, Figueredo irá a La Habana y Luis Fernández de Castro a Las Villas.

Ha habido buenas reacciones en Tunas; Holguín y Santiago. En esas localidades se ha fundado subcomités. Figueredo no encontró en la capital espíritu revolucionario. Los más connotados aún creían que no se podía descartar al reformismo.

De Las Villas, no se supo nada. Fue en esta ocasión que Maceo Osorio le pidió a Perucho que compusiera un himno que fuera para ellos como fue la "Marsellesa" para los revolucionarios franceses del 89.

No termina el 67 sin que Carlos Manuel esté enterado de todo y trabajo le cuesta frenar su impaciencia. De los cuatro sólo es él quien tiene una experiencia tanto política como revolucionaria. Cuenta ya con no menos de tres destierros. Ahora mismo el alcalde de Manzanillo lo acusa ante el sub-gobernador de querer asaltar el cuartel de esa villa. Hasta señala la fecha del hecho: el 24 de diciembre. Y efectivamente se le detiene, pero se le deja libre cuando él declara y prueba que su esposa está moribunda.

Empieza el 68. Como resultado de las gestiones llevadas a cabo por el Comité Revolucionario se sabe que tanto en Camagüey como en las Villas hay quienes están conspirando en consonancia con los bayameses. Entre los camagüeyanos Salvador Cisneros Betancourt, Marqués de Santa Lucía, y dentro de los villaclareños Miguel Jerónimo Gutiérrez, Eduardo Machado y Antonio Lorda.

Aguilera no está quieto. Se mueve entre Bayamo, Las Tunas y Manzanillo. En esta villa está precisamente invitado por Céspedes para la inauguración de la logia "Buena Fe", en la que Carlos Manuel es el Venerable Maestro, en tanto que Francisco Vicente queda como Primer Vigilante. En junio se piensa que se entra en la recta final. Había llegado la hora de tomar las finales decisiones

Pero antes de entregarse a la causa revolucionaria hace un balance de sus bienes y decide el posible destino de los mismos. En esos momentos quizás sea Aguilera el hombre más rico del país.

Se convoca a una reunión de los principales comprometidos. Será el 3 de agosto en la hacienda San Miguel en el fundo de Rompe. Aquí están Aguilera, Figueredo, Maceo Osorio, Céspedes, Cisneros, Loret de Mola... Por razón de la mayor edad, preside Carlos Manuel, que plantea que el levantamiento debe realizarse dentro de un mes. Perucho lo apoya. Pero Cisneros declara que los camagüeyanos necesitan seis meses para prepararse y Aguilera se sitúa entre uno y otro, sin fijar la fecha en que piensa. No puede producirse el alzamiento mientras no se tengan las armas y hay que buscarlas porque no se tienen.

Aguilera regresa a su finca "Cabaniguán". Le ordena a sus capataces que estén preparados de inmediato por si surge una emergencia. Y es que no le tiene confianza a Céspedes, a quien visita después de ver a algunos de los otros manzanilleros con el propósito de evitar cualquier precipitación. Don Pancho, como le dicen, marginando el acuerdo tomado plantea que la acción separatista sea después que termine la próxima zafra. Se retira con la optimista creencia de que ha convencido a Carlos Manuel.

Céspedes no asiste a la reunión de "Muñoz". Ni niguno de sus aliados. Pero manda una carta aceptando la última sugerencia de Aguilera. Están presentes además de Francisco Vicente, Perucho, Maceo Osorio, el Marqués, Augusto Arango, Vicente García y otros. Se acuerda que el Marqués viaje a La Habana y que Arango informe a los villareños. Bajo las graves preocupaciones que tiene, Aguilera celebra una reunión de emergencia para recomendar a los comprometidos que se deshagan por medio de la venta de la mayor parte posible de sus bienes tal como él lo ha venido haciendo. El insiste en la necesidad de comprar las armas que no se tienen. Se decide que sea el mismo Francisco Vicente quien vaya a Estados Unidos a comprarlas. Y se fija una nueva fecha, la del 24 de diciembre con lo que se va esperar el fin de la zafra.

A los conspiradores llega la noticia de que el 18 de septiembre ha sido destronada la reina Isabel II, y que está en París. Se considera que el acontecimiento propicia la gran oportunidad, pues el suceso tiene que haber dejado a toda España bajo un estado de desorientación. Y algo igual debe ocurrir con las autoridades de La Habana. Ante tal noticia Aguilera y los demás se inquietan con razón sobre lo que pueda hacer Céspedes con tantas experiencias españolas. Él conoce a Juan Prim, el principal protagonista del derrocamiento. En consecuencia don Pancho le pide a Carlos Manuel que venga a verlo en su ingenio "Santa Gertrudis". Ambos quedan citados para la próxima reunión, señalada para el 3 de octubre en el Ranchón de los Caletones.

Había impacientes y comedidos. El debate entre los dos bandos es bien caldeado. Frente al mismo, Céspedes se declara neutral mientras que don Pancho aconseja paternalmente a todos.

Aunque no es un orador, razona hábilmente a fin de lograr el imperio de la sensatez. La reunión termina al día siguiente dejando impune la autoridad de Aguilera que, sin decirlo, es la que Céspedes quiere arrebatarle. Una revolución no se hace con bondades tal como ocurre con Francisco Vicente. Con su consustancial dinamismo Céspedes cita para el día 5 en el ingenio "Rosario" sin decir nada a don Pancho, que está muy cerca en su ingenio "Santa Gertrudis".

Ha reunido a una decena de hombres muy prestigiosos como Bartolomé Masó, Manuel de Jesús Calvar... Bajo su elocuencia se aprueba que el levantamiento sea el 14 de octubre. Más que el cambio de fecha lo que ha ocurrido es que Céspedes ha desplazado a Aguilera en la jefatura del movimiento.

Se jura la bandera que ha traído y se firma el acta que ha redactado. Se envía a un emisario para informar a Aguilera de lo sucedido. Y otros con destino a los demás. De inmediato, ante tan inesperada noticia Aguilera piensa en reclamarle a Céspedes. Por su noble cabeza se cruzan los más contradictorios pensamientos. ¿Está ante una traición generada por las ambiciones de Céspedes? Pero es posible que haya aceptado el hecho como un alivio. Encabezar el proceso conspiratorio y ser el responsable de lo que ocurra después del alzamiento son cosas que le han venido preocupando. Carlos Manuel lo ha exonerado de semejantes cargas.

Sin violencia en lo interior de su ánimo comprende que la personalidad de Céspedes es la que se necesita para la peligrosa empresa que ellos vienen promoviendo. Con la decisión tomada de acatar los hechos y ponerse a la disposición de Carlos Manuel se ha sentido más tranquilo y da los últimos toques para el día 14 o para lo que pueda ocurrir antes de ese día, que era el finalmente acordado.

Ese mismo día, que es ya el siete, llega al Correo de Bayamo un telegrama procedente de La Habana. Aunque está en clave el telegrafista logra captar su contenido. Se dispone la detención de los cuatro conspiradores y de Masó. El hombre del telégrafo, pariente de Carlos Manuel, se lo informa patrióticamente.

Céspedes comunica a Aguilera de sus aprestos. Se entera que hay fuerzas españolas rodeando el ingenio. Ante este peligro pide a todos sus comprometidos que se reúnan en "La Demajagua" mientras él, entre otras cosas, redacta el manifiesto que divulgará para explicar a cubanos y españoles las causas y las metas de su declaracion de guerra.

En cuanto al número de los presentes la cantidad oscila entre treinta y ocho y ciento cincuenta. Entre ellos los tres hermanos Masó encabezados por Bartolomé, Manuel de Jesús Calvar, Ángel Mestre. Pero lo preocupante es que no todos tienen un arma. Los más carecen de lo más adecuado para enfrentarse con las armadas tropas españolas. Y si Céspedes se autotitula Capitán General es porque este título es el de la cabeza del gobierno español en la Isla.

Con el marcial grito de independencia, dado en la madrugada del 10 de octubre de 1868, se enarboló la bandera que Carlos Manuel había mandado a confeccionar y declaró la libertad de sus esclavos. Y tras el verbo, tremante de rebeldía, la acción. Decidió iniciarla en Yara sin sospechar que allí habían llegado fuerzas tan superiores a las suyas, que sus seguidores se dispersaron hasta quedar doce, que él creyo suficientes para iniciar la lucha por la independencia.

En estos momentos Aguilera está en su hacienda "Cabaniguán" y Figueredo lo mismo que Maceo Osorio permanecen en Bayamo. Todos apoyaron a Céspedes. Y Francisco Vicente sale en campaña con su nutrida tropa. Luis Marcano se une a Carlos Manuel con doscientos. Con ellos son más de ochocientos.

Don Pancho sabe que Céspedes ha decidido marchar hacia Bayamo y aspira a unirse con él para juntos entrar en el ciudad natal de ambos. Pero recibe un mensaje de Carlos Manuel pidiéndole que le vigile el camino de Holguín y Aguilera hace lo que se le pide. No cabe duda alguna que Carlos Manuel no quería que Francisco Vicente compartiera con él la entrada en Bayamo. Una verdadera egolatría.

El 18 de octubre entra Céspedes en Bayamo con mil quinientos hombres. Todos los presentes cantan el himno de guerra que ha compuesto Perucho. Y a petición de Carlos Manuel entra Aguilera, ya de noche, con su estado mayor. El resto acampa en su finca "Santa Isabel". El estrenado jefe sitúa a hombres de Francisco Vicente en los merecidos cargos. Y al día siguiente dispone que Aguilera salga a reunirse con Modesto Díaz, que ya está avisado de esa incorporación. No sólo Carlos Manuel no quiso que Francisco Vicente entrara con él en Bayamo sino que ahora rechaza su presencia.

En pos de su tropa se dirige a su finca acompañado por Maceo Osorio. Con el militar dominicano sale en pos de los enemigos que supone en Barrancas. Felices del aporte de trescientos hombres que les han proporcinado Donato Mármol y Luis Marcano. En Jucabaimita se disponen a atacar al coronel Campillo, pero éste evade el reto.

El alzamiento de "La Demajagua" sorprende a los camagüeyanos mientras el Marqués está en La Habana con Morales Lemus. Regresado Cisneros, él con Ignacio Agramonte y otros producen el alzamiento de Camagüey el 4 de noviembre del 68.

Enterado Céspedes que Valmaseda se acerca para reconquistar a Bayamo, encarga a Donato y a sus dos mil hombres a enfrentar al español. En El Saladillo el Conde derrota a Mármol. Tenía que ser así. La encomienda de Carlos Manuel era de imposible cumplimiento. Valmaseda es un experimentado militar y el cubano nada sabe de las artes de la guerra. El hecho repercute en Bayamo, que queda al alcance del enemigo. Ante esta situación Céspedes decide quemar toda la villa. Así se cumple. Cuando llega el hispano sólo se encuentra cenizas. Mujeres y niños han buscado refugio en los bosques. Carlos Manuel, fuera de la ciudad, puede contemplar el humo que producen las llamas. Aguilera está lejos del incendiario espectáculo. Era el 12 de enero del 69.

Una expedición organizada por Manuel de Quesada llega a costas de Camagüey. Es la del "Galvanic". Trae un grupo de jóvenes habaneros tan ilustrados como idealistas que de inmediato se solidarizan con Agramonte. Este aporte humano que recibe el joven abogado va a fortalecer su posición democrática frente al poder representado por el Capitán General cubano. Esta diferencia promueve la identificación que tienen con los camagüeyanos los villareños Miguel Jerónimo Gutiérrez, Eduardo Machado y Antonio Lorda.

En medio de este debate que provoca el mando unipersonal de Céspedes, Donato conspira contra él y se quiere ganar el apoyo de Aguilera. Este lo escucha, pero no cede y se mantiene fiel a Carlos Manuel. A pesar del rechazo de don Pancho el conspirador se subleva en Tacajó precisamente en los momentos en que Céspedes, aconsejado por Aguilera, se acerca a los camagüeyanos.

Enterado de lo de Tacajó, Céspedes enfrenta personalmente la disidencia, haciéndose acompañar por Aguilera que por sugerencia de Carlos Manuel se adelanta a entrar en el campamento de los rebeldes. Le sigue Céspedes. Hablan y todo queda resuelto felizmente. Ante la actitud de don Pancho, Céspedes lo abraza fuertemente, emocionado ante tanta fidelidad. Un hombre dotado de una constelación de virtudes.

Céspedes empieza a comprender que tiene que ceder a las aspiraciones de los cubanos de occidente. Se producen las entrevistas entre él y sus adversarios ideológicos que demandan una república con sus tres poderes y no un omnímodo dictador. Y éste se dispone al sacrificio y convoca para Guáimaro una convención constituyente.

Desde el día 9 empiezan a llegar los delegados. Aguilera es uno de ellos y todos saben de sus quilates morales y cívicos, aparte de haber sido el promotor de la revolución. Lo saludan con tanto respeto como admiración. Pero no renuncia a sus consustanciales sencillez y humildad.

Por razón de su edad preside Céspedes, quien, desde luego, pronuncia el discurso de apertura, Como secretarios los dos más jóvenes, Ignacio Agramonte y Antonio Zambrana, que son los que redactan el proyecto de constitución que va a someterse a la Asamblea. De entrada se aprueba por unanimidad y de inmediato se discute el articulado sin ningún incidente.

Carlos Manuel lo ha escuchado todo sin decir palabra alguna. Queda enterado que al ocupante de la presidencia lo han despojado de todos sus atributos en tanto que a la Cámara la han investido de todas las facultades hasta la de nombrar y destituir al presidente. Lo mismo con el jefe del Ejército. Y además confirmar o invalidar los nombramientos que haga el Poder Ejecutivo en cuanto al gabinete y la diplomacia.

Concluido lo de la Constitución se declara que todos los convencionales quedan de diputados. En cuanto a la presidencia, se elige a Céspedes. En su gabinete, tras el visto bueno cameral, Francisco Aguilera aparece como Secretario de la Guerra. Y para la jefatura del Ejército, a regañadientes, Manuel Quesada, militar de profesión, que peleó en la Guerra de Secesión y que es cuñado de Carlos Manuel.

Y desde los primeros días los jóvenes e inexpertos diputados empiezan a hostilizar al presidente sin respeto alguno a su persona, a su personalidad y a su jerarquía oficial.

Y no tardan en chocar con Quesada a quien destituyen a pesar de que ha renunciado. Los ánimos de los legisladores se exacerban cuando Céspedes nombra al destituido como agente personal suyo en Washington.

Tal es la irresponsabilidad de los diputados que hasta tienen en entredicho a Aguilera como Secretario de la Guerra. Él quiere denunciar pero no debe herir a Carlos Manuel. Tendrá que llegar un momento propicio que no tarde. El presidente ha dicho algo que lo lastima. En vano Céspedes no le acepta la renuncia, pero no hay quien lo convenza. Está fuera del gobierno y recobra su total independencia.

Nuevas discrepancias de la Cámara con el mandatario le hacen pensar a los diputados que hay que crear el cargo de vicepresidente que no aparece en la constitución de Guáimaro. Así lo hacen pensando que algún día desalojarán de la presidencia al hombre de "La Demajagua" y nombrarán para el cargo a Aguilera.

El hecho le complace a Céspedes porque está convencido de que él necesita del respaldo de don Pancho y sabe que siempre podrá contar con él. Con justicia lo nombra General en Jefe del Ejército de Oriente. Acepta la alta función, va hacia Modesto Díaz y junto a él establece su cuartel. Desde allí sigue observando y lamentado el "vía crucis" a que los diputados tienen sometido a Céspedes en cuanto quiere hacer y hace. Nunca Francisco Vicente pudo sospechar que ocurriera lo que ahora tiene paralizado al gobierno, estancada la guerra y en pleitos a la emigración. Hay una excepción. Es Camagüey, donde se impone Agramonte. Pero en abril del 70 hay un desacuerdo del Bayardo y el Presidente. Renuncia y Céspedes comete el error de aceptar su decisión. Con este lamentable hecho se derrumba en Camagüey todo lo que el joven abogado había logrado. Mientras tanto con la llegada a Nueva York de Quesada comienza la guerra entre lo quesadistas y los aldamistas.

Con estos antecedentes se incia el 71 y Pedro Figueredo cae en las manos de los españoles. Lo mismo ocurre con el joven Luis Ayestarán y los fusilan. Crecientemente escasean las armas y no llega ninguna expedición mientras los españoles, comprendiendo la situación de los mambises, acrecientan sus actividades bélicas para acabar con la guerra.

Es asesinado brutalmente Miguel Jerónimo Gutiérrez. Muere el diputado Arcadio García y, negado el Presidente a rendirse a los españoles, estos fusilan a su hijo Oscar.

En medio de tantas desgracias, Céspedes logra el regreso de Agramonte a las armas. Y ante la gravedad de lo que ocurre en Nueva York, Carlos Manuel cree que el único que puede resolver el pleito que los cubanos escenifican en el Norte es Aguilera. Y éste, siempre obediente, acepta con mucho dolor la separación de la patria y con ella de su familia y sus amigos.

Lo acompañará Ramón Céspedes Barreto, Secretario de Relaciones Exteriores y muy íntimo amigo de don Pancho. Y a petición del propio viajero irían con él sus parientes Manuel Anastasio y Miguel Luis Aguilera. Después de despedirse del Presidente el 17 de julio del 71 llegan a Jamaica

En Kingston se encuentran con no pocos cubanos que los reciben con las mayores expresiones de afecto. Y llega a Nueva York el 12 de agosto. Al día siguiente lo visita el general Quesada, que ya ha recibido una carta del Presidente imponiéndole de la misión que lleva Aguilera.

De inmediato visita a Miguel Aldama a quien informa que llega para cumplir una orden del Presidente a fin de que se restablezca la perdida armonía de la emigración y pueda ésta ocuparse de organizar las expediciones con las armas y pertrechos que necesitan los mambises que todos los días se baten con las tropas expañolas.

Se le pide a Aldama su cooperación y éste expone una larga historia de todo lo que ha venido sufriéndose desde la llegada de Quesada. Sugiere que no haya más Agente que el propio vicepresidente y que el licenciado Céspedes que lo acompaña debe asumir la función de Comisionado diplomático.

Asimismo informa sobre la precaria situación de la agencia y aclara que son los más pobres los que más contribuyen en tanto que quienes pueden hacerlo holgadamente no lo hacen. Añade el rico habanero que él desea encargarse de las expediciones y que debe organizarse una comisión encargada de buscar los fondos necesarios.

Escuchado Aldama, Aguilera convoca a un mitin a fin de poder tomarle el pulso a la emigración en general. Se obtiene una buena concurrencia dados los prestigios de Aguilera, de quien saben todos que él había sido el verdadero iniciador de la guerra.

El ilustre bayamés explicó la causa de su presencia. Habló con la sincera elocuencia de su corazón de tan noble calidad. Relata lo que se ha vivido desde el levantamiento de "La Demajagua". Expone la situación del momento. Es necesario que desaparezcan las pasiones, que no haya más pasión que la independencia de la patria. No está con un bando ni con otro. Está con todos los cubanos. Angustiosamente insiste y ruega que cesen todas las controversias. Con ellas no se triunfará...

Lo aplaudieron estremecidamente y entre todos estaban Aldama y Quesada. Éste se apresura a entregarle la relación de los bienes de la república que están bajo su custodia. Hay tres barcos surtos en distintos puertos, que necesitan arreglos. Además hay armas y pertrechos en diferentes lugares de la América Hispana.

Si se dispone a reorganizar la Agencia, asume la responsabilidad de hacerlo él mismo en cuanto a Nueva York, donde reduce gastos y cancela algunas pensiones. Se deshace de dos de los barcos y retiene el "Virignius". Se dirige a los más acaudalados y como nadie contesta, los visita personalmente y logra reunir cuatro mil pesos. Y encarga a José María Izaguirre los centros de Cayo Hueso, Nueva Orleans y Filadelfia...

Aldama se siente tan ofendido con las pruebas que se le reclaman que empieza a alejarse de Aguilera, en tanto que Quesada se le acerca y trata de cooperar en todo lo posible. Convencido de que es muy difícil lograr donaciones en Estados Unidos, piensa en Perú. Y para su alegría llega su hijo Eladio, que le servirá de secretario.

Se le presenta un reclamo de 1,500 pesos en relación con uno de los barcos, pero Izaguirre resuelve el problema con su proverbial patriotismo. Sensible a la situación de las más pobres familias, en su favor organiza un concierto de aficionados. Y se le derrumba el ánimo cuando los más pudientes devuelven las papeletas. Se dirige al Presidente para que que lo releve de sus funciones ya que no ha logrado establecer la convivencia de los emigrados. Y Carlos Manuel le pide que nombre a quien lo sustituya y que regrese a la isla. Pero no sabe a quien nombrar. En aquel aquelarre neoyorquino nadie le inspira la confianza necesaria. La emigración está llena de chismes e intrigas.

En medio de tanta turbulencia a través de los últimos meses se vivía la ilusión de que Washington iba a otorgar beligerancia al gobierno cubano. Pero una declaración oficial le puso punto final a lo que él esperaba con tanta ansiedad. Fueron muchos entusiasmos que le dedicó a esa gestión.

Está enfermo y no tiene con que comprar las medicinas que le han prescrito ni para pagar la renta de la habitación en que vive. A estos sufrimientos se suman los que produce saber la situación de abandono oficial en que se encuentra su familia, que sigue en la isla. Nada puede hacer él, ni sabe que rumbo le dará a su vida si abandona a Nueva York.

Si tuvo un rayo de luz con la expedición encabezada por Melchor Agüero ahora sabe que fue detenida al llegar a Jamaica. Se encuentra en la mayor precariedad cuando la esposa de Carlos Manuel, Ana de Quesada, le informa que la han deshauciado de la casa en que vive.

En mayo, el abogado José Ignacio Rodríguez, radicado en Washington y muy relacionado con la Casa Blanca, lo invita a entrevistarse con quien está muy conectado con la política americana, pero lo que mister Brysson plantea está fuera de sus facultades y ni puede trasladar el caso a Céspedes.

Francisco Vicente pudo visitar el Capitolio y conocer en alguna medida a la capital. De vuelta a Nueva York desea regresar en la expedición del general Peralta, pero aconsejado de que no lo haga, manda su renuncia de vicepresidente, a fin de que el gobierno no pueda exigir su presencia.

Y para alejarse de Cuba física, pero no espiritualmente, navega hacia Europa con Juan Manuel Macías. El 9 de julio los viajeros tocan tierra en Liverpool y se dirigen a Londres. Macías sale hacia París mientras Aguilera se dedica a hablar con banqueros ingleses en pos de un empréstito, pero le dicen que todo tiene que ser bajo el conocimiento de Madrid.

A pesar de eso, Aguilera espera conseguir unos veinte mil dólares para organizar una poderosa expedición capaz de independizar a su patria. Sin la suma que sueña se dirige a París, donde ya sabe por Macías que los cubanos con dinero se esconderán de él tan pronto sepan de su presencia. De inmediato se pone en contacto, gracias a Macias, con José Valdés Fauli, Francisco de P. Bravo y Carlos Varona.

Lo hace feliz la visita que le hace Francisco Frías, Conde de Pozos Dulces. Éste lo informa sobre la realidad de los cubanos radicados en París. Aquí, en la medida que sea, existe la misma desavenencia que él sufrió en Nueva York. De todos modos, acompañado por Valdes Fauli y Miguel Almagro hace sucesivas visitas sin ningún resulatado positivo.

Al fin realiza su deseo de visitar a José Antonio Saco, quien como padre del Reformsmo, no ha aplaudido la guerra del 68. Vive en barrio pobre con notorias limitaciones. Muy envejecido y bastante perdida la visión. Dos días después llega Aldama, con quien Saco no simpatiza.

No tardan en reunirse Aguilera, Saco, Aldama y Frías. El millonario es el que más habla con alusiones a Quesada que mucho contrarían al bayamés que está en Francia con más altos objetivos. Como necesita un intérprete para el francés le dicen que vive en París un joven compatriota muy inteligente. Es Juan Gualberto Gómez que a partir de ese momento comenzó a dedicarle su vida a Cuba. Y muy feliz lo hace el encuentro con Francisco de P. Bravo, su amigo y compañero en gestiones patrias.

Su situación financiera es dramática. Los compatriotas lo decepcionan. No tienen una conciencia patriótica. Fueron educados para otros fines, siempre egoístas y frívolos. En pos de la auténtica cubanía visita a Saco cada vez más comunicativo.

Como está en París bajo un seudónimo y sabe que está en la mirilla del cónsul español se cambia de hotel. Por esta situación le preocupa la llegada de Bernabé Varona, conocido por "Bembeta" y quien puede caer en una indiscreción. Pero a pesar de sus temores se reúne en un restaurant con él, José de Armas y Céspedes y Miguel Figueroa, un joven que acaba de graduarse de abogado en Madrid.

En septiembre, dentro aún del 72, recibe buenas noticias de parte de Mayorga que lo ha sucedido como agente de Céspedes en Nueva York. Le alegra saber que a la isla están llegando algunas armas. Esto lo estimula a no cejar en la busca de dinero, cualesquiera que sean las resistencias de los que pueden dar. Gran alegría le produce saber que José Silverio Jorrín, su maestro de "Carraguao" ha llegado a París. Lo visita y al fin recibe de él una donación.

Aguilera sigue soñando con la gran y definitiva expedición pero hay más desalientos que donantes. Y todo lo que logra se lo gira a Mayorga. Muy poco retiene para sobrevivir. Su pobreza está a la vista de todos. Y decide volver a Londres para insistir en lo del préstamo. Llega enfermo. Busca a Macías. Ambos ven a Aldama, que ha conseguido tres mil pesos y don Pancho lo apremia a que gire con cargo a su fortuna, pero el habanero ya ha dado trescientos mil pesos y no quiere dar más.

Macías ha hecho una buena campaña periodística y sus artículos son reproducidos en París. Pero si Juan Manuel se dirige a Washington, Francisco retorna a París, donde sigue hablando con Saco y se encuentra con Rafael María Merchán y con Antonio Fernández Bramosio, dispuesto a dar hasta quince mil pesos para la deseada expedición del bayamés.

Agotada la agenda de Europa, Valdés Fauli opina que Aguilera debe regresar a Nueva York, pero él tiene que resolver algunos asuntos y en eso recibe la noticia de que Céspedes por segunda vez demanda su regreso. Se ha suprimido la Agencia y se han nombrado dos Agentes Confidenciales: Manuel de Quesada y Carlos del Castillo. Para colmo de males está enfermo con tos y fiebres. Valdes Fauli y Almagro le entregan veinte mil pesos. Se despide de los amigos y sin que se mejore su salud navega hacia Nueva York a donde llega el 26 de marzo del 73.

Le informan de la situación. En cuanto a los emigrados están tan divididos como estaban cuando abandonó a Nueva York. En relación con la representación del gobierno, él había quedado fuera de toda autoridad. Pero él no necesita ningún cargo para ponerse a trabajar en ese empeño que tiene de organizar una gran expedición. Bramosio quiere que la encabece Melchor Agüero. Pero enterados del dinero, los agentes nombrados por Céspedes se lo piden.

Llega Antonio Zambrana y convoca un mitin. Y desde la tribuna le exige a Aguilera que le entregue el dinero de marrras. Lo necesita para organizar la expedición que está cooperando Ignacio Agramonte. Al unísono desde Cuba se le vuelve a reclamar que retorne en su condición de vicepresidente porque se le puede necesitar.

Los que son sus sinceros amigos quieren sacarlo del controversial ámbito que es Nuev York y le sugieren que se dirija a Jamaica, donde está su familia, pero él no cede, no se da por vencido, ni renuncia a mandar la soñada expedición.

Igualmente le sugieren que traiga a los suyos a Nueva York, donde sus hijas podrían trabajar. Si lo decidiera, preferiría a Baltimore, como lugar más apacible. Y en mayo la noticia de la muerte de Agramonte, que tanto le duele. Y en junio Mayorga busca lo que se necesite para que don Pancho vaya por su familia.

Si Quesada le ofrece el "Virginius", no lo acepta porque no quiere el más pequeño roce con quien sabe que es su enemigo. Mayorga muere de repente y a Francisco Vicente le duele mucho. Aldama lo reta a que entregue el dinero para usarlo en la expedición del aludido barco. El caso se somete a una asamblea y gana el habanero.

Con el traslado y gastos tenidos en el nuevo hogar, se ve sin dinero y ni a quien pedirlo. Los suyos son trece. Para aliviar su situación, las hijas empiezan a trabajar en un taller de costura. Los niños van a la escuela. Y como no entregó el dinero de París sometido a una votación sigue en pos del barco necesario después de haber desechado dos.

Y con la noticia del apresamiento del "Virginius" y los fusilamientos, la deposición del Presidente. Don Pancho se hunde en un mar de preocupaciones. De haber estado en Cuba, como le reclamaban, él hubiera asumido la presidencia, pero ausente, el Marqués ha asumido, provisionalmente, el alto cargo hasta el regreso de Aguilera. En vano le reclaman que vaya a tomar posesión. Responde que él es más útil en Nueva York que en Cuba.

Algo nuevo, en perjuicio de Francisco Vicente se ha producido: Aldama comienza a actuar como Agente General. Otras tristes noticias son las muertes de Céspedes y Maceo Osorio.

Cuando al cabo de los días conoce los detalles de la muerte de Céspedes, herido en su honor, acosado con una patólogica voluptuosidad, Aguilera se estremece. Empieza a creer que si hay cubanos cristianamente honorables, también los hay criminalmete malvados. Se asusta de lo que a él, todo virtudes, le pueda ocurrir.

Decide traer a la familia desde Baltimore a Nueva York. De París llega Carlos de Varona para entregarle los veintiún mil pesos que tenía la Agencia cuando ocupó el cargo de Agente general. La sorpresa lo llena de felicidad, pero es tan noblemente honesto que informa a Aldama que ahora es el titular de la Agencia y le entrega el dinero en contra de la opinión de sus mejores amigos.

Y si exige a Aldama que la expedición se realice dentro de los próximos tres meses, el habanero, declarándose ofendido no admite que le pongan condiciones y amenaza con renunciar. Aguilera le toma la palabra y se entra en un laberinto de sucesivas situaciones indescriptibles. Cada una contradice a la anterior. Donde esté Miguel no hay paz. Es irracionalmente sensible y complejo.

Cuando todo se considera resuelto con Aguilera al frente de los expedicionarios, se aparece Aldama informando sobre lo que hace en relación con la empresa. Tal es la malévola terquedad de Miguel que contempla comprar un barco en Filadelfia y cuando Aguilera quiere acompañarlo, él lo rechaza. Ante esta controversia Varona regresa a París con el dinero intacto, pero vuelve a Aguilera y no a Aldama.

A pesar de todas las experiencias sufridas por Pancho con Aldama, el habanero sigue aprovechándose de la ingenua bondad del bayamés. Como no se ha comprado aún el barco, ha decidido comprar el "Octavia" y se le exige al prócer que debe debe resolver la operación de inmediato.

A pesar de los reparos que Pancho le pone, como ha recibido nuevos aportes, extiende a Aldama un cheque por dieciséis mil pesos. Pero pasan los meses y aún no se han terminado las reparaciones. Y cuando Aguilera lo presiona, ya que le ha dado el dinero que retenía, le anuncia que va a Jamaica para llegar a Cuba, el Agente se irrita una vez más. Mientras tanto, le duele a don Pancho la situación de su familia por su precariedad económica, a pesar del trabajo de las hijas.

Se entra en el mes de febrero del 75 y el barco todavía no ha partido hacia la isla, mientras Aldama le reclama otros quince mil pesos para la necesaria organización. Y con el reclamo, lo culpa del atraso de la expedición y se rompen sus relaciones.

El antiguo anexionista, promueve la reconciliación y Aguilera la quiere, pero todo fue en vano. Y cuando no hay esperanza de arreglo, Aldama decide pasarle la nave a Aguilera siempre que él asuma el pago de lo que se requiera para la expedición. Para tramitar el caso, don Pancho nombra a Pío Rosado y de nuevo se enreda el conflicto.

Aguilera da por perdido todo cuanto dio a Aldama y manda a su pariente Miguel Luis a Boston a comprar un bergantín anunciado. Se pacta la compra y Aguilera decide su partida hacia Cuba. Con desgarradora tristeza se despide de su familia. Aparte del capitán y la tripulación lo acompañan Eugenio María Hostos, su sobrino Miguel Luis Aguilera y Luis Felipe Gutiérrez.

Se encapota el cielo y se desata una tormenta que los obliga a regresa a tierra el 5 de mayo del 75 después de seis días de la partida. Desde la costa atlántica logra informar a sus colaboradores del percance y su sobrino regresa a Nueva York a fin de recoger el dinero que se necesita para resolver la situación.

Enterado Aldama, le ofrece el "Octavia", pero él no toma en cuenta la oferta. En medio del drama se traslada a Stanford, en Conencticut, donde permanece veinte días hasta que con los diez mil pesos que ha traído el sobrino renta otra embarcación que lo lleva al puerto neoyorquino para hacerse cargo de la embarcación que ya le tiene preparada el capitán Morey y su equipo. Será su segundo intento de llegar a la isla.

El 28 de mayo están sobre el océano, pero el 9 de junio avistan un buque de guerra. Hay que esquivarlo y abandonan el área con la complicidad del torrero de una faro cercano. Pero aún falta la etapa final. Cuando llegue a Cuba asumirá la presidencia tras la deposición del Marqués, víctima del motín de Lagunas de Varona. Mientras sufre estas calamidades, Aldama escribe largamente al Marqués las más insidiosas cartas cargadas de falsedades y calumnias sobre don Pancho.

Continúa la navegación y está en Cayo Cruz, pero hay que llegar al Cayo Romano. El capitán se desorienta. Están perdidos. Carecen de agua potable. Hay que regresar al Cayo Lobos, del que habían partido. Divisan un barco mercante que los devuelve a la costa del faro.

Don Pancho no se rinde y se hace llevar a Nassau en busca de un práctico que lo sepa poner en tierra cubana. Allí se encuentra con José Sanchez Iznaga, que le ha prometido buscarle los mil pesos que costaría que lo llevaran a Cuba y los consigue. Se siente muy enfermo. Su mal avanza silenciosamente. Lo ve un médico.

Traza un nuevo plan. El capitán Morey y sus ayudantes irán con un buen práctico en una goleta alquilada mientras que él con sus acompañantes tomarán un barco norteamericano que tiene a Kingston en su ruta.

El 27 de junio llega Aguilera a Jamaica. Busca a quien puede llevarlo a Oriente. Han pasado veinte días. Ya está con su fiel capitán. Se ha encontrado con un hermano masón que le advierte que la embarcación de Morey esta vigilada y pone a su disposición el balandro que podría llevarlo a su destino con la complicidad de la noche. Cuando van a partir dos de los siete prácticos han desertado. Y parten el 11 de agosto de Dry Harbor en donde supo que la policía española lo ha identificado y lo busca. Decide regresar a Kingston, a donde llega el 27 de agosto. Al día siguiente se entera que la expedición de Aldama, encabezada por Pío Rosado ha fracasado, descubierta por los españoles.

Enfermos muchos de los expedicionarios, han muerto treinta. Moralmente destruido, el primero de octubre navega hacia Nueva York. Llega el 9. Su aparición fue una tremenda sorpresa para todos, especialmente para su familia porque nada sabían de él directamente y un periódico de Tampa había publicado que él estaba en Cuba.

Está tan agotado que no asiste a los actos del día siguiente, un aniversario más del Grito de La Demajagua. Pero empieza a intentar una vez más llegar a Cuba. Su amigo Ramón Martínez le dice que solo Govín podría complacerlo. Asiste a los funerales de los muertos y visita a los enfermos.

Como Aldama siempre le está atravesado, le dice que no promueva alguna colecta porque él lo está haciendo. Pancho no toma en cuenta la advertencia. Y como nunca deja de haber sorpresas, la viuda de Céspedes le pide que la visite y es para decirle que su hermano Manuel, que está en París, está dispuesto a hacer posible su deseo de ir a Cuba.

Quesada le pide que tome posesión de la presidencia, pues Spotorno la ocupa provisionalmente, y que después destituya a Aldama como Agente General. Ante estas palabras se siente muy feliz y confiesa que cumplirá.

Aldama lo sorprende con su deseo de reconciliarse con él, pero son tantas las cosas que éste le ha hecho que se niega con toda razón. Otra sorpresa es la llegada de Quesada que de inmediato se pone a su lado. Pero su salud se ha quebrantado muy violentamente. El General pone a disposición del bayamés todo el arsenal que conserva en Francia.

Aunque está seriamente enfermo corresmde con su familia a la invitación que para un evento patriótico le ha hecho la sociedad denominada "La Independencia de Cuba". Al acto concurren cubanos de las tres tendencias que dividen a la emigración.

Con el inicio del 76 se agravan sus males. Pero se niega a que el médico lo examine. Gestiona la compra del barco que podría llevarlo a Cuba bajo el patrocinio de Quesada. Se cartea con Estrada Palma, Masó y el Marqués y el primero le envía documentos que pueden interesarle. Entre ellos está la calumniadora carta que Aldama le mandó a Cisneros.

Quesada le informa que él se ocupará de la compra del barco. De acuerdo con lo promovido por el general, don Pancho está en la goleta que con Manuel, Govantes, Rosado y un grupo de patriotas los llevará a Racoon Key, en las Bahamas donde los recogerá un bote que los llevará al "Anna", que es el barco que los espera para arribar en Cuba. Pero la nave no aparece y siguen para Nassau donde les explican que la comprometida embarcación había sufrido un accidente.

Llegan a Cabo Haitiano el 25 de junio. El 28 en Puerto Plata. Arriban a Port-au-Prince. Y ante tantas frustraciones y sintiédose agotado, llegan a Nueva York el 15 de agosto, a los cuatro meses de su partida. Ya sabía que ante su prolongada ausencia, la Cámara había nombrado a Estrada Palma.

Pocas semanas después, además de la tuberculosis, el médico le diagnostica cáncer. En este estado aún se ilusiona con el viaje de Quesada al Perú, al amparo de las promesas que el presidente peruano le había hecho el día de la partida.

Francisco Vicente no se sostiene en pie. Se le ilumina el desencajado rostro cuando le cuentan que Leoncio Prado había secuestrado un buque de guerra con bandera española y que antes de ser rescatado fue convertido en cenizas.

El 22 de febrero de 1877 Francisco Vicente Aguilera entrega su alma a Dios. Moría a los cincuenta y cinco años. Fue tendido en un salón del Ayuntamiento. Fue un gigante del patriotismo. El hombre que en el 68 era el cubano más rico de la isla lo había perdido todo pero dejaba una historia digna de la eternidad.

Salvador Cisneros Betancourt (1828)

Nació en el llamado entonces Puerto Príncipe el 10 de febrero de 1828. Al morir su padre, teniendo el hijo entonces diecisiete años heredó el título de Marqués de Santa Lucía. Con este privilegio entra y se mueve dentro de la sociedad de su ciudad natal. Por razón de su fortuna recibe la más esmerada educación en Camagüey y la completa en Estados Unidos durante siete años.

Con veinte años es alcalde y lo será tres veces más de su ciudad natal. La última en 1863. Inclinado al anexionismo como transaccional solución al destino de Cuba, tuvo contactos con Narciso López. En los días del desembarco del venezolano por segunda vez se le detuvo por suponérsele comprometido, pero se le libertó enseguida.

No obstante se le acusa de estar conspirando con Joaquín de Agüero. Se le detiene de nuevo, se le lleva a Nuevitas y desde aquí se le embarca a La Habana en la calidad de desterrado.

En 1866 funda con muy íntimos amigos la logia masónica denominada "Tínima" a fin de poder tener la necesaria privacidad para hablar de Cuba. Publica el periódico "El Camagüey". Se casó con Micaela Betancourt y Recio. Viudo, contrae nuevas nupcias con María Martínez y Montalván, que le sobrevivió. Nunca tuvo descendencia. Son muy populares sus generosidades. El que se le acercara con una necesidad, se la resuelve. Fueron muchas las tierras que trasmitió a los que se la pedían. Siempre abierto y accesible.

Al saber que el gobierno español había convocado en el 66, a pedido de Francisco Serrano, una llamada Junta de Infirmación para discutir las posibles medidas políticas, sociales y económicas que se podrían aplicar a Cuba siguió con mucho interés, hasta donde era posible, su proceso, encabezado por José Morales Lemus. Y vigilado por José Antonio Saco y Calixto Bernal.

Pero en abril del 67 se supo que todo había sido una farsa española sin ningún resultado positivo para la isla. Y en septiembre llega la noticia de que la Reina Isabel ha sido destronada y tanto en Camagüey como en Oriente se piensa que a los cubanos les había llegado el momento propicio para intentar la liberación de la isla.

Efectivamente se entera que Francisco Vicente Aguilera había convocado una reunión para discutir el proceso a seguir. El Marqués, ya con cuarenta años, esta presente y conoce a los demás conspiradores. Entre ellos Carlos Manuel de Céspedes, Pedro Figueredo, Francisco Maceo Osorio. Se discute la fecha. Y si se quiere precipitar el levantamiento, confiesa que Camagüey no está preparado.

Se toma en cuenta su opinión y se le manda a La Habana para que se entreviste con no pocos importantes compatriotas y especialmente con Morales Lemus. Y en la capital le llega la noticia del levantamiento de La Demajagua por Céspedes el 10 de octubre del 68.

Regresa a Puerto Príncipe y con el brillante abogado Ignacio Agramonte y otros funda una Junta Revolucionaria y el 4 de noviembre se alzan los camagüeyanos, organizados en el Comité del Centro. El Marqués se solidariza con las gestiones que el joven letrado está haciendo con Carlos Manuel a fin de que éste acceda a convocar una asamblea constituyente, a fin de coordinar a los cubanos que están alzados en contra de España.

Agramonte convence a Céspedes y en Guáimaro, el 10 de abril del 69, se reúnen los correspondientes delegados. Ignacio Agramonte y Antonio Zambrana redactan la ponencia de la constitución que, aprobada, crea la República de Cuba Libre en Armas.

Se nombra a Céspedes para la presidencia. Más que facultades se le ponen limitaciones. Se crea una Cámara Legislativa que será integrada por todos los delegados. Salvador Cisneros y Betancourt será su presidente. Poco después se crea la vicepresidencia que será ocupada por Francisco Vicente Aguilera.

El Marqués va estar por años en medio de los tremendos conflictos que se producen entre Carlos Manuel, hombre de recio carácter, y los legisladores. Entre ellos abundan los jóvenes, tan emotivos como intransigentes y sin la necesaria experiencia. No falta la demagogia. Todo un problema generacional que acaba por desembocar en el 73 con la destitución de Céspedes.

Como Aguilera está fuera del país en misión que el gobierno le ha encomendado, se designa al Marqués. Y éste quiere, de acuerdo con Máximo Gómez, llevar la guerra a Las Villas. Todo está planificado. Se han dado las debidas órdenes a los jefes que van a intervenir, pero uno de ellos, Vicente García, se resiste y protagoniza en el 75 el motín de Lagunas de Varona.

Demanda la renuncia de Cisneros y éste la entrega a la Cámara, a la que regresa. Se nombra provisionalmente a Juan Bautista Spotorno, que cesa cuando se designa a Tomás Estrada Palma. Y en ella ha seguido cuando el propio tunero, en el 77, se indisciplina en Santa Rita en contra del presidente.

Al caer preso Estrada Palma, la débil república se tambalea. La Cámara se rinde al díscolo general y bajo su presidencia se firma el Pacto del Zanjón en febrero del 78. Dolidamente enardecido, el Marqués, ya con cincuenta años, protesta con las más patrióticas palabras.

Tras la protesta de Baraguá y la final rendición, el recio prócer camagüeyano está como tantos en Nueva York. Sigue con mucho interés cuanto ocurre en la emigración y en Cuba. Lamenta el desastre de la llamada Guerra Chiquita. Observa entre el 84 y el 86 el frustrado empeño de Gómez y Maceo de volver a la guerra. Aplaude las nuevas ideas de José Martí y cuando se producen los alzamientos del 95 y se convoca la Asamblea de Jimaguayú, allí está el Marqués con sesenta y siete años.

Y si se forma el Consejo de Gobierno, se le nombra presidente hasta el 97. Si en la Guerra Grande chocaron los representantes con Céspedes, ahora se choca con el Generalísimo. El Consejo se arroga atribuciones militares que el dominicano entiende que son suyas. Si a Céspedes se le destituyó, ahora se le pide la renuncia a Máximo Gómez. Este clama por la presencia de Maceo para entregarle el mando, pero no llegará. Se produce la tragedia de San Pedro y con la muerte del Titán, se apaciguan los ánimos.

En el 97 se convoca la Asamblea de La Yaya. Allí está el Marqués. Se elige a Bartolomé Masó como presidente del Consejo. Al año siguiente la Guerra Hispano Americana. Derrotada España, se convoca la Asamblea de Representantes de la Revolución y en ella está don Salvador, ya con setenta años.

El Marqués está en la comisión que la Asamblea manda para darle al Generalísimo la bienvenida a la capital. Pero los delegados no se sintieron bien recibidos. Les molestó la aspereza del dominicano. Y esta cuestión de cortesía ligada con otras desavenencias desembocaron en la destitución de Gómez como General en Jefe del Ejército Libertador.

Producida la Guerra Hispano Americana y la intervención, Leonardo Wood convoca a una Asamblea Constituyente y Cisneros está en la misma. Y en su final, protesta en contra de la evocación a Dios, y Sanguily le riposta. Y cuando surge lo del apéndice de la Enmienda Platt lanza un enérgico grito de protesta.

Al celebrarse elecciones el 1901 es electo senador. Y ante los candidatos a la presidencia, está con Masó. Y aunque el manzanillero se haya retirado, gana la provincia de Camagüey.

Después de vivir la funesta reelección de Estrada Palma, la nueva intervención y el gobierno de José Miguel, bajo la presidencia de Menocal, aún en el Senado, muere el 28 de febrero de 1914 a los 86 años. La república le rindió los más grandes honores. Los periodistas y escritores de entonces escribieron los más laudatorios artículos sobre el prócer que había estado en los más altos cargos. El duelo fue despedido por Manuel Sanguily en nombre del gobierno.

Era un patriota cabal. Lo fue por más de medio siglo. Un carácter, siempre definido. Aún es una leyenda.

Bartolomé Masó (1830)

Nació en Manzanillo el 22 de diciembre de 1830. No era bayamés, pero su madre había nacido en Bayamo y se había casado con un catalán dedicado al comercio. Y lo mismo hizo el hijo, que nace con una notoria vocación literaria tanto para la prosa como para el verso. Poeta al fin disfrutaba el espectáculo del mar. Clavaba su mirada en el horizonte y bajo esa contemplación meditaba. El escritor hizo periodismo en las publicaciones de su terruño natal, de Bayamo y de Santiago de Cuba. Fue así como se dio a conocer y hacerse de un nombre público.

Tenía veinte años cuando se produjo el ajusticiamiento de Narciso López, que el año anterior había desembarcado en Cárdenas y ahora en Pinar del Río. No pudo quedarse callado y en un lugar público condenó el crimen. Desde ese día las autoridades españolas no lo perdieron de vista.

Tres lustros después, cuando se enteró de que en Bayamo se estaba conspirando a los efectos de producir un levantamiento, fue de los primeros en abrazar la patriótica causa. No conocía personalmente a Francisco Vicente Aguilera, pero sí a Carlos Manuel de Céspedes que, aunque bayamés, estaba radicado en Manzanillo donde poseía un ingenio, La Demajagua. Allí era muy conocido por sus actividades sociales y literarias. Esto explica que Bartolomé, ya con treinta y siete años, estuviera, con dos hermanos, al lado de Céspedes cuando se produjo el histórico grito. Y con él también estuvo en el desastre de Yara. Carlos Manuel lo nombra como segundo jefe pero el manzanillero es tan honesto y desprendido que cede el nombramiento al dominicano Luis Marcano, con una experiencia militar que él no posee.

Participa en las primeras acciones militares que se producen y seguidamente pelea hasta la deposición y muerte de Céspedes. Es entonces cuando se inician sus actividades civiles.

Se le incorpora a la Cámara de Representantes y cuando llega Tomas Estrada Palma a la presidencia éste le encarga la Secretaría de la Guerra. El cargo lo condujo de nuevo a la actividad militar y con el grado de brigadier encabezó las fuerzas de Manzanillo hasta el Pacto del Zanjón en febrero del 78. Rechaza lo ocurrido y se pone a las órdenes de Antonio Maceo y con él está hasta que el Titán abandona la isla

Masó también se va, pero no tarda en regresar a Manzanillo para estar con su familia y resarcirla por tantos años de ausencia. Tan pronto supo del alzamiento del 79 se sumó al mismo. En medio del fracaso, fue de los apresados. Primero en el Morro de Santiago, después en Puerto Rico y, por último, en Cádiz. Cuando lo libertaron no pudo regresar a Cuba porque quedó en calidad de deportado. Aprovechó esta situación para ir a Barcelona. Italia, Suiza, Inglaterra. Y cumplido el tiempo de la deportación, regresa a Manzanillo, donde reanuda sus actividades comerciales y literarias.

Desde Cuba sigue las actividades patrióticas que se desarrollan fuera de la isla: los dos años que duraron los esfuerzos de Gómez y Maceo y la presencia de éste en La Habana y en Santiago.

Sigue las actividades de Martí en la Florida, Nueva York, Santo Domingo, Jamaica, Costa Rica... En febrero del 95 le llega la orden del levantamiento y el 24 está levantado en Bayate, a pesar de sus sesenta y cinco años.

Asume la jefatura de las fuerzas de Oriente hasta la llegada de Gómez con Martí el 11 de abril. Maceo había llegado diez días antes. Pasado lo de La Mejorana y muerto Martí se le nombra Jefe del segundo Cuerpo de Oriente. En septiembre está en la Asamblea de Jimaguayú y es elegido vicepresidente con Salvador Cisneros Betancourt en la presidencia del Consejo de Gobierno.

El 22 de octubre, la Invasión, encabezada por Antonio Maceo. Y en marcha, desde Baraguá no aparece el Segundo Cuerpo. El hecho tiene varias interpretaciones, pero documentos en poder del biógrafo de Masó revelan que el prócer aspiraba a dirigir esa hazaña y que al no ser nombrado está con el ánimo deprimido.

Ante el reclamo que le hace el presidente Cisneros se unió a las huestes programadas a llegar a Mantua, a donde entrarán el 22 de enero del 96. Cisneros y Masó regresan para cumplir sus funciones oficiales. No tardan en comenzar los conflictos de Gómez con el Consejo porque éste asume funciones militares de la incumbencia del General en Jefe. La pugna se agrava y se demanda a éste que renuncie o se le destituirá. Ante esa amenaza, el dominicano clama por Maceo.

Y éste al regresar a Oriente cae en San Pedro. Con semejante tragedia se hace la paz.

En septiembre se celebra la Convención de La Yaya. La nueva constitución le otorga al Consejo, con Masó como presidente, la dirección de todas las actividades militares, de las que nada sabe.

Cinco meses más tarde, la explosión del "Maine" y Estados Unidos declara la guerra a España. Calixto García interviene directamente en las operaciones y tras la rendición de España, Masó en cumplimiento de un mandato de la constitución convoca la Asamblea de Representantes de la Revolución Cubana.

Concidentemente con esta transición se produce un lamentable episodio entre Masó y Calixto García. Es la consecuencia de la reacción que tiene el manzanillero ante la carta que el holguinero dirigió a McKinley sobre la conducta del general Shafter cuando él quiso entrar en Santiago.

Si la carta de Calixto resonó favorablemente en la Casa Blanca que la dio a conocer a la prensa, el Consejo de Gobierno a instancias de Masó destituyó a Calixto como Lugarteniente. Este aceptó la destitución elegantemente.

En medio de este lamentable episodio el 24 de octubre se reúne la convocada Asamblea en Santa Cruz del Sur y Masó le entrega los poderes a la misma y se retira. Ausente el manzanillero, se nombra como presidente a Calixto y se acuerda que los trabajos sigan en el barrio del Cerro en La Habana.

Masó vuelve a su casa. Y viaja a la capital a fin de ver personalmente como se desarrolla la intervención de los americanos. Sus amigos y admiradores le ofrecen un banquete en el "Teatro Tacón", y Perfecto Lacoste, Antonio Bravo Correoso. Antonio Govín, Alfredo Zayas y el joven José Manuel Cortina ocupan la tribuna para rendirle al prócer los tributos que merece.

Por lo que ha visto o sospecha declara sus preocupaciones sobre las intenciones del Norte y el destino de la isla. Y como Wood sugiere la formación de partidos y suenan los nombres de sus líderes, empieza en toda la isla una entusiasta atmósfera electoral que crece cuando se eligen a los delegados a la Convención Constituyente de 1901.

En esta situación Máximo Gómez va a Washignton y a preguntas de McKinley le declara que su candidato es Tomás Estrada

Palma. Ante esta noticia se movilizan los partidarios de Masó y éste entra en campaña hasta que piensa que los americanos apoyan a don Tomás y que él no tiene las debidas garantías. En consecuencia retira su candidatura.

Don Tomás es electo presidente el 31 de diciembre de 1901. Y cuando, a pocos días de su toma de posesión, llega a la isla se dirige al hogar de Bartolomé. Los dos patriotas hablaron largamente sin que quedara testimonio de sus palabras.

El 20 de mayo de 1902 don Tomás toma posesión. Las elecciones parciales de 1904 no fueron un buen augurio. La situación empeora con la campaña electoral y los comicios generales de 1905. El bayamés se reelige. Toma posesión para un segundo período. Explota el levantamiento liberal. El presidente llama a los americanos. Se cree traicionado por éstos y renuncia. Son inútiles los ruegos de Roosevelt. La republica queda acéfala y Taft se hace cargo del gobierno. Ha empezado la intervención.

Desde Manzanillo, patrióticamente atormentado Masó sigue los acontecimientos. Muere el 14 de junio de 1907, a los setenta y siete años.

Máximo Gómez (1836)

¿Como explicar lo que Máximo Gómez significa en nuestra historia. Él entregó su vida a Cuba desde 1868. Peleó en la Guerra de los Diez Años desde los primeros días hasta el Pacto del Zanjón. Y peleó en la Guerra de Independencia desde su comienzo hasta su acabamiento.

Terminado el dominio español, siguió todo el proceso de la intervención y toda la presidencia de Estrada Palma hasta su muerte el 17 de junio de 1905. Fue el Generalísimo, el General en Jefe del Ejército Libertador, el hombre que José Martí escogió para tan alto, responsable y difícil cargo y al que acataron todos los jefes militares del 68 desde Antonio Maceo para abajo.

¿Y cómo decir quien es Máximo Gómez? No sólo fue el más completo de nuestros militares. Fue el maestro de todos.

No fue sólo un guerrero. Fue un ciudadano intachable, un líder, un guía, un estadista y hasta un notable escritor tal como revelan todos sus escritos. Además del monumental *Diario de campaña*, su libro *Revoluciones, Cuba y hogar* y su vasto epistolario.

Manejaba el idioma con singular destreza. Y para demostrarlo basta recordar las tantas ocasionales frases que nos ha legado, tan llenas del más sutil ingenio. Con unas pocas palabras dichas improvisadamente ridiculizaba a cualquiera. Su verbo tenía la misma capacidad destructora que su artillería.

Y por encima de todo esto fue un insólito padre de familia. Esa familia que él fundó con Bernarda Toro y cuyos primeros años fueron vividos en la manigua, es una de las más puras y ejemplares historias de amor que han tenido lugar en Cuba.

¿Y cómo ofrecer un retrato de la personalidad de Gómez? Era un carácter, cosa que según Martí no abundaba en Cuba. Y en consecuencia, era un hombre dotado de la voluntad, de la energía y de los principios necesarios para realizar la hazaña de su heroica vida.

¿Y cómo enumerar sus tantas virtudes? Era sincero, honesto, recto, austero, con una total limpieza moral. Y si a lo largo de las guerras exhibió muy implacables reacciones, era un hombre de una gan bondad, de una inmensa ternura, especialmente con sus hijos. Por todo esto Máximo Gómez fue un hombre excepcional

No es fácil evocar su patriótica trayectoria a través de sus etapas. A nosotros no nos enseñaron siempre la verdadera historia con sus luces y sus sombras. Han sido muchos los historiadores y escritores en general que han querido soslayar o volatilizar los momentos más negativos del pasado, acaso como una cuestión de asepsia pariótica.

Eso ha sido un error. La historia hay que mostrarla con todas sus contradicciones, con lo bueno y con lo malo, con lo positivo y lo negativo. Y acaso por este encubrimiento de la realidad histórica hemos perdido la República. Sin el conocimiento histórico no puede haber una conciencia histórica. Sin ella ningún pueblo puede tener una conciencia cívica. En la república no se continuó el ejemplo de nuestros fundadores. Nuestro patriotismo fue no más que un patriotismo emocional.

Con veintinueve años, decidido a dejar atrás el caos político de su país, donde había sido un destacado militar en la lucha contra los haitianos, Gómez llegó a Oriente en el 65. Estaba dedicado a la agricultura cuando se produjo el alzamiento de La Demajagua.

Amante de la libertad y enemigo de toda esclavitud, se dirigió a Bayamo y el poeta José Joaquín Palma, convencido de sus conocimientos militares, lo recomendó a Donato Mármol, Jefe de Oriente. Y éste de inmediato le dio una orden y el cumplimiento de la misma desembocó en la singular hazaña de la Venta del Pino. Fue la primera carga de machete, con la consecuencia de doscientos soldados españoles tendidos sobre la tierra.

Ante tal inesperada proeza, Céspedes lo hace General y con este grado empieza a enseñar la ciencia y el arte de la guerra a numerosos jóvenes. Entre ellos Antonio y José Maceo, Calixto García, Flor Crombet, Guillermo Moncada... Con la tropa que ha formado inicia la Campaña de Guantánamo, que lo consagra definitivamente.

Esto hace posible el contacto con el presidente Céspedes, que lo congratula por sus triunfos y lo abraza. Hablan de la conveniencia de llevar la guerra a Occidente. Pero sus triunfos y los parabienes que recibe de Céspedes van provocando silenciosamente las hostiles reacciones de sus envidiosos enemigos, que acaso lo discriminan por extranjero.

Como consecuencia de una calumnia, Céspedes, sin causa visible, lo destituye. Gómez acata la decisión presidencial. Mientras, pasan los meses, en mayo del 73 muere Agramonte y el Presidente designa a Gómez en su lugar.

En Camagüey Gómez gana cuatro de las más grandes batallas de la guerra: La Sacra, Palo Seco, Naranjo y las Guásimas. Como consecuencia de las mismas el dominicano demuestra que es un insólito estratega. Pero a Gómez no le bastan sus triunfos en Camagüey.

Él necesita invadir Las Villas, donde no hay la debida actividad guerrera. Victoriosamente cruza la Trocha de Júcaro a Morón, tremendamente fortificada. En contra de lo que él pensaba es mucha la resistencia que sufre por parte de los villareños. Pero él es tenaz y paciente. Y cuando ha avanzado bastante en Las Villas, derrotando las fuerzas españolas, el gobierno de Cisneros, que ha sustituido a Céspedes, reclama su presencia.

Vicente García se ha declarado en rebeldía en Lagunas de Varona. Es necesaria la intervención de Gómez. Conferencia con el rebelde tunero y éste depone su actitud con la condición de que Cisneros renuncie.

Resuelto el problema, Gómez regresa a Las Villas, pero en seguida comprueba que se ha perdido todo lo que había logrado. Y para empeorar la situación, Roloff le notifica que los jefes villareños no lo quieren. Desean que se vaya y no regrese nunca más.

Con la destitución de Céspedes primero, después con lo de Vicente García y ahora con lo de Las Villas y la falta de expediciones, la guerra está en crisis. Estrada Palma, que ha ocupado la presidencia, lo nombra Secretario de la Guerra, pero también el nuevo presidente tiene dificultades con la Cámara de Representantes y si no lo destituyeron fue porque ha caído en poder de los españoles.

Y en medio de esto, Vicente García reincide con el motín de Santa Rita. Mientras tanto, Martínez Campos, ha llegado a Cuba decidido a pacificar la Isla. Despliega todos sus recursos. Y se produce el Pacto del Zanjón, que Gómez rechaza.

La Protesta de Baraguá no fue suficiente para prolongar la guerra. Y de acuerdo con las bases del Pacto, Gómez pide a Martínez Campos que facilite su salida del país. Desea ir a Jamaica, donde está su familia. –Pida por esa boca todo lo que quiera... Pero el dominicano no pide nada, ni nada acepta. Sólo desea abandonar el suelo cubano. Al oficial español que presenció la entrevista le brotaron las lágrimas.

En Jamaica sufre una espantosa miseria. Acudió al trabajo del campo. Hasta que José Joaquín Palma le conectó con el presidente de

Honduras y éste lo nombró general de su ejército. Pero cuando sabe que alquien ofrece doscientos mil pesos para una nueva guerra, deja a Honduras. Instala a la familia en Nueva Orleans y se reúne con Maceo en Nueva York. No piensa en sus problemas personales. Ha entregado su vida a Cuba.

Martí está presente en algunas de las reuniones de los dos caudillos y cuando va a decir algo, Gómez le aclara que en lo de México se atenga a Maceo. El poeta le escribe la carta en que dice que "un pueblo no se gobierna como se manda un campamento". En consecuencia queda fuera del plan que se elabora.

Gómez y Maceo siguen sus bélicos esfuerzos a lo largo de dos años con el propósito de encender en Cuba una nueva guerra. Pero todo fue inútil. Decepcionado, Gómez retorna a su patria. Se instala en Montecristi y vuelve a la agricultura.

Pero pasan los años. Tras sus viajes a Tampa y a Cayo Hueso, Martí ha fundado el Partido Revolucionario Cubano. Él sabe que nada puede hacer sin Gómez. Gómez es el más alto símbolo de la rebeldía cubana. Y en pos del guerrero va a Montecristi. Conversan largamente. El Delegado le aclara que "sólo puede ofrecerle el placer del sacrificio y la posible ingratud de los hombres". El dominicano acepta la jefatura de la nueva revolución. Martí está feliz.

A lo largo del 93 y 94, entre ambos organizan la nueva guerra, que cuenta con Maceo y las más importantes figuras del 68. No faltan los jóvenes que estrenan sus arrestos patrióticos. Y a pesar del lamentable episodio de Fernandina, Martí da la orden del levantamiento. Este se produce el 24 de febrero del 95.

Gómez y Martí llegan a la Isla el 11 de abril. El 5 de mayo se encuentran con Maceo, que había llegado el primero. Se produce el choque entre el Delegado y el Titán. Pero el resentido ánimo del héroe queda superado de inmediato. El 19 de mayo Martí se lanza a ocupar su puesto en la escaramuza de Dos Ríos y muere. El dolor de Gómez es infinito.

Como los viejos jefes camagüeyanos no se han incorporado a la guerra, Gómez se dirige a Camagüey y lleva a cabo la llamada "Campaña Circular" en torno a la capital de la povincia. Si los viejos veteranos vacilan, hay una juventud que se une a Gómez. Y al fin algunos del 68, como Cisneros, entran en la lucha.

En septiembre Gómez, como jefe supremo de la guerra, convoca a una Convención Constituyente en Jimaguayú. La nueva constitución crea un Consejo de Gobierno con un presidente y un gabinete de cuatro secretarios. Se elige a Salvador Cisneros y Betancourt. Y además crea el cargo de General en Jefe como la cabeza militar de la guerra. Y con ello se le dan al titular todas las necesarias atribuciones militares. El Consejo sólo podrá intervenir en casos excepcionales. Asimismo se crea el cargo de Lugarteniente.

Maceo cumple las órdenes de Gómez, en cuanto al contingente que tiene que aportar a la Invasión que el 22 de octubre partirá desde Baraguá con el propósito de llegar a Mantua, en el extremo occidental de la isla. Como jefe de la hazaña se ha nombrado a Antonio Maceo. Se ha atravesado la Trocha. Se pelea en Las Villas. En un lugar conocido con el nombre de Lázaro López se encuentran el General en Jefe y su Lugarteniente.

Y sigue la marcha con el Himno Invasor, compuesto por Enrique Loynaz del Castillo. Tras los combate de Iguará y Mal Tiempo, se engaña a Martínez Campos fingiendo un falso regreso, porque al llegarse a Cienfuegos se vuelve a seguir hacia occidente.

Tras el triunfo de Coliseo, que provoca la crisis definitiva de Martínez Campos, Maceo sigue hasta el extremo de Vuelta Abajo y Gómez permanece en La Habana.

Enloquece a los españoles porque lo persiguen pero no lo encuentran nunca porque él se mueve por una senda paralela. La columna invasora llega a Mantua el 23 de enero del 96 burlando a los cientos de miles de soldados españoles destinadas a cerrale el paso. La proeza repercute internacionalmente y los enemigos no se explican como esto fue posible.

Y con la Invasión se produce el levantamiento en armas de las provincias occidentales. La prensa internacional recoge la noticia. Los dos próceres se reencuentarn y se despiden. Maceo volverá a Vuelta Abajo y Gómez retornará a Oriente. Ido Martínez Campos llegó Weyler, que comenzó con el criminal Bando de la Reconcentración. Y en medio de esto, surgirá el conflicto del Generalísimo con el Consejo de Gobierno, porque éste ha realizado actos que no son de su incumbencia. En primer término se encontró con que no pocos cubanos habían recibido grados militares sin ninguna justa causa.

Pero peor fue que el Consejo no respetara que la expedición de Mayía Rodríguez fuera para Maceo como había decidido Gómez. El dominicano estaba convencido de la hostilidad de los secretarios de Cisneros hacia los Maceo.

El Consejo llegó tan lejos como suprimir el cargo de General en Jefe y demandar la renuncia de Gómez. De no renunciar se le destituiría. Fue entonces cuando Gómez clamó por la presencia de Maceo para entregarle el mando y no al Consejo. Bajo la presión de este conflicto, el Titán cruzó la Trocha de Mariel a Majana y cayó en Punta Brava. Al acudir a su lado, murió Panchito Gómez Toro. Todo esto significó tal hecatombe que el Consejo archivó el expediente de destitución del Generalísimo.

Gómez cayó en una sombría tristeza, pero la misma no interfirió sus deberes militares. En esos momentos Weyler disponía de un ejército de doscientos sesenta mil hombres. En Camagüey Gómez hace posible las acciones de Calixto sobre el Cascorro y Guaimaro.

Y tras de operar en Oriente, retorna a Camagüey y una vez más atraviesa la Trocha y se sitúa dentro del territorio denominado La Reforma, perteneciente a la jurisdicción de Sancti Spíritus. Mientras, ha difundido la falsa noticia de una nueva invasión. Ante ese anuncio, del que nadie duda, Weyler moviliza cuarenta mil hombres para interceptar la nueva columna invasora, que no existe.

Durante no menos de un año las tropas cubanas evolucionan dentro del territorio de La Reforma a fin de cumplir la consigna de Gómez de derrotar a los españolesa sin pelear. Ante el fracaso de Weyler, España lo sustituye con Ramón Blanco que llega, como antes Martínez Campos, en gestiones de paz. Se dirige a Gómez con retóricas falacias y el General en Jefe le contesta con una carta antológica.

Mientras tanto se ha producido en septiembre del 97 la Convención Constituyente de La Yaya. En la Constitución que se aprueba, el General en Jefe queda reducido a ser un simple subordinado del Secretario de la Guerra, que nada sabe de la materia. Y Gómez, el invicto guerrero, el genio de la estrategia, acepta lo acordado, que se ha hecho notoriamente en su contra. En nuestras guerras hay dos realidades: la militar y la civil, que siempre es un estorbo y así lo dijo Calixto García.

Los sucesos se precipitan. Con el establecimiento de la Autonomía, los voluntarios llevan a cabo tales desmanes que Estados Unidos manda el "Maine" a La Habana. Su explosión en combinación con otros hechos, provoca la declaración de guerra a España.

Gómez elabora un plan que no logra realizar. De todos modos hace lo que permiten las circunstancias. Lamenta que el fin de la dominación española sobre Cuba no se produzca como él había soñado. Hay momentos en que se siente marginado. No hubo esa intención. Al declarar Washington la guerra a España se produjo el "mensaje a García" y Calixto informó tanto al Consejo como al Generalísimo.

Todo lo demás sucedió automáticamente y el holguinero, que hablaba inglés y era un estratega por estudio, fue el hombre del destino. Él diseñó todas las fases de la campaña americana hasta la rendición de Madrid.

El primero de enero del 99 España traspasa sus poderes a Estados Unidos. Y el 24 de febrero Gómez entra triufalmente en La Habana con su tropa. Una apoteosis. Pero antes, en octubre del 98, se reúne la Asamblea de Representantes de la Revolución Cubana, conocida por la Asamblea del Cerro.

El primer asunto a tratar es el del licenciamiento del Ejército Libertador. La Asamblea y el General en Jefe van a chocar. La primera tramita un empréstito muy oneroso, que Gómez condena. En tanto que el Generalísimo recibe al señor Porter que lo visita en nombre del Presidente McKinley. La Asamblea destituye al Generalísimo y alguien se ofrece para dirigir su fusilamiento.

La Habana se desborda en favor del Libertador. Éste agradece que lo liberen de sus responsabilidades. Poco después la Asamblea se disuelve y la Revolución queda acéfala. Nadie la representa. No tiene ni voz ni voto.

Gómez va a Washington en relación con la donación de tres millones que McKinley ha prometido. En la Casa Blanca, el Presidente le pregunta si él será el primer presidente de Cuba. Gómez le responde que ha visitado a Estrada Palma para ofrecerle su respaldo como candidato a la presidencia.

Efectivamente, don Tomas es postulado y electo, pero cuando trata de reelegirse por medios no lícitos, Gómez se pone en su contra. Y en un recorrido por la Isla para evitar la reelección sufre una herida en la mano. Por ella le penetra la muerte. Es el 17 de junio de 1905

El fallecimiento del Generalísimo conmovió al pueblo cubano. Nunca los habaneros habían contemplado una manifestación de duelo semejante. Ni siquiera el funeral de Calixto. Tras su muerte don Tomás fue reelecto tan ilegalmente que provoca el alzamiento liberal.

Estrada pide la ayuda de Washington, pero cuando no se sintió protegido, renunció y pidió la intervención. Roosvelt hizo todo lo posible por evitarla. Estrada Palma no correspondió a la fe que Máximo Gómez tenía en él.

Calixto García (1839)

Derrotados los ejércitos españoles por las fuerzas sudamericanas, tras las batallas de Junín y Ayacucho que encabezaron respectivamente Simón Bolívar y Antonio José de Sucre, llegó a Oriente el peninsular Calixto García de Luna, mutilado en Carabobo con sus tres hijos. Uno de ellos, Ramón contrajo matimonio en Holguín el 2 de marzo del 35 con la señorita Lucía Iñiguez y Landín. La pareja se instala en Jiguaní, pero cuando Cía, como se le dice a la joven, sabe que está al dar a luz, quiere que la criatura nazca en el holguinero hogar de sus padres. Y el 4 de agosto del 39 viene al mundo Calixto García Iñiguez.

Cuando Calixto tiene cuatro años sus padres deciden radicarse en Holguín. Y aquí es donde va a la escuela y hace sus primeros estudios. En el 53, cuando tiene quince años, se dirige a Bayamo para trabajar en la tienda que allí posee su tío Santiago. En el 57 decide abandonar a Oriente y dirigirse a La Habana en pos de más posibilidades para sus estudios.

Regresa a Oriente, donde su familia posee un tejar en Arroyo Blanco. Y allí el guapísimo y tan carismático joven encontró a la muchacha que será su esposa. Es Isabel Vélez, cinco años menor que él. Y cuando él tiene veintitrés se casan en Jiguaní en 1862.

Está consagrado a la administración del tejar, ya de su propiedad, sin que sea indiferente a cuantas informaciones llegan a él en relación con la política española en Cuba y la actitud de los cubanos. Y cuando sabe que el abogado bayamés Carlos Manuel de Céspedes se ha levantado en armas contra España en su ingenio La Demajagua el 10 deoctubre del 68, sale en pos de Donato Mármol, que se ha alzado en Bayamo. Con él están Perucho Figueredo y Francisco Maceo Osorio, dos de los primeros conspiradores con Francisco Vicente Aguilera.

Ahora es Máximo Gómez el que se une a Donato. Se suceden los triunfos de los alzados con la toma de Palma Soriano. Tales son los méritos de Calixto que no acaba el 68 sin que se le otorgue el grado de coronel.

En el 69, bajo el mando de Modesto Díaz se ataca a Guisa. Pasa a las órdenes de Gómez y éste lo nombra Jefe de su Estado Mayor. En abril la Convención Constituyente de Guáimaro crea la República de Cuba Libre en Armas. En julio es General de Brigada. En enero del 70 con Gómez de nuevo y una vez más en el territorio de Jiguaní, donde es herido en un brazo.

Muere Donato. Gómez sustituye a Donato como jefe del Departamento Oriental y él ocupa el puesto del dominicano. En diciembre del 70 Valmaseda da por pacificado a Oriente, pero, a la vista de los santiagueros arde La Socapa. Llega el 71, el año terrible, mas él no cesa de pelear. Si entra y sale de Jiguaní, tan vinculado a su vida, quiere conquistarlo definitivamente. Y esta aspiración se hace realidad en septiembre.

A pesar de sus triunfos, se ve obligado a una tregua, como consecuencia de una infección que le ha producido una llaga procedente de la vieja herida. Y vuelve a la pelea. Tales son sus acciones que en mayo del 72 es ascendido a Mayor General. Y de inmediato lo conmueve la destitución de Gómez. Se nombra a Maceo, pero en definitiva el cargo será para Calixto. Y éste corresponde al ascenso y al cargo con sucesivos triunfos.

A Calixto le duele ostentar el cargo que había desempeñado Gómez. Y al acudir al campamento de Céspedes, con toda intención se hace acompañar por el dominicano. Y se siente feliz cuando los ve fuertemente abrazados. Ha propiciado el primer paso para la reconciliación.

Y como un homenaje a Gómez, ataca a Holguín, que había sido un sueño del dominicano. No termina el 72 sin recibir la visita del periodista James O'Kelly. Este queda muy impresionado con la recia personalidad y la inteligente conversación del cubano. Desea ver un combate y Calixto lo complace con el ataque a Palma Soriano.

En mayo del 73 cae Agramonte y este doloroso hecho le propicia a Céspedes la oportunidad de desagraviar a Gómez. Lo manda a ocupar la posición del malogrado camagüeyano. Se reorganizan los departamentos y mandos. Y Oriente se divide entre el territorio de Calixto y el de Vicente García.

Si nunca habían sido muy armoniosas las relaciones entre el Ejecutivo y la Cámara, en 1873 la situación se ha vuelto más tensamente dramática. A la ojeriza de los diputados se suma la hostilidad de algunos militares. Y al fin, el 27 de octubre, en Bijagual, dentro de la jurisdicción de Jiguaní, se produce la destitución de Céspedes.

Y en ausencia del vicepresidente Aguilera, se le dio posesión a Salvador Cisneros y Betancourt. Todo sucedió con la muy próxima presencia de un fuerte contingente militar encabezado principalmente por Calixto García. Resuelto el caso, éste marcha a Bayamo, decidido a atacar a Manzanillo. Y lo logra felizmente con grandes pérdidas para los españoles. Y el 20 de diciembre ejecuta su última acción del 73 con el infortunado asalto de Santa Rita.

Llega el 74 y en enero ya está en acción y derrota al coronel Esponda en Melones. De acuerdo con el propósito del gobierno de llevar la guerra a Occidente, Calixto dispone una concentración de fuerzas en San Diego de Buenaventura. Allí se encontraron con Gómez los más importantes jefes. Y mientras el dominicano marcha hacia el poniente, Calixto vuelve a Oriente, donde se encuentra con el motín encabezado por Payito León, respaldado por casi toda la caballería de las Tunas.

Calixto, obligado por las circunstancias, elude lo ocurrido y se dirige a Holguín para darle cuenta al gobierno. Sin darse tregua, una operación tras otra. Y el 6 de septiembre, en San Antonio de Baja, acompañado por unos pocos, con un complicado telón de fondo, es sorprendido por el enemigo. Cuando se ve sin escape posible, ante el peligro de caer en poder del enemigo, esgrime su revolver y poniendo su cañón a la altura del maxilar inferior dispara. El proyectil le salió por la frente. No obstante, como por un milagro, no ha muerto. Está vivo. Identificado por sus subalternos, el teniente Ariza lo lleva a Veguitas, donde le hacen las primeras curas. Después a Manzanillo. Y por último, consultados el gobernador de la provincia y el Capitán General, a Santiago de Cuba.

Al notificársele a la madre que el hijo había caído en poder de los españoles, enérgicamente Cía lo rechaza, pero cuando le aclaran que había intentado suicidarse, responde: –Ese sí es mi hijo Calixto...

En 1875, curado definitivamente se le envía como prisionero de guerra a España. En marzo esta recluido en el Castilo de Santoña, cerca de Santander. En mayo se le traslada a la prisión de San Francisco, en Madrid, en donde tendrá la presencia de su madre y donde va a recibir las visita de muchos compatriotas.

Pero en abril del 76 lo trasladan a Pamplona, en Navarra, en donde estará hasta mayo del 78, tres meses después del el Pacto del Zanjón. Mientras, su madre lo acompaña en la medida de sus posibilidades y de los reglamentos del lugar. En su soledad, no cesa de leer y estudiar. Estudia inglés y francés hasta aprenderlos. Continuamente lee periódicos y revistas de París y Londres. Tampoco le faltan libros, especialmente de historia y de ciencia militar.

Cuando se ve libre, navega a Nueva York, donde se encuentra con un buen grupo de cubanos que han organizado un Comité Revolucionario. Casi todos son veteranos del 68 y entre ellos hay figuras muy principales. Los une el propósito de promover un nuevo alzamiento en Cuba. De inmediato lo acatan como jefe del movimiento.

Cuando en enero del 80 llega Martí, éste se convierte en el mejor asistente del General. Ya en agosto del 79 se produce el alzamiento en la Isla con José Maceo, Guillermo Moncada, Quintín Banderas y muchos más, pero lamentablemente es aplastado por las fuerzas españolas.

Mientras tanto, sin que aún sepa lo ocurrido, Calixto **agota** las gestiones para llegar a la Isla. La goleta en que se aproxima a la costa oriental queda a la deriva y llega a Jamaica.

Al fin, Calixto está en tierra cubana, pero no encuentra ninguna señal de alzamiento. Todo había terminado dramáticamente. No tiene más solución que tramitar su presentación. De nuevo preso, se le remite a La Habana, donde recibe la visita de Manuel Sanguily. Y una vez más hacia España.

Con el alma llena de supremas amarguras, Calixto García navega hacia España. El barco llega a Santander el 5 de septiembre de 1880. Inmediatamente es recluido en el Castillo de Santa Bárbara, en Valencia. Pero el 12 de octubre ya está en libertad. Y al año siguiente, como consecuencia de un crudo invierno, está gravemente enfermo, víctima de una pulmonía.

Un amigo de estudios, director del Banco Hispano Colonial lo emplea en el Banco de Castilla, sucursal del primero. Y como domina tanto el inglés como el francés, es profesor de ambos idiomas. Además da clases en la famosa Institución Libre de Enseñanza, fundada por Francisco Giner de los Ríos, y en la Asociación para la enseñanza de la mujer.

La familia había quedado en Cuba, pero en abril del 82 llega a Madrid. Y con Isabel y sus hijos se le ve pasear por las avenidas y plazas madrileñas. Además le atraen los espectáculos populares. También acude a las Cortes Españolas, para aprender sobre de la política de España.

Asimismo entra en el Ateneo, donde se encuentra con los diputados autonomistas. Habla largamente con Rafael Montoro. Y muy civilizadamente con generales españoles. En contra de algunos peleó en Cuba. Como en Madrid hay tantos compatriotas, su hogar es el cuartel general de todos. Allí se reúnen para evocar episodios de la guerra y para especular sobre el futuro de la patria.

Al margen de sus quehaceres, lee mucho, en español, inglés y francés, en los periódicos y revistas. Es así como puede seguir el curso de la vida internacional. Va a París frecuentemente para entrevistarse con el doctor Emeterio Betances.

Y cuando Martí se dirige a él, no vacila en solidarizarse con el compatriota que ha fundado el Partido Revolucionario Cubano. Tres años después, con el 24 de febrero del 95 comienza la nueva guerra y no tiene más obsesión que incorporarse a la misma. Pero la policía española lo tiene bajo la más severa vigilancia hasta que el 13 de octubre sale hacia París.

Y el 18 de noviembre está en Nueva York, donde se le ofrece un cálido recibimiento con la presencia de Tomás Estrada Palma. Pero son muchas las dificultades a vencer. El 28 de enero zarpa en el "Hawkins", con un centener de expedicionarios y muchas armas. Y cuando aún la nave no se ha alejado de Nueva York, empieza a hacer agua. Hay que echar al mar todo lo que se lleva con destino a la guerra. Calixto está convencido de que todos morirán, pero, milagrosamente sobreviven.

Hay que empezar de nuevo. Pero el nuevo barco, el "Bermuda", es confiscado por las autoridades. Después, tras haber salido del puerto, lo apresan. Hasta que aparece el hombre que es capaz, apelando a muchos recursos y habilidades, de conducirlo a la costa de Baracoa.

Es el 24 de marzo del 96. Ese día se cumplen trece meses del estallido revolucionario que encendió Martí. En esos momentos Maceo está en Occidente. Mientras Gómez vive un constante conflicto con el Consejo de Gobierno, que encabeza Salvador Cisneros Betancourt. Calixto se solidariza con el dominicano y nada bueno piensa del presidente y sus secretarios.

Al ser nombrado por el gobierno Jefe de Oriente, José Maceo se siente discriminado y rechaza a García. Pero el 5 de junio, en Loma de Gato, muere el hermano de Antonio y todo queda resuelto. Tras la acción de Los Moscones, el primero de julio, no habrá reposo para Calixto, quien, a pesar de sus cincuenta y siete años, está tan saludable como animoso.

El 17 se ha reunido con Gómez, después de veintidós años de separación. Y ambos, con sus tropas, van hasta Dos Ríos para rendirle un homenaje de recuerdo al Apóstol. El ataque con artillería al Fuerte San Marcos, sobre la Loma de Hierro, es el primer hecho que les revela a los españoles su excepcional habilidad estratégica. Y en Camagüey, con el ataque y toma de Guáimaro queda definitivamente consagrado.

En diciembre llega a Oriente la noticia que estremece a todos los cubanos: la muerte de Antonio Maceo en la provincia de la Habana, cuando regresaba a Oriente, llamado por Gómez, a quien el gobierno quiere destituir. Él llena el vacío que deja el Titán de Bronce. En marzo ataca y toma a Jiguaní. En agosto del 97 provoca la destitución de Weyler con la hazaña de Victoria de las Tunas. Y en noviembre el espectacular triunfo de Guisa. Y tras año y medio de constantes combates y triunfos, ha llegado el 98.

Después de sustituir a Valeriano Weyler por Ramón Blanco, el gobierno de Madrid, consciente de la precaria situación de sus fuerzas militares en Cuba, comprendió que había que buscar una solución fuera de las armas y estableció la autonomía, tan dignamente rechazada por Máximo Gómez..

Los llamados "voluntarios" y cuantos fanáticos se les sumaron llevaron a cabo tales tropelias en La Habana que el cónsul de Washington no vaciló en dirigirse a su gobierno para pedirle que enviara un buque de guerra con el objeto de proteger, de ser necesario, a los americanos radicados en la Isla.

Y el 15 de febrero el "Maine" explotó en la bahía de La Habana, causando la muerte de toda la tripulación y de los oficiales que en esos momentos se hallaban en la nave. Sospechando que el origen del hecho estaba entre los españoles, la prensa americana escandalizó a todo el país.

La situación se agravó al darse a conocer una carta del Ministro Plenipotenciario de España en Washington, redactada en términos excesivamente injuriosos para el Presidente y los Estados Unidos. Los hechos repercutieron en el Congreso y éste proclamó el 19 de abril, por medio de una Resolución Conjunta, que "Cuba tiene derecho a ser libre e independiente".

El 21 se rompen las relaciones diplomáticas. El 25 Estados Unidos declara la guerra a España y el 27 se dispone el bloqueo de las costas de la Isla. De inmediato, Estrada Palma, que es el Delegado del gobierno de Cuba en los Estados Unidos, se dirige al presidente McKinley para poner a su disposición al Ejército Libertador.

Y el primero de mayo llega hasta Calixto García el teniente Andrew Rowan para trasmitirle oralmente el mensaje que le mandaba el Secretario de la Guerra. Este quiere saber si las fuerzas armadas de Cuba estarían en disposición de cooperar con las americanas.

Y el general García, sin posibilidad de consultar previamente al gobierno y al General en Jefe, decide que Enrique Collazo y Charles Hernández acompañen a Rowan en su regreso. Ellos dirán al funcionario americano que los cubanos podrán cooperar si se les dan los medios que necesitan. Y hecho esto, Calixto informa tanto a Masó como a Gómez.

Además, McKinley le ha pedido al general Nelson Miles, Jefe del Ejército de los Estados Unidos, que se comunique con el mayor general Calixto García. Y tan pronto como Miles llega a aguas cubanas le pide una entrevista. El americano queda impresionadísimo con su personalidad. Asimismo se percata de que está hablando con un estratega a la manera europea dotado de una gran experencia. Es por eso que Miles le dice a Calixto que todo se hará de acuerdo con el plan que él le ha esbozado.

Ya ambos militares se han puesto de acuerdo en cuanto al sitio que se va a imponer a Santiago y a cuya cabeza estará el general Shafter, que ostenta la jefatura de las fuerzas que se han destinado para la guerra en Cuba. Las tropas americanas desembarcaron por Daiquirí el 20 de junio. Mientras tanto ya la escuadra, al mando del Almirante Sampson, bloqueaba la Isla.

A los efectos del sitio de Santiago, García se ha situado en el Aserradero. Y hasta allí llegan Shafter y Sampson para conferenciar con el héroe cubano. No dudan de que éste es la clave de la guerra que se aproxima contra los españoles. El 30 de junio comienza la operación acordada contra Santiago, atacada por tierra y desde el mar. La asedian quince mil americanos y cuatro mil cubanos.

Calixto está situado en un paraje que se halla entre el Caney y la Loma de San Juan. Ante las tremendas pérdidas que sufren los americanos, Shafter le comunica al Secretario de la Guerra que está decidido a retroceder, pero al saberlo Calixto, éste lo replica enérgicamente. Y sigue la marcha tal como él la había planeado. Los españoles son derrotados en el Caney y en la Loma de San Juan. Y al unísono la escuadra española había sido destruida totalmente.

El 4 de julio se sabe que los defensores de la ciudad están decididos a no seguir la resistencia. El 11 se firma el armisticio. Y el 16 se suscribe el Protocolo de la Paz, sin participación de los cubanos. Se les ignora. Y como Shafter, mediocre y vanidoso, quiere marginar a García frente al triunfo no le permite entrar en Santiago.

García se dirige a Gómez para notificarle su renuncia. Y si éste acepta su decisión, el Consejo de Gobierno lo destituye. En tanto que recibida en la Casa Blanca la carta que ha dirigido el cubano a McKinley, éste releva a Shafter y nombra al general Lawton.

Este le ofrece un emocionado homenaje de desagravio al cubano, que entra en Santiago bajo un desbordamiento de honores por parte de los americanos y de cálidos afectos que le exhiben sus compatriotas.

Ademas del desagravio ofrecido por el general Lawton al prócer, en el Club San Carlos se produce en la noche de ese mismo día, el 22 de septiembre, el agasajo cubano. Fue una eclosión de entusiasmo, respeto y admiración al invencible estratega, que asimismo revelaba tantas aptitudes de estadista.

Como la guerra contra España había terminado, de acuerdo con la Constitución de la Yaya el Consejo de Gobierno convocó a una elección dentro de las filas del Ejército Libertador para elegir a los delegados a una Asamblea de Representantes de la Revolución Cubana.

El Quinto Cuerpo, que mandaba Mario G. Menocal, elige a Calixto, pero él se resiste a asistir. Los últimos meses lo han dejado muy traumado, mas su hijo Carlos lo convence de que no puede eludir lo que es un deber patriótico.

La Asamblea se reúne el 24 de octubre en Santa Cruz del Sur. Y allí está Bartolomé Masó, que trasmite al nuevo organismo los poderes que había ostentado el Consejo del Gobierno. Terminada la ceremonia, Masó se retiró de la sala y al día siguiente le mandó los padrinos a Calixto. Se siente ofendido por éste, que ha declarado a un periodista "que nunca lo había visto en un combate". Juan Gualberto Gómez se ocupa de propiciar un encuentro entre ambos próceres. Con un fuerte abrazo todo queda resuelto.

Otro desagradable momento para el patricio lo proovoca José Lacret Morlot que lo acusa de ignorar al Consejo de Gobierno y al General en Jefe cuando lo de Rowan, pero la inmediata intervención de Aurelio Hevia liquida la cuestión. No se ha convocado la Asamblea para dirimir opiniones personales.

Sanguily recuerda que lo primero a resolver es el licenciamiento del Ejército Libertador. Se aspiraba a un empréstito de parte del gobierno americano. Y el 11 de noviembre se nombra una comisión, encabezada por el general García, a quien acompañarán Manuel Sanguly, José Miguel Gómez, José Antonio González Lanuza y José Ramón Betancourt. Acto seguido la Asamblea decidió trasladarse a La Habana y seguir sus trabajos en una casa del Cerro.

El 18 llega el General a la capital y al dirigirse al Hotel Inglaterra, allí está su madre esperándolo. La presencia del héroe en la capital es un acontecimiento. Y en Nueva York, se reencuentra con Isabel, su esposa, y con los hijos que no estuvieron con él en la guerra. Y uno de los primeros en visitarlo es el general Shafter, de quien tiene tan malos recuerdos.

Con los honores que merecen los comisionados de la Asamblea son recibidos por McKinley. Al planteársele el motivo de su visita el Presidente aclara que un empréstito es legalmente imposible, pero que para reparar esa situación por el momento él puede donar tres millones de dólares. Si encuentra partidarios de la anexión, sabe que no es el pensamiento de la Casa Blanca.

Washington está bajo el rigor de una fuerte nevada y el General está agripado. Aunque el médico que lo asiste le ordena un reposo absoluto, él no lo obedece. Y lo agarra una fulminante pulmonía. El 11 de diciembre su liberado espíritu voló a la eternidad.

Su muerte fue una conmoción para los cubanos y los americanos no se quedaron a la zaga. El Presidente se sintió conmovido y el general Miles dispuso un funeral con el protocolo que habría que otorgarle a una alta figura de las fuerzas armadas de los Estados Unidos.

Así ocurrió en la misa oficiada en la Iglesia de San Patricio. El féretro fue cargado por el propio Jefe del Ejército, el Secretario de Estado, el senador Protor, Shafter y Lawton.

Se le enterró en el Cementerio de Arlingon y cuando España se retiró de la Isla totalmente, su cadáver se traslado a La Habana. El gobernador Brooke encabezó el cortejo, pero por un confuso y lamentable incidente la representación de la Asamblea del Cerro se retiró airadamemte y se llevó con ella gran parte del acompañamiento. El general Carlos García Vélez condenó enérgicamente lo ocurrido y de lo cual no culpó al gobernador americano.

Calixto García Iñiguez ha quedado como una de las más grandes figuras de las guerras de Cuba por la independencia. De vivir, el estadista que era hubiera servido muy positivamente a la república.

Ignacio Agramonte (1841)

Nació en Camagüey el 23 de diciembre de 1841. Su padre, cuyo nombre él repite es abogado. Su madre, Filomena Loynaz. Viene al mundo en un hogar de abolengo. Dentro de sus primeros estudios hay que señalar al italiano Guiseppe Cerrutti que mezcla sus enseñanzas con evocaciones de Grecia y Roma. Ignacio, de cuerpo tan espigado como de notoria curiosidad de conocimientos se deleita con las palabras del maestro.

Es tan sensible que no le pasa inadvertida la perocupación de padre en relación con la posible supresión de la Audiencia. Desde muy niño exhibió su nativa condición de líder. Con diez años fue a la sabana de Arroyo Méndez para ver los cadáveres de Joaquín de Agüero y sus compañeros ejecutados por conspirar en contra del gobierno español de la isla.

Podría afirmarse que en ese trágico episodio está la raíz del patriotismo que exbibirá a partir de ese día. Cuando arriba a los catorce años, en 1855, se le lleva a La Habana e ingresa en "El Salvador", el afamado colegio de José de la Luz y Caballero. Es el año del ajusticiamiento de Ramón Pintó, el ilustrado catalán, por estar involucrado en una conspiración de cubanos. La noticia llega al conocimiento de Ignacio y la une a la anterior experiencia.

El camagüeyano es muy sensible a la personalidad de don Pepe. Observa su desenvolvimiento en el plantel. Escucha todo lo que de él alcanza. Empieza a comprender que después de abandonar la ciudad nativa ha entrado en un mundo tan distinto como superior. Le encantan todos sus maestros. Intuye que en el ambiente de "El Salvador" vibra un espíritu muy cubano sin traza alguna de la españolidad que respiraba en Camagüey. Los valores morales que flotan en los aires del venerable lugar tendrán mucho que ver con el carácter que presidirá el resto de su vida.

Mucho le atrae un niño, siete años menor que verá en la oficina de Luz y a quien éste le dice el Manuel de los Manueles. Es Manuel Sanguily. Cuando termina su bachillerato, abandona "El Salvador" e ingresa en la Universidad. Por esos días, en el 62, muere el venerable mentor.

Al margen de los estudios asiste a los actos culturales que todos los jueves y sábados se celebran en el Aula Magna. Es ahora cuando tiene la oportunidad de proyectar su brillante personalidad, su elocuente palabra y su avanzado pensamiento, tan notoriamente influido por las nuevas ideas liberales y democráticas que se debaten en Europa como consecuencia de la Revolución Francesa. Otros contertulios son Antonio Zambrana, Luis Ayestarán, Antonio Govín, Vidal Morales, Leopoldo Cancio.

Pero no le basta con esto y va a eventos en los Liceos de La Habana y Guanabacoa. También se le ve en el Ateneo habanero. Se le ofrecen ocasiones para intervenir. Y a veces polemiza, cosa de su gusto. Cuando en las vacaciones va al hogar paterno, monta mucho a caballo. Le gusta la poesía y de los poetas prefiere al romántico Espronceda. No evade nunca el inevitable duelo. Es un hábil esgrimista.

Su nativo liderazgo se destaca en la Universidad. Es la consecuencia de su personalidad que es algo tan personal como intransferible. Se vio cuando en la Facultad de Derecho hay unas oposiciones que gana Rafael Morales y González, pero que no se le otorga por sus conceptos tan revolucionarios. Ignacio se destacó entre los que protestaron contra la injusticia cometida.

El único profesor que hasta donde le era posible se solidarizaba con los rebeldes cubanos fue José Manuel Mestre, que enseñaba Filosofía. En esos días tiene un duelo a muerte. Vence y le respeta la vida al derrotado. Con las mismas condiciones se bate con un oficial español de apellido Arenas y repite el mismo noble gesto del perdón. Su nobleza es mucha.

Se gradúa. En el Aula Magna tiene que exponer y defender su tesis, en la que ha trabajado mucho. Defiende la libertad individual frente al régimen. La libertad del hombre en todos las áreas de gobierno y en todos los niveles de la sociedad es obra de la Divina Providencia.

Oponerse a los progresos del país, así como al bienestar y la felicidad de sus habitantes es un crimen y una violación de las leyes de la Naturaleza y de la voluntad del Creador. El desconocimiento de los derechos del hombre es la única causa de las desgracias públicas. La justicia, la verdad y la razón son la supema ley de los pueblos.

Si los presentes aplaudieron delirantemente, el tribunal no pudo sospechar esta denuncia política del régimen. Se miran entre ellos.

Debieron haber conocido el tan revolucionario texto. De haberlo conocido previamente no lo hubieran permitido.

El hecho coincide, entre el 66 y el 67, con la Junta de Informacióm que se está celebrando en Madrid y que fue un absoluto fracaso. Pero los cubanos no quieren reformas sino la independencia. Desde el rechazo de los diputados en el 37 con Saco a la cabeza han pasado treinta años.

Regresa a su ciudad en la víspera de la tradicional fiesta de San Juan. Asiste la élite social. Allí está Ignacio, felicitado por todos por su graduación. Dentro de las más distinguidas familias estaba la de Simoni. En ella brillaban por su belleza dos hermanas: Matilde y Amalia.

Al reencontrarse con ésta, sintió el flechazo del amor. Y a ella le pasó lo mismo. Bastó un minuto no más. Empieza, muy discretamente, el romántico noviazgo. Con su familia ella acababa de llegar de un viaje a Europa que ha durado cinco años, desde el 60 al 65 visitando sucesivas capitales y países. A su refinada educación se añade su voz. Oírla cantar arias operáticas embelesa al enamorado novio, que se siente henchido de una inefable felicidad.

El joven abogado ha regresado a La Habana para ingresar en el bufete de Antonio González de Mendoza. No había pasado un mes cuando los Simoni llegan a La Habana para un nuevo viaje. Agramonte aprovecha la ocasión para invitar al padre a un almuerzo y Simoni consintió.

Este apasionado enamoramiento no le impide estar al tanto del ambiente revolucionario que subterráneamente se vive en su provincia. Ya se ha incorporado a la Logia Tínima donde encabezado por Salvador Cisneros y Betancourt, se ha reunido un grupo de idealitas jóvenes.

Al regresar a La Habana después de pasar unos días en su ciudad sabe que ha muerto un Juez de Paz y que él debe ocupar su lugar, pero lo que sueña es que se restituya a Camagüey su Audiencia. Ya está en funciones judiciales, en las que mucho tiene que trabajar por el alto número de casos que se le presentan sin que esto le impida ir con frecuencia al teatro y aplaudir a artistas venidos de Europa.

Además está sumido en la lectura de la "Historia de los girondinos", escrita por Alfonso Lamartine, el famoso poeta y novelista. Todo lo que vive se lo cuenta a su novia y ella a su vez le informa de lo que ocurre en la ciudad natal de ambos.

A pocos días del matrimonio se celebra la primera reunión de la conspiración que ha tomado cuerpo en Oriente, encabezada por Aguilera y a las que asiste el Marqués de Santa Lucía. Éste es contrario a la precipitación que promueve Céspedes. Y la opinión de Cisneros es la misma que la de Ignacio. Ellos están sólidamente identificados.

Y en medio de un clima revolucionario se celebra la boda de Ignacio y Amalia. Todo un acontecimientopor el rango social de los novios. Están instalados en La Habana. Asisten al teatro. Restituida la Audiencia de su ciudad tiene un caso en la misma y lo estudia exhaustivamente porque será su primera comparecencia. Se lució y son muchas las felicitaciones que recibe.

El Marqués le informa de los acuerdos tomados en la reunión de San Miguel de Rompe, donde él ha sido designado a ir a La Habana a fin de enterar a Morales Lemus y a otros sobre lo que se está urdiendo en Oriente. Y cuando se produce la partida Ignacio está con él para despedirlo. Mientras Agramonte está atrapado en un dilema. De una parte su profesión y del otro lado los preparativos para una guerra en la que entrará a pesar de su reciente matrimonio.

Céspedes se adelanta y escenifica el Grito de La Demajagua. Si ha sufrido el revés de Yara, cuando se ve con más hombres, se encamina hacia Bayamo. Las noticias llegan a Camagüey y repercuten en Agramonte y en los demás que lo acompañan en la ciudad y fuera de la misma. Si realmente en esos días los camagüeyanos estaban organizados, hay que actuar a la mayor brevedad.

A fines de octubre regresa Cisneros y declara que los camagüeyanos deben secundar lo iniciado por Carlos Manuel. Se cita a una asamblea. Agramonte es partidario de no esperar nada y lanzarse de inmediato a la guerra.

Reunidos los patriotas en Clavellinas, toman el camino de Nuevitas. Han elegido como jefe a Gregorio Boza y Agramonte es su primer ayudante. Pero entre los presentes no están ni el Marqués, ni Ignacio que permanecen en la ciudad para organizar el Comité que encauce los pasos del alzamiento.

De repente nadie sabe donde esta Cisneros. Es que había llegado un telegrama por el que se le mandaba a detener y el telegrafista se lo informó. Y pocos días después ocurre lo mismo con Ignacio. Lo último que hizo en la ciudad fue despedirse de la esposa. Amalia se portó con singular patriotismo.

Cuando sale de los límites urbanos hace contacto con el grupo comprometido. Es el 5 de noviembre del 68. Ya el Conde Valmaseda en su camino hacia Bayamo ha entrado en suelo camagëyano por la colaboración que le ha prestado Napoleón Arango, que es un traidor. Asimismo se presenta a Agramonte como mediador y vocero del jefe español.

Alardeando de una jefatura que nadie le ha otorgado Napoleón cita para una asamblea en el Paradero de Minas en pos de una suspensión de hostilidades. Dentro del grupo encabezado por Augusto Arango, Agramonte está presente a fin de saber de primera mano lo que se propone Napoleón. Ya enterado, se retira de la asamblea.

El Comité de patriotas, que ya existía, lo ha responzabilizado con el Marqués y su primo Eduardo para organizar y dirigir los trabajos militares y civiles del movimiento revolucionario.

Con unos ciento cincuenta, Ignacio está en puente de Tomás Pío. De repente aparece el Conde con un millar de soldados bien equipados, pero no es posible eludirlos. Hay que pelear a como sea y el combate dura tres horas. A base de coraje los cubanos pelean hasta que los españoles se retiran después de sufrir muertos y heridos. Esta acción fue el bélico bautizo del idealista letrado.

Agramonte está preocupado en la oganización que hay que darle al movimiento en que está involucrado de cuerpo entero. El sueña con un república influida por los principios de la Revolución Francesa y de la guerra de independencia de las Trece Colonias. Otra cosa que le obsede es la necesidad de que los cubanos que están en Estados Unidos manden expediciones con armas y pertrechos. Mientras, Amalia lo ha seguido al campo y está en "La Matilde", finca de la familia Simoni. Ella no se lamenta, sino que lo estimula.

No acaba el año 68 sin que Céspedes visite a los camagüeyanos. Desea que se le reconozca su autoridad, pero Agramonte, a quien le agrada su personalidad, discrepa de él. El bayamés aspira a ostentar la jefatura de todos los territorios alzados mientras Ignacio le hace saber su sueño, que es el de una república con tres poderes. No se ponen de acuerdo, pero Carlos Manuel no cierra el diálogo.

Eran metalidades distintas. En esos momentos el camagüeyano tiene veintiocho años en tanto que el bayamés ha llegado a los cincuenta. Una diferencia de veintidós años. Con razón el joven piensa que su interlocutor tiene ideas arcaicas y el que está en la senectud ve en su contradictor a un idealista que no conoce la realidad de la vida.

A Camagüey van llegando las noticias de los descalabros que están ocurriendo los cubanos como la derrota de Donato Mármol. Pero la visita de Céspedes ha sido un reto para Ignacio. Se entra en 1869 y los cubanos ante la arremetida del Conde abandonan a Bayamo convirtiéndola en cenizas. Las familias se han refugiado en los montes.

En tanto que en Camagüey no hay fuerzas españolas y esto permite al Comité que encabeza el Marqués reorganizarse. Les ha llegado una expedición encabezada por Manuel de Quesada con armas y con un grupo de valiosos jóvenes: Julio Sanguily, Rafael Morales y González, José María Aguirre, Luis Victoriano y Federico Betancourt...

Poco despúes llega el "Galvanic" con más y muy buenos pertrechos y más jóvenes. Entre ellos Manuel Sanguily con veinte años. Es ahora cuando Agramonte puede demotrar su insólita capacidad de organización. Se establece un sistema de correos y otro de hospitales, a cargo del doctor Eduardo Agramonte. Se crean prefecturas y talleres para la confección de zapatos y ropa. Y hasta fábricas de armas. No se ha olvidado la organización de una corte marcial.

Había que tener un jefe para el ejército que ya estaba tomando cuerpo y se nombró a Manuel de Quesada, con experiencia militar, pues había peleado en la guerra de México en contra de los soldados del emperador Maximiliano, obra de los franceses. Los patriotas de Camagüey sitian la ciudad. Agramonte vistiendo ropa militar se destaca de cuanto lo rodea.

Aspira a la unión de todos los revolucionarios de todas las regiones. Y no menos le disgusta lo que Céspedes ha hecho en Oriente. Él desea una república dentro de la guerra bajo la democracia. Se siente muy optimista ante la noticia de que el 7 de febrero se han alzado los villareños.

Ante este hecho piensa en una Asamblea de Representantes del Centro. En esto ve una nueva fuerza para afrontar a Carlos Manuel y llevarlo a la celebración de una Asamblea en la que estén las tres regiones alzadas en armas. Pero antes de que se llegue a esa meta es de importancia algo más que la unidad del Centro. Hay que proclamar sus principios e ideales. Piensan en la abolición radical de la esclavitud.

Y en medio de tantas cosas buenas se sufre una espina, la de Napoleón Arango que discrepa de los auténticos patriotas y que actúa más a favor de los intereses españoles que de los ideales cubanos. Agramonte propone que la Corte Marcial lo cite y lo juzgue. Y así se hace. Ángel Castillo sale en su busca para apresarlo.

Fue una emoción muy singular que se le apareciera con unos veinte años aquel niño que había conocido en "El Salvador". Era Manuel Sanguily. Agramonte le da la encomienda de que regrese a Las Villas y que exponga a los villareños la ideología y el programa de la Asamblea del Centro.

Agramonte piensa que ha llegado el momento para una segunda entrevista con Céspedes y se hace acompañar por Ignacio Mora. Lo encuentra en un bucólico paraje que atraviesa el Cauto. Carlos Manuel los recibe agradablemente y Mora observa las maliciosas sonrisas que los dos patriotas se intercambian. Pero apenas comienza la conversación cuando le llega a Ignacio un mensaje con el que se le reclama su presencia en Camagüey.

Pero Mora queda con Céspedes y ocurre lo que Ignacio no pudo sospechar. Mora se aparece en su compamento con el caudillo oriental que está dispuesto a todo con tal de mantener la necesaria unidad de todas las regiones sublevadas para salvar la guerra. Se convoca a una elección de delegados para una convención constituyente que tendrá lugar en Guáimaro el 10 de abril del 69.

Agramonte está feliz y así lo revela a todos los presentes. Ha logrado lo que parecía imposible. Fue un triunfo del patriotismo por encima de todas las personales ideas. Ha llegado el momento de empezar. Por su edad preside Céspedes y por la misma razón Ignacio Agramonte y Antonio Zambrana son los secretarios.

Se designan como ponentes del texto constitucional a los dos secretarios, tan jóvenes y además abogados, con toda la capacidad para cumplir el encargo. Lo leen en las horas de la tarde. Escuchado en su totalidad, es aprobado sin ninguna discrepacia. Y a continuación Céspedes abre el debate de los artículos desde el primero hasta el último.

Queda consagrado en la constitución que todos los habitantes son libres e iguales. En cuanto a la estructura de la república, democrática y liberal, los tres poderes. Pero los ponentes han creado un fuerte Poder Legislativo al que el Ejecutivo tiene que someterse.

Pero, en contra de lo que pudo esperarse, Céspedes escuchó la situación en quedaba la presidencia y no expresó ninguna protesta. Con cincuenta años y tantas experiencias se sometió a lo redactado por dos jóvenes idealistas sin ninguna experiencia politica ni de la vida.

Aprobada la Constitución del 69 quedaba creada la República Libre de Cuba en Armas. Se planteó el dilema de la bandera. ¿Cuál, la de Narciso López o la de Céspedes? Fue proclamada la que había ondeado en Cárdenas en 1850.

Se declaró que los convencionales quedaran como diputados. Y se eligió como presidente al hombre de La Demajagua. Y éste nombró los miembros del gabinete, ratificados de inmediato por la Cámara. Entre ellos, Aguilera quedó como Secretario de Guerra. Para la presidencia de la Cámara se designó a Salvador Cisneros y Betancourt. Y Manuel de Quesada será el Jefe del Ejército.

El evento fue clausurado con elocuentes discursos de Céspedes, Agramonte y Zambrana. Fuera de programa habló Sanguily para referirse al grupo de hombres de color que observaban el desarrollo del histórico evento.

Con el grado de Jefe Supremo de Camagüey Agramante va hacia su campamento donde están sus fuerzas. Se dirige a sus hombres para anunciarles el nombramiento que le ha dado el presidente de la república. Pronto entra en acción en contra del brigadier Lesca que se propone restablecer la comunicación ferroviaria con Nuevitas. Con solo trescientos hombres ha derrotado a una formidable fuerza enemiga gracias a su feliz estrategia.

Esta acción revela el genio guerrero de quien no ha estudiado en una academia militar. Este triunfo anunciará todos los que le esperan. Cuando lee los tratados de estrategia y táctica militares, se da cuenta que lo de Cuba es cosa distinta a todo lo que se encuentra en esos volúmenes.

A pesar de su actividad y sus tantas responsabilidades escribe constantemente a Amalia. Tampoco pierde la dicha de verla si las circunstancias se lo permiten. En uno de sus desplazamientos llega a él un mensajero para informarele que su esposa está de parto. Fue una emocionada escena la del encuentro de Ignacio y Amalia. Le había nacido un varón, que se llamará como él.

Esta molesto porque nada ha llegado a él de una expedición que arribó en Camagüey. Protesta y no le contestan. Renuncia. Al fin se aclara que el presidente no ha tenido nada que ver en el caso, sino el Marqués.

Se está a la mitad del 69. Una nueva victoria con cinco oficiales fusilados y setenta y soldados presos. El doctor Simoni cree que "La Matilde" no está ya tan segura y construye un buen rancho, "La Angostura", en lo más espeso de la Sierra de Cubitas. Ignacio interviene en la construcción de lo que se conoce por "El Idilio".

Mientras, el gobierno ha confiscado todos los bienes de cuantos cubanos están dentro de la guerra, o que sin levantarse en armas se conoce su militancia independentista. Tal le ocurre a todos los que llevan el apellido Agramonte. Lo mismo sufre el doctor José Ramón Simoni, padre de Amalia.

Los cubanos responden con la toma de la ciudad de Camagüey, audaz operación dirigida por Quesada y en la que se luce Ignacio. Pero ante la movilización del enemigo es necesario salir de la misma, hecho que en nada mengua su importancia.

Aún dentro de este año del 69 es informado Agramonte de las discrepancias que se producen entre el gobierno de Céspedes y la Cámara, lidereada en esos momentos por Rafael Morales y González, tan joven como elocuente. Una cosa negativa más es que por entonces no llegaban más expediciones con pertrechos para la guerra aunque se cuenta en el extranjero con cubanos tan patriotas como responsables.

Le avisan del ataque a Las Tunas que Quesada ha decidido y que contando con el éxito ha invitado al gobierno. Ignacio discrepa del plan que ha adoptado ignorándose las recomendaciones que él ha dado. Lamentablemente ocurrió lo que Agramonte esperaba. Los españoles rebautizaron la población con el nombre de Victoria de las Tunas. El fracaso sacudió al jefe cubano y puso dudas en la Cámara sobre sus habilidades.

Sobre el caso se produce una reunión en la que con el Marqués está Agramonte y otros. Comentan la incendiaria oratoria de Moralitos que cree que hay que deponer a Quesada. Tan lejos llega que insinúa que lo mismo hay que hacerle a Céspedes que parece apadrinar al cuñado. Aunque Quesada renuncia, se le depuso.

Se nombra a Thomas Jordan, con títulos académicos de West Point y la experiencia de la Guerra Civil. Si Agramonte lamentó la deposición, no le entusiasma el nuevo jefe, porque lo que hay que hacer en Cuba no es lo mismo que lo hecho en el Norte. Pero disciplinado, se mantiene en discreto silencio.

Estando Agramonte con toda la familia en "El Idilio" se aparece Céspedes. Todos se sienten felices e Ignacio muy halagado. De inmediato se le ofrece al presidente un cordialísimo banquete. Carlos Manuel aspira a tener las mejores relaciones con el camagüeyano. Los caudillos conversan amigablemente. El mandatario se interesa por los hechos del joven general. Aparte de sus acciones bélicas, le informa de cuanto ha realizado con las industrias que tienen que ver con la guerra.

Después de haberse conmemorado en la Cámara el primer aniversario del Grito de la Demajgua se entra en los últimos días del 69. Ignacio, en cada ocasión posible, se llega a ver a Amalia y al hijo. Pasadas las Navidades, con su Nochebuena, en las dramáticas circunstancias de una guerra, se entra en un nuevo año, el 70, bajo los más oscuros presagios.

Pero por ser un carácter, nada le asusta y se enfrenta a las peores situaciones. Guáimaro, la sede de la primera convención constituyente, ha sido quemada por el enemigo. Aparece el general Puello y es visto por Jordan y Agramonte. Lo siguen dos mil soldados y la fuerza mambisa no rebasa los quinientos. Al cabo de una hora y quince minutos, el español se retira dejando más de doscientos cincuenta muertos. Y lo vuelve a derrotar en las Lomas de Imías. Y a ésta se suma la de Guaicanamar.

Pero Gocheneque y Pullo movilizan a cinco mil soldados. Dada la precariedad de los mambises en cuanto a las armas, se evita el enfrentamiento. Su táctica es la de las emboscadas. Frente a las multitudinarias fuerzas peninsulares las cubanas son simples guerrillas. En vano esperan expediciones que no llegan. Empieza a sospechar que la guerra va a durar mucho por la carencia de las armas necesarias para derrotar a los españoles.

Le llega una triste noticia: su padre ha muerto en Nueva York y le preocupa su madre y el resto de la familia. Su hermano Enrique también está en la manigua. Sus sentimientos lo hacen pensar en ir al Norte, pero no, no va ante sus responsabilidades con la patria. Otra información es que Jordan ha renunciado, abandona la isla y se queda vacío el alto mando. No habrá una autoridad general. Cada jefe hará lo que le convenga.

Actúa bajo las inspiraciones de su intuición. Mucho lo ayudan las experiencias vividas. No pierde la oportunidad de actuar sin olvidar la precariedad de su situación. Le molesta que el presidente, en ausencia suya, llegue a su fábrica de zapatos y mande a calzar a cuantos lo acompañan.

Las diferencias suyas con el presidente siguen tal como comenzaron en el 68. Agramonte manda su renuncia al gobierno y se le acepta. Está resentido con Carlos Manuel, en relación con la pensión que se le mandaba a su familia. No obstante, por su cuenta ataca a cuanta tropa española se le pone a la vista, pero en esta situación, sin él, gran organizador, dinámico guerrero, la guerra empieza a declinar en Camagüey. Los españoles empiezan a dominar.

Piensa que Céspedes es el culpable y así lo comunica a la Cámara, pero no cree conveniente la destitución del presidente. Sería indisponer a Washington.

Sin mando puede darle más tiempo a la familia, pero no puede moralmente aceptar su negativa posición. Vive un profundo conflicto porque es consciente que si Carlos Manuel es el culpable, él también tenía alguna culpa. En cosas de la patria no es posible dejarse inspirar por la soberbia cualesquiera que sean sus muchas razones. Y en esta situación, la misma se empeora cuando Ignacio se entera de que Céspedes va a mandar, de su propio peculio, la pensión de su familia. Se siente ofendido y reta al presidente a un duelo que no se lleva a cabo. Se pospone para cuando acabe la guerra.

Y de pronto lo imprevisto. Alguien avisa que "El Idilio" está cercado por tropas enemigas. Sin perder la ecuanimidad, controla a Amalia que se asusta en grado sumo. No ha encontrado nada, pero, después descubre huellas que confirman que por allí anduvo alguien. Efectivamente, Simoni le cuenta lo ocurrido. Un oficial español se ha llevado con otros a Amalia y al niño.

Ignacio, enloquecido, decide ir a donde calcula pueda estar el anónimo militar que le ha llevado a los suyos. Los encuentra en San Juan de Dios. Están sanos y salvos. Todo ha sido hecho por Arenas, al que él, vencedor en un duelo a muerte, le respetó la vida. Lo único que puede hacer es escribirle. Llegar hasta ella le hubiera costado la libertad o la vida.

Siguiendo por su cuenta tiene sucesivas acciones. A pesar de tantas negativas circunstancias, no se desalienta. Su pertinaz esperanza le apuntala el ánimo. Se desahoga con su madre que sigue en el Norte. Si se queja de Céspedes, Aguilera le ofrece el mando de la división de Holguín, que él declina porque no quiere salir de su nativa región.

Carlos Mola ha convencido a Céspedes de la imperiosa necesidad de restituirlo en su posición y él la asume dispuesto a ganar todo el tiempo perdido. Cuando se enfrenta a sus viejos soldados los encuentra enflaquecidos y en harapos. No se explica como pudieron sobrevivir. Pero todo esto quedara atrás.

Pronto sus fuerzas estarán como estuvieron antes. Su energía hace milagros. Y en medio de todo la tranquilidad que le da saber que Amalia y el hijo están en Nueva York. Cuando se vieron por última vez ella estaba encinta. En su oportunidad sabrá que es padre de una niña.

Con él están el Marqués y Manuel Sanguily, ambos heridos. Su actividad no tiene tregua. Ninguna tropa adversaria se le escapa y la ataca sin que pueda estar seguro de salir airoso. Hay que hacer saber a los soldados del rey que él está de nuevo en la pelea. La región que había perdido su anterior actividad militar, la ha recobrado tanto de parte de los mambises como de sus contrarios. Cuando alguien duda del futuro y le pregunta con que armas va a pelear, él, enérgicamente responde que "con la vergüenza".

En octubre del 71 le informan que una columna enemiga se lleva preso a Julio Sanguily. Arenga a los suyos. Escoge a treinta y cinco y corre a galope en pos del patriota, a quien hay que rescatar vivo o muerto. Aquello fue como un relámpago. Sólo él podía haber arrebatado el cuerpo del general. El feliz episodio se difundió por todo el campo revolucionario y no sólo ungió al héroe de singulares prestigios sino que alentó mucho a todos los mambises.

Desde lejos sigue las tensiones que escenifican Céspedes y la Cámara, pero no toma partido y se concreta a lamentar esa situación tan negativa para los intereses de la república. No se deja interferir por lo que ocurre en la esfera oficial. Tiene treinta años y la bélica lucha, los espantosos espectáculos de tantos heridos y muertos le endurecen el corazón.

En noviembre prepara el asalto a Horqueta, ocupada por los españoles. Cae sobre la misma con la sorpresa, la rapidez y la fuerza de un meteoro. Arrasó. De lejos divisa la casa de la finca. Ataca y desmantela la guerrilla del "Rayo". Se enfrenta al coronel Pucurull, seguido no por soldados sino por voluntarios y lo deja con no pocos muertos y heridos. Le informan que el capitán Setién, llamado "el tigre" se le acerca y lo reta. Y muy pocos, ni el jefe, sobreviven al coraje de la caballería camagüeyana.

Al día siguiente reúne a sus huestes en "La Matilde". Los españoles los avistan y se disponen a vengar la muerte de Setién. Se pelea por tres días. Y al cabo de los mismos Pucurul se retira sin conseguir su propósito. Esta nueva victoria cunde por los campamentos y hasta el general Máximo Gómez lo congratula. Ni la prensa oficial deja de registrar su nombre.

En el campo mambí todos los jefes han tenido que reconocer sus hazañas. Él ha salvado la revolución. Con vistas al futuro, sus coetáneos dejan constancia de que él es el más importante caudillo de la guerra. Le reconocen treinta y tres triunfales acciones.

Comienza el año 72 sin que se puedan esperar expediciones organizadas por los líderes de la emigración. En Nueva York los aldamistas y los quesadista están a la greña. Céspedes sanciona una ley sobre reorganización militar. Agramonte le encuentra defectos que subsana con certeras acotaciones. En mayo muere en combate Enrique Agramonte, su primo, que es el esposo de Matilde, la hermana de Amalia. En la carta que le escribe se revela el dolor que ha sido para él esta pérdida.

Le sorprende que el gobierno lo nombra jefe del ejército de Las Villas. Y frente a esta noticia Gómez concibe un plan conjunto con Agramonte que somete al presidente y que éste aprueba. La Cámara lo ha respaldado y Céspedes empieza a dar órdenes a los jefes que han de incorporarse al mismo.

Pero el plan no llega a realizarse porque Céspedes ha depuesto a Gómez, víctima de una calumnia. Nada ha dicho Agramonte sobre el caso. Sabiamente él practica la filosofía del silencio. Tiene por secretario a un poeta, Ramón Roa, que escribe patrióticos poemas que él estima tanto que los lleva consigo. Al fin es herido en la acción del Salado. Lo mismo que él es atendido el jefe español. Ya curado, lo deja en libertad.

Por estos días ha sabido que Amalia con sus niños ha dejado a Nueva York y se ha instalado en México. Una de sus cartas está dirigida a Mérida, en Yucatán. Ha llegado el 73 y Aguilera se ha dirigido a Europa sin solucionar la controversias de los dos bandos. En consecuencia no llegan expediciones y no hay con que pelear. Aunque había leído tratados militares, no eran aplicables a la guerra cubana. Él había creado sus propias estrategias.

En febrero vence en Ciego de Najasa. Desmantela una guerrilla y apresa a varios voluntarios que son fusilados. Vence a una columna de trescientos reforzada con guerrilleros de Puerto Príncipe. Recibe una carta de Amalia, que sigue en Mérida, atormentada por lo que Antonio Zambrana le ha narrado de su temeridad. Él le escribe para replicarle lo dicho pero cuando ella reciba sus letras ya él ha caído en el Potrero de Jimaguayú el 11 de mayo de 1873, a los treinta y dos años. Apoderados de su cadáver, lo exhiben por las calles de Puerto Príncipe y después lo quemaron porque como escribió Roa: "hasta muerto daba miedo a los soldados del rey.

En sus últimos días ha presidido un evento en el que oficiales villareños lo elogian con toda justicia. Además ha vencido en el Cocal del Olimpo y al día siguiente está en el lugar en que caerá, tan prematuramente. No pudo sospechar que allí había de morir.

Antonio Maceo (1845)

Nacido el 14 de junio de 1845, Antonio Maceo tiene veintitrés años cuando le llega la noticia del levantamiento de Carlos Manuel de Céspedes. Era un joven fuerte, robusto, de una radiante personalidad. Después de ciertas disipaciones, normalizada su vida con su matrimonio, administra una de las propiedades rurales de su padre.

Por su frecuente presencia en Santiago, conoce la sociedad en que vive, dividida entre peninsulares y nativos. Entre éstos no faltan los cubanos españolistas y los que sin serlo no tienen ninguna sincera conciencia de patria. Al margen de ellos, los esclavos. Este es el espectáculo humano que le hace decir al joven Maceo que "está abochornado de la abyección de sus paisanos".

El Grito de La Demajagua ha repercutido en el hogar de Marcos Maceo y Mariana Grajales en Santiago de Cuba. Especialmente en el ánimo de Antonio que se dispone a abandonar sus intereses e incorporase a la guerra. Organiza un grupo con gente que siente lo mismo que él. Se presentan a Donato Mármol y quedan incorporados como simples soldados.

Nacido tan patriota como valiente sorprende a Donato que lo hace sargento. En la lucha están su padre y sus hermanos. Y uno de ellos, Justo es fusilado. Pelea tierras del Cobre y antes de que acabar el año es capitán. Está a las órdenes de Pío Rosado y sale triunfante en la acción que le han encargado. Se ataca a Guantánamo y tal es su actuación que Mármol le da el grado de comandante y le ordena que ataque a Jiguaní.

Y es tal su sorprendente actuación que ya es teniente coronel. En abril del 69 se entera de que en Guáimaro delegados de Oriente, Camagüey y Las Villas han aprobado una constitución y creado la República Libre de Cuba en Armas. Se ha nombrado como presidente a Carlos Manuel de Céspedes y se ha organizado una Cámara de de Representantes.

Si lo de Guáimaro lo hace feliz, tiene la tristeza de la muerte de su padre en una acción de guerra. Pero el dolor no interfiere la bélica acción de cada día. A fines del 69 está con Máximo Gómez por el área de Holguín. Celebra el primero de enero del 70 batiéndose con el enemigo, al que derrota aunque salga herido.

Y si lo hieren de nuevo está feliz porque ahora ha derrotado al general Arsenio Martínez Campo. Sabe de la muerte por fiebres malignas de Mármol y sigue al mando del dominicano que ha ocupado el cargo de Donato, que era el jefe de Oriente. Maceo está a la cabeza del tercer batallón.

Valmaseda está en Oriente y se recrudecen los ataques. Dentro de su mismo campamento, en Majaguajabo, es mal herido pero ataca al agresor y lo destroza. Empieza el 1871, un año fatal para los cubanos. Recibe la noticia de que él y todos los suyos han sido condenados a muerte por los tribunales españoles. Su reacción es pelear con más bríos. Sus triunfos son conocidos. No se cuida. Pelea identificado con sus hombres.

Pero no se tienen las armas ni las balas que se necesitan porque no llegan expediciones. En medio de esta situación, el héroe se entera de los fusilamientos del poeta Juan Clemente Zenea y de los ocho inocentes estudiantes de Medicina. Ha comenzado la importante campaña de Guantánamo bajo la dirección de Máximo Gómez. Se ataca el cafetal "La Indiana", de un enemigo de la causa cubana y cuando se fracasa en tres intentos y el dominicano piensa retirarse, Maceo con sus hermanos José, Miguel y Rafael ataca una vez más con la suerte de rescatar al más bravo de los suyos que está mal herido. Se luchó cuerpo a cuerpo dentro de la casa.

Enterado Céspedes de la actuación de Antonio le envía una carta muy congratulatoria y poco después se produce el feliz encuentro de ambos. Con ellos está Máximo Gómez y de repente se rompe la agradable armonía de la reunión. El presidente destituye al dominicano esgrimiendo falsas razones. Y dispone que Antonio ocupe su lugar hasta que le transfiera el mando a Calixto García.

Y con el santiaguero, el holguinero sale en campaña con victorias entre los cafetales del Monte Tauro. Con la muerte de Ignacio Agramonte, Céspedes dispone que Gómez ocupe el lugar del Bayardo.

Se produce una reunión de jefes con el presidente y se discute la marcha hacia occidente a través de Camagüey para promover la guerra en Las Villas. Los villareños no están peleando.

Calixto y Maceo aprueban el proyecto de Gómez, auspiciado por el presidente, pero a Vicente García no le agrada abandonar Las Tunas. Todo queda interrumpido por la destitución de Céspedes ante la presencia de Calixto con tres mil hombres. Maceo está con él y mucho le preocupa lo ocurrido.

Salvador Cisneros y Betancourt ocupa la presidencia, pero cuando quiere promover la invasión y presionar a Vicente éste no se siente inclinado a obedecer. Se rebela en Lagunas de Varona y exige la renuncia del Marqués. Estos hechos detienen la lucha y duelen a un militar tan disciplinado como Maceo, que se mantiene al margen de la política. Su consigna es pelear contra el enemigo y vencer.

Mientras tanto, Gómez y Maceo marchan hacia Camagüey. Triunfan en el combate de Naranjo y en la batalla de las Guásimas, pero Antonio sufre el dolor de la muerte de su hermano Miguel. Finaliza el 74 con el dolor de que Calixto ha caído en poder del enemigo. Ya dentro del 75 se atraviesa la trocha de Júcaro a Morón y el dominicano avanza hacia Las Villas, pero los villareños rechazan a Maceo y éste, sin darse por ofendido, regresa a Oriente.

Y tras él, Gómez hace lo mismo, tan pronto supo de lo que ocurría con Vicente. El dominicano no lo convence y el Marqués regresa a la Cámara y ésta nombró a Juan Bautista Spotorno.

Absurdamente el disidente ha sido nombrado jefe de Oriente y de Camagüey y dueño de la situación quiere ganarse a Maceo. Conferencian en Alcalá, pero Antonio resiste y elude todo compromiso con el tunero.

Se reúne con sus hombres para discutir la situación de la guerra en evidente estado de desmoralización. Así se lo hacen constar al presidente. García quiere moverse hacia Holguín y pone a Maceo en un aprieto al pedirle que lo acompañe. Si cede, desaira a los suyos y si se niega, quebranta su acostumbrada disciplina.

La actitud del héroe provoca la renuncia de García y Antonio sugiere que sea sustituido por Modesto Díaz. Éste y Maceo se dirigen a Holguín, sin Vicente, y se mueven amenazantes alrededor de la villa pero no atacan y se retiran. Ya ha llegado el 76. Y la Cámara elige a Tomás Estrada Palma como presidente. No tarda el brigadier en dirigirse al mandatario para que se investiguen unos infundios que circulan en torno a él. Le dice: "Yo no nací para intrigas".

El tunero logra una cita con el presidente y lo convence de que lo resposabilice con lo de occidente dejando afuera al dominicano. Se le señalan los días en que debe asumir el cargo, pero el tiempo pasa y Vicente está ocupado en otras operaciones. Y cuando se le obliga a cumplir lo que él mismo quiso, la mayor parte de su tropa se le escapa y ya en el 77 protagoniza el motín de Santa Rita. No pide la destitución del bayamés porque ya éste fue atrapado por los españoles. Le pide a Maceo que lo apoye y el santiaguero le responde que "siempre apoyará al gobierno legítimo".

Contestada virilmente la invitación de García, Maceo va hacia Holguín para enfrentarse con Limbano Sánchez que está identificado con Vicente. Antonio entra en el campamento del holguinero. Éste lo recibe revólver en mano. El brigadier le dice que dispare. Estas palabras desarman moralmente al sedicioso que se abraza al héroe. El santiaguero lo deja detenido en su propio campamento

Gómez, que es el Secretario de Guerra, cita a Maceo para que le informe sobre la situación de Oriente y enterado de lo ocurrido con Limbano, va hacia su campamento. Están frente a frente. El dominicano percibe que el holguinero esta avergonzado. Se abrazan. Pero aparece Maceo que en alta voz le dice a Gómez que no se fíe de Limbano porque no es hombre de palabra y éste, ofendido esgrime el revólver. Antonio hace lo mismo. La situación se vuelve tensa y grave. Alguien grita "Cuba" y todo queda resuelto. En la mejilla de Félix Figueredo hay una lágrima.

Se disuelve la escena. Gómez y Maceo se van juntos y caen en una embocada española. Antonio se desploma y parece muerto. Casí lo está, pero resucita en el hogar de Figueredo. De todos modos está postrado sin fuerza en las piernas. Enterado Martínez Campos, que está de nuevo en Cuba, manda a uno de sus oficiales, con tres mil hombres, a capturar al héroe. Lo necesita para sus planes.

Maceo aún yace en una camilla. Ante el enemigo, salta de la misma al caballo y desaparece. Fue todo un milagro que Figueredo, que lo presenció, no sabe como explicarlo. Mientras tanto la revolución agoniza bajo la presidencia provisional de Francisco Javier de Céspedes, hermano de Carlos Manuel. Al cabo de dos meses, la Cámara debe elegir a un nuevo presidente. Los representantes designan contradictoriamente al indisciplinado y rebelde Vicente García.

Comienza el 78. Antonio es Mayor General, grado que se ha ganado con sus combates y su conducta ejemplar. Ya no se pelea apenas pero, emboscado, sorprende cerca de Palma Soriano a una columna enemiga. Se lucha a puro machete y se destroza al enemigo que deja abandonados cincuenta mil tiros.

Y tres días después nuevo combate. El enemigo queda aniquilado. Hidalgamente Maceo deja libres a todos los españoles que han sido apresados. El hecho impresiona a Martínez Campos. El cubano se entera de que el famoso Batallón de San Quintín no está lejos de él y lo ataca. Llega la noche y sigue el acoso mambí. Al amanecer se les lee lo que uno de sus más altos jefes confiesa sobre la difícil situación que sufren. Fue uno de los más grandes triunfos del invencible patriota.

Esto ocurre el 8 de febrero del 78. Y ese mismo día pasaba lo que no podía sospechar Antonio y de lo que ahora acaba de ser informado. Tras un silencioso y largo proceso iniciado en la Cámara con intervención de Vicente García e importantes cubanos del Centro se había convenido con Martínez Campos el Pacto del Zanjón.

Una comisión presidida por Máximo Gómez le da la noticia. El héroe, sorprendido, declara que él no acata lo acordado y que así y personalmente se lo dirá a Martínez Campos en Baragúa.

El 10 de mayo, tres meses después de haberse acordado el Pacto del Zanjón, Antonio Maceo, el héroe de ochocientos combates, sale de Cuba hacia Jamaica. Tremendamente apesadumbrado por la inutilidad de su resistencia.

Aunque Antonio Maceo salió de Cuba, en mayo del 78, pensando volver enseguida con los recursos necesarios para continuar la guerra, empezó a vivir el dolor del exilio. Tuvo que peregrinar por diecisiete años, sin tregua ni claudicaciones. Con razón pudo decir que él era "un obrero de la libertad". En Jamaica lo recibieron destempladamente por haber salido de la Isla bajo el patrocinio de Martínez Campos.

Deja a Kingston y se dirige a Nueva York. Habla con los patriotas de la emigración y, entre otros, con Julio y Manuel Sanguily. Se suceden las reuniones en pos de dinero y de soldados. Pero, sin que nada se resuelva, llega la noticia de la capitulación del gobierno organizado en Baraguá.

Vuelve a Jamaica, donde están su madre y su mujer. Y donde se entera de la guerra que organiza Calixto García desde Nueva

York. Maceo queda incorporado al movimiento, pero no tarda el holguinero en apartarlo con el pretexto de que los españoles dicen que "se trata de una cosa de negros". Antonio se siente herido y desconcertado.

Decide hacer algo por su propia cuenta. Se dirige a Haití, donde no sólo no logra ayuda alguna, sino que se le trata de asesinar. Vive peligrosamente días muy difíciles. Llega a St. Thomas. Sigue por las Islas Turcas. Arriba a Santo Domingo. Confía en el presidente Luperón, pero Madrid puede más y acrece el acoso de los agentes españoles.

No obstante, logra organizar una expedición y se dispone a salir hacia Cuba, pero al hacer escala en Cabo Haitiano, el gobierno confisca su barco. Se salva llegando a la Isla Fortuna con el dolor de todo lo perdido. Allí sabe del fracaso de la guerra de Calixto. Tras una dolorosa odisea, arriba a Jamaica, donde se encuentra con cartas a Máximo Gómez. Éste aspira a frenar los revolucionarios impulsos de Antonio.

Llega el dominicano y le informa de las posibilidades de trabajo que ofrece Honduras. Se le nombra Comandante de Tegucigalpa. Después se le sitúa en la Comandancia de Omoa y Cortés. Recibe carta de Martí invitándolo a encabezar un nuevo movimiento insurreccional. Y aunque "su espada está al servicio de Cuba" el héroe no cree propicio el momento. Pero dos años después se produce el ofrecimiento de un cubano rico dispuesto a dar el dinero necesario para una nueva guerra. Tanto Maceo como Gómez han sido contactados a esos efectos. Antonio renuncia la Comandancia y llega a Nueva York. Se produce el encuentro con Martí. Pero éste acaba por discrepar del dominicano y se sale del movimiento.

Maceo sigue con Gómez a través de dos años. Tras los más grandes esfuerzos, como el dinero ofrecido no llegó nunca, todo fracasa. Y para colmo, el dominicano y el cubano terminan distanciados. Corre el año 86. A fines del mismo Antonio está en Panamá, convertido en constructor de casas para trabajadores del Canal. Recibe en el 87 una nueva carta de Martí con el mismo propósito revolucionario del 82. Pero en esos momentos tras la experiencia acabada de vivir el guerrero no ve posibilidad alguna.

Nostálgico de la familia, retorna a Jamaica. Y en el 90 se le ocurre viajar a La Habana. Su presencia en la capital es un acontecimiento. Pero no es un turista. Se nueve subrepticiamente con afán revolucionario. Lo sigue en Santiago. Llega a preparar un levantamiento. Y cuando todo está listo, se le expulsa del país.

Se radica en Costa Rica y seguro "de que llegará al pedestal de los libres", se dispone a organizar su vida. Se le autoriza a promover un proyecto de colonización en Nicoya, que resulta un tremendísimo éxito. Pero no tarda Martí en fundar el Partido Revolucionario Cubano, en visitar a Gómez lograr su apoyo. Nueve meses después, tras una segunda visita al dominicano, viaja el Apóstol a San José a ver a Maceo. Ha quedado resuelta la organización de la nueva revolución.

Todo está listo para el alzamiento en la Isla, pero se produce el desastre de Fernandina. Martí resurge, más ya no puede enviar a Maceo los seis mil pesos ofrecidos, sino sólo dos mil. El guerrero dice que la suma no es suficiente y a sus espaldas Crombet se dirige al Apóstol para decirle que él puede hacerlo con ese dinero.

Martí acepta la proposición de Crombet y le conmina a Maceo a que se ponga a las órdenes de Flor hasta que ambos lleguen a Cuba. Entonces él recobrará el mando. Lo que el delegado plantea al héroe es gravísimo, pero el hijo de Mariana lo acata y con Flor navega hacia Cuba. El primero de abril del 95 están en territorio de Baracoa. El 11 llegan Martí y Gómez. Ya los tres grandes, tras azarosos viajes, han arribado a su destino. Y desde el 24 de febrero de 1895 se había producido el levantamiento.

Maceo con su gente está en tierra cubana, dentro del territorio de Baracoa. Todo el paisaje que los rodea es un intrincado monte. Esto no impide lograr contactos con patriotas conocidos sin que la marcha deje de ser una azarosa aventura preñada de las dificultades naturales y del peligro que significa el asedio de los españoles. Una bala enemiga deja sin vida a Flor.

Al fin Gómez y Martí logran comunicarse con Maceo. El Delegado insta al héroe al encuentro que, por otra parte, Antonio dilata. Está molesto con el Apóstol por lo de Costa Rica, los dos mil pesos y Flor.

El 5 de mayo se produce el encuentro en el ingenio "La Mejorana", donde el dueño ha preparado un suculento almuerzo con abundancia de lechones, pollos y las más variadas viandas. El choque es inevitable porque el héroe, modelo de ecuanimidad y prudencia, esta ofendido. Dice palabras airadas. Está altanero. Martí no logra justificarse.

Pero eso no es toda la causa de la controversia. Lo es también la distinta visión que ambos tienen del futuro gobierno. Martí quiere una república a la manera de Guáimaro y Maceo desea una Junta de Militares con un secretario civil. No hay acuerdo y se separan mohinos, pero, el azar los junta de inmediato. El guerrero, ya desahogado, ofrece sinceras excusas. Es amable y respetuoso. Y tras una carta que el poeta escribe al militar a una semana de La Mejorana, Antonio se da cuenta de que en el Delegado no queda rastro de la disputa.

Maceo sale en campaña y le llega la noticia de la muerte de Martí. Se conmueve. Convoca a sus altos subordinados y les pide que discutan lo que el Segundo Cuerpo del Ejército, que es el suyo, deberá presentar a la Asamblea que se convocará. Este es el más noble homenaje que el héroe puede ofrecer al mártir de Dos Ríos.

Tras triunfantes combates, como Peralejo y Sao del Indio, se inicia en Baraguá, el 22 de octubre, la invasión a Occidente, que Gómez ha ambicionado desde la guerra anterior. Con La columna invasora va el gobierno designado en Jimaguayú con Salvador Cisneros y Betancourt como presidente.

El avance es un reto a los cien mil soldados de España, pero la pericia y el arrojo de Maceo se imponen y nada detiene el avance a través de Oriente y Camagüey. Se atraviesa La Trocha y se produce el encuentro con Máximo Gómez, que, a partir de ahora, seguirá con los invasores sin mengua de la jefatura de Antonio.

El 15 de diciembre ya están por Cienfuegos y se gana a base de machetazos la batalla de Mal Tiempo. Para despistar a Martínez Campos se lleva a cabo el engañoso retroceso. Consumado el fiasco, se vuelve a avanzar hacia Occidente. El primero de enero se entra en la provincia de La Habana. En la capital se espera un ataque pero los caudillos cubanos no lo pretenden. Cerca de Hoyo Colorado, se separan. El Generalísimo retorna a Matanzas y el Lugarteniente selecciona a los que seguirán con él.

Los españoles están desesperados. Y en Madrid no pueden comprender cómo en una isla tan estrecha cien mil soldados y los más diestros generales no pueden detener la marcha invasora que avanza hacia el extremo occidental de Pinar del Río. Martínez Campos se da por vencido y pide que lo excusen de seguir en Cuba y recomienda que se mande a Weyler.

Mientras tanto, la columna invasora, a través de los sucesivos cañaverales que arden, triunfa en Las Taironas, se acerca a la capital de la provincia y el 23 de octubre entra en Mantua. El pueblo se lanza a las calles para recibir al héroe legendario y a su hueste. El Alcalde convoca a una sesión para levantar el acta en que va a quedar constancia de la llegada de Maceo a ese remoto pueblo.

La guerra se extiende por todo el territorio nacional. A lo largo de Pinar del Río. No son pocos los vueltabajeros que se suman a la columna invasora. Hasta el hijo de un coronel de España.

La noticia de la hazaña invasora ha trascendido internacionalmente. Se comenta en Estados Unidos, en la América Hispana, en Europa. En el Congreso de Washington se siguen los partes de guerra procedentes de la isla lo mismo que en la Casa Blanca. Mientras, el Delegado Estrada Palma recibe el dinero que manda Maceo, procedente de las contribuciones de los hacendados y con cargo a esto se esperan en Cuba las expediciones que no siempre llegan.

De regreso al este Maceo con su hueste llega a paso Real de San Diego el primero de febrero. El 5 de febrero ataca a Candelaria. El 11 se pelea en Labori. Y el 13 está en la provincia de La Habana. Ya Weyler está en la capital. Y para que éste sepa de él, incendia a Jaruco. Y de inmediato se produce el jubiloso reencuentro del General en Jefe con su glorioso Lugarteniente.

El 23 de febrero del 96 Gómez y Maceo, que acaban de encontrarse en la provincia de La Habana marchan juntos hacia Matanzas. Pero con el 24 vuelven a separarse. Para celebrar el primer aniversario del inicio de la guerra, el héroe quiere una fiesta de plomo y fuego. Y satisface su antojo en territorio habanero.

Necesita, una vez más, demostrar a Weyler que no está en Vuelta Abajo ni en Matanzas, sino muy cerca de su residencia y entra en Santa Cruz del Norte. La movilidad de Maceo desconcierta al Marqués. Cuando lo sitúa por la Ciénaga de Zapata, se mueve por Santa María del Rosario, Guanabacoa, Güines, San José de las Lajas. Y sin que nada lo detenga vuelve a Matanzas y se reencuentra con el Generalísimo.

Gómez debe dirigirse a Oriente y Maceo a Pinar del Río. Y de inmediato pelea en Batabanó. Va hacia Artemisa. Combate tras combate. Dice que "todo está removido y pujante". Después se mueve hacia Cabañas, La Palma. Y al llegar el primero de abril, aniversario de su llegada a Baracoa, no le importa que las tropas españolas cuadrupliquen las suyas. Tres columnas enemigas lo buscan, y él se les escapa. Pelea en Rubí, Tapia, La Vigía. Es la campaña de Pinar del Río. Guerra de guerrillas. Se lucha todos los días. Está feliz, y dice "que, por fortuna, no hay Zanjones". Pero con Estrada Palma se lamenta de que no lleguen expediciones. Está seguro de lograr el deseado "Ayacucho" si le mandan treinta mil rifles con un millón de tiros. Y el reclamo coincide con la llegada de la expedición, pero sin todo lo que él necesita.

En Cacarajícara, al finalizar abril, se conquista una notable victoria. En mayo se toma a Consolación del Sur. En junio se pelea en San Gabriel de Lombillo. El héroe es herido en Tapia y es llevado al hospital de guerra de La Vigía. Y cuando aún no está totalmente sano, entra en campaña. Al unísono, una carta del General en Jefe lo ensombrece. El Gobierno se viene entrometiendo en cuestiones de absoluto carácter militar. "Mayía" Rodríguez le informa más ampliamente del conflicto surgido.

El ánimo del héroe se llena de preocupaciones. En cartas que escribe se refleja su tristeza. En una de ellas dice que "la libertad se conquista con el filo del machete, no se pide". Y como compensación del golpe moral recibido, llega la expedición que encabeza Leyte Vidal y después la de Rius Rivera, dirigidas al Cabo Corrientes, en el extremo occidental.

Esto obliga a Maceo a volver hacia las tierras de Guane y Mantua. Y con los recursos recibidos puede enfrentar el acoso de las fuerzas españolas. Las vence en cuanto encuentro se produce. Especialmente en Montezuelo, Tumbas de Estorino. Ceja del Negro. Y en medio de tantos logros, la noticia de la muerte de su hermano José, ocurrida el 5 de junio, le taladra el alma.

A Maceo no le pasa inadvertida la fecha del 10 de octubre. Se pelea en Artemisa, en Soroa, cerca de Candelaria. Y nueva carta de Gómez le dice que el conflicto con el Consejo de Gobierno ha llegado a su clímax. Se pretende suprimir el cargo de General en Jefe. Se le ha dicho que renuncie, porque si no, se le destituirá El dominicano demanda la presencia del Lugarteniente para entregarle el mando del Ejército. Maceo reacciona con esta lapidaria frase: "Pobre república si va a navegar por estas aguas muertas".

Se dispone a abandonar a Pinar del Río. Marcha en pos de la Trocha de Mariel a Majana que se ha levantado para retenerlo encerrado en Vuelta Abajo. El primero de diciembre explora los alrededores de Mariel.

Tan conturbado está el héroe con lo del Gobierno, que sufre un vahído y cae del caballo. El día 4 ya está frente al bote en que se hará la travesía. Toda el área está severamente vigilada por los españoles, pero el cruce se realiza y ya los cubanos están al lado de allá de la Trocha.

Quisiera atacar a Marianao. Con sus sesenta y dos hombres se mueve entre Hoyo Colorado y Punta Brava. Amanece el día 7. A la una, tregua para el almuerzo. Y de pronto, el inesperado enemigo, mandado por el comandante Cirujeda. Manda que se toque a degüello. Puro machete. Ya se está a la ofensiva. Los españoles se retiran pero el Lugarteniente quiere castigarlos. Da las órdenes pertinentes. "Esto va bien", le dice a Miró y se desploma. Una bala española le ha alcanzado el rostro.

Y cuando Panchito Gómez Toro corre a su lado, muere también. El enemigo no sabe que ha matado a Maceo. Los restos son llevados sigilosamente a Lombillo, donde son velados y enterrados en secreto. La noticia cunde por todo el país. Ante la tragedia el conflicto de Gómez y el Consejo de Gobierno ha desaparecido. Máximo Gómez escribe a María "El Ejército Libertador ha perdido la figura más excelsa de la Revolución".

II

Fundadores de la nacionalidad

José Agustín Caballero (1762)

Hay que recordar al Presbítero José Agustín Caballero cuando se quiere iluminar las más profundas raíces de la nacionalidad cubana. En primer término ostenta un título que sólo él tiene: fue el maestro del Padre Félix Varela, de José Antonio Saco y de su sobrino José de la Luz y Caballero. Además, fue el primero en promover la idea de un gobierno autonómico para Cuba y para las demás colonias españolas en el Nuevo Mundo. La promovió en las llamadas Cortes de Cádiz, en 1811, mediante un diputado que con él compartía las ideas liberales que entonces trataban de abrirse paso en España, mientras el pueblo español luchaba contra los franceses. Las tropas de Napoleón habían entrado en España en 1808.

José Agustín nació en La Habana en un año fundamental en la historia de la Isla: en 1762, el 28 de agosto, dieciséis días después que los ingleses se apoderaron de la capital de Cuba. Estudió en el Seminario "San Carlos". Este seminario fue uno de los más grandes centros de estudios. Surgió en 1773, al refundirse en una sola entidad el Colegio de "San Ambrosio", que se había establecido en 1698, y el Colegio de los Jesuitas, fundado en 1724. La refundición de ambos establecimientos de enseñanza se debió a la expulsión que Carlos III dispuso en 1767 de la Orden de Jesús.

Graduado en "San Carlos", logró su doctorado en Sagrados Cánones en la Universidad, fundada en 1728. Tenía veintiún años. Profesor del seminario, ascenderá a su dirección. Y comenzará a promover la reforma de la enseñanza. En primer lugar reclamará nuevas cátedras. A continuación, inicia sus ataques a la Escolástica, que era la filosofía oficial. El escolasticismo había sido creado por Santo Tomás de Aquino (1225-1274), que aspiró a armonizar los dogmas de la Iglesia con los conceptos de Aristóteles. Fue la escuela filosófica que predominó por siglos y que persistió en España cuando en otras áreas de Europa se le había superado.

Caballero aspiró a promover en la enseñanza filosófica del Seminario las ideas de John Locke (1632-1704) y de Condillac (1715-1780). El primero, inglés, había superado ya la Escolástica y promovido en su país el conocimiento de René Descartes (1596-

1650) el filósofo francés del "Discurso del Método", a quien aún se le considera el padre de la filosofía moderna. Por otra parte, Locke era un promotor de la experimentación científica, cosa absolutamente ignorada entonces en el pensamiento español. Y, además, un contundente defensor de una nueva política, basada en la libertad y en la tolerancia. En cuanto al segundo, también francés y cartesiano, seguía a Locke en la tesis de que la fuente del conocimiento estaba en las sensaciones. Por otra parte, amigo de Rousseau y de Voltaire, dos de los grandes líderes de "La Enciclopedia", el pensador se interesó por la evolución social y económica.

El hecho de que tras desechar la Escolástica, el Padre José Agustín fuera influido por Locke y Condillac revela hasta donde iban sus pensamientos, aunque muy poco pudiera adelantar en sus ideales, limitado por la hostilidad oficial a toda renovación. No pudo, por ejemplo, lograr que en la enseñanza filosófica se sustituyera el latín por el español. Fue uno de los fundadores de la "Sociedad Económica de Amigos del País" y del "Papel Periódico", promovidos por el gobernador don Luis de las Casas, un auténtico representante del pensamiento enciclopédico en Cuba en la última década del siglo XVIII y a través de las primeras del XIX.

Gran orador, de sus hermosas piezas quedan el elogio que hizo de Cristóbal Colón cuando en 1796 se trasladaron a Cuba sus restos. Al año siguiente escribió sus "Lecciones de Filosofía Electiva". ¿Significaban un gesto de subversión ante el Escolasticismo oficial? Frente a éste, ¿defendía el derecho de elegir? Esta obra quedó inédita hasta que en 1944 fue publicada por la Universidad de La Habana, después de ser traducida del latín al español. El padre Caballero, que bien merece el título de Precursor de la nueva mentalidad cubana, murió en la ciudad en que había nacido el 6 de abril de 1835. Gobernaba Miguel Tacón, uno de los más despóticos Capitanes Generales que padeció la Isla.

Francisco de Arango y Parreño (1765)

La transición del siglo XVIII al XIX marca el inicio del gran auge económico de Cuba, que durará hasta 1868, año en que comienza la guerra encabezada por Carlos Manuel de Céspedes. Cuba empezará a convertirse en una potencia internacional en cuanto a la producción de azúcar. Basta con fijar dos datos: en 1791 produjo 16,700 toneladas métricas y en 1868, 720,200.

En esta alza de la producción azucarera, que representa un 4,200 por ciento, tuvo mucho que ver el genio económico de Francisco de Arango y Parreño, nacido en La Habana el 22 de mayo de 1765. Estudió en el Seminario San Carlos. En 1786 se graduó en la Universidad de bachiller en Derecho. Trasladado a Madrid al año siguiente, obtuvo su doctorado, en 1789, en medio de la conmoción que en Europa va a producir la toma de la Bastilla en París y que culminará con la Revolución Francesa.

Ante la brillantez de su actuación, el Ayuntamiento de La Habana lo nombró su apoderado en la Corte. Y a partir de ese nombramiento el eminente joven habanero comenzará a prestar a su patria los más altos servicios sin necesidad de asumir ninguna ideología política que lo pusiera en conflicto con la metrópoli. Su campo de acción era la economía.

Profundo conocedor de la realidad agrícola de Cuba, él piensa que para lograr el necesario desarrollo es necesario que el gobierno de Madrid permita la entrada en la Isla de más esclavos procedentes directamente de África. Y el apoderado del Ayuntamiento de La Habana, quien a su vez es el abogado y representante de los hacendados ante la Corte, consigue que se dicte la necesaria Real Cédula. Cuenta con veinticuatro años.

Dos años después, en 1791, surge la gran coyuntura histórica que no pasa inadvertida para el sagaz economista. Se produce un levantamiento de los negros de Haití, que es una posesión francesa. El hecho provoca una grave crisis en la producción del azúcar. Arango comprende que Cuba debe impulsar su economía azucarera, tanto en el aspecto agrícola como en el industrial. Y si para lograrlo, se necesitaba mano de obra, él había conseguido ya la necesaria libertad para traer más esclavos. En esos momentos la colonia antillana de Francia, que es parte de la isla de Santo Domingo, producía la tercera parte de todo el azúcar que entraba en el mercado mundial.

Ante esta gran oportunidad que se ofrecía a Cuba, el doctor Arango escribió el "Discurso sobre la agricultura de La Habana y medios para fomentarla", que inmediatamente hizo llegar a las manos del Rey Carlos IV. En esa histórica pieza sostuvo que la verdadera riqueza consiste en la agricultura, y señala que la causa de la decadencia económica de América se debe al desprecio con que se miró a sus feraces tierras, dándosele preferencia a otras fuentes, como la minería. Concretó su pensamiento en siete puntos. En uno de ellos reiteró la necesidad de contar con mano de obra barata, es decir, el empleo de los negros esclavos. Y en otro demandó que se estableciera la libertad de comercio.

Estos hechos coincidieron con el progresista gobierno de Luis de las Casas, que había comenzado en 1790. Arango será uno de los más eficaces colaboradores del llamado gobernante creador. Y éste será uno de los más sólidos respaldos que va a tener el joven abogado cubano, decidido a promover el progreso de su patria por la vía económica. Aún no había llegado el momento de la política. ¿Quién podía soñar entonces con promover la independencia de la Isla?

Desde Madrid colaborará con Luis de las Casas a favor del progreso de la Isla, defendiendo el proyecto del gobernador de crear la Sociedad Económica de Amigos del País, que quedó constituida en 1793, y que, con razón, la sido llamada la hija cubana del Iluminismo. La institución servirá de palenque para que, en los más diversos niveles, los más notables cubanos de la época, sirvan los intereses permanentes de la patria.

En Madrid se estudia la posibilidad de crear en La Habana el Real Consulado de Agricultura y Comercio, a fin de promover el desarrollo de esas dos expresiones de la riqueza. Estos estudios han comenzado ya desde 1787. Es por eso que el tema es abordado por Arango en su mencionado "Discurso sobre la Agricultura". El abogado cubano no está absolutamente de acuerdo con determinados aspectos del proyecto porque no puede dejar de actuar como representante de los hacendados en cuanto a las posibles diferencias que pueda haber entre éstos y los comerciantes. Él propone la creación de una Junta protectora de la agricultura. Y, al fin, ya creado el Consulado logra la creación de la llamada Junta de Fomento, pero unida a aquel. No se salió totalmente con la suya, pero, quedó compensado, en parte, con el nombramiento que el rey le extendió de Síndico del Consulado.

Otro triunfo suyo fue la aprobación que la Corona dio a un viaje de investigación sobre la producción azucarera, a fin de aprender los métodos que se aplicaban. Con el Conde de la Casa Montalvo se le nombró y realizó su cometido a través de territorios de Inglaterra y Francia. Se viajó a través de once meses. En aguas del sur de Cuba naufragó la embarcación, y los dos prohombres se salvaron milagrosamente. Era ya el mes de diciembre de 1793. Arango recibió entonces el nombramiento de Oídor de la Audiencia de Santo Domingo, aunque con residencia en su patria por razón de las especiales funciones que le fueron asignadas. Su estancia en La Habana le permitió colaborar más estrechamente con Luis de las Casas. Laboró en la Sociedad Económica y escribió en las páginas del "Papel Periódico".

Bajo el gobierno del Marqués Someruelos se siguieron usando sus servicios, a través de una misión a Santo Domingo. Logrado el éxito esperado fue premiado con la Gran Cruz de Carlos III. Más tarde se le designó Asesor de la Factoría del Tabaco. Desde esa función atacó el error que significaba el monopolio y señaló los remedios que había que adoptar dentro de esa área de la producción agrícola.

En 1808, año de la invasión de España por las tropas de Napoleón, está sumido en sus inagotables esfuerzos por promover el desarrollo de la agricultura cubana, que es su obsesión. Y con ella, la de lograr la absoluta libertad de comercio. En torno a estos asuntos, se suceden sus publicaciones. Una vez más la Corona reconoce sus servicios, y lo nombra Oídor de la Real Audiencia de México y Superintendente de la Factoría de Tabacos. Y como esto no es bastante se le designa Ministro del Supremo Consejo de Indias. Y en 1814, derrotado Napoleón, y restaurada la monarquía, fue electo diputado a las Cortes Constituyentes.

A pesar del quebranto de salud que sufría, embarcó hacia España haciendo antes tres donativos. El primero para una escuela en Güines. El segundo para promover la exportación de cigarros a la metrópoli. Y el tercero para una biblioteca en La Habana.

Es ahora en Madrid, a los cincuenta años, que contrae matrimonio. Y cuando regresa a la patria en 1818, logra el triunfo de ver derogado el monopolio del tabaco, contra el cual tanto luchó. Y al año siguiente goza una gloria mayor: la declaración definitiva de la libertad de comercio. Y como para estos efectos se ha creado el llamado Tribunal Mixto entre España e Inglaterra para cuestiones de arbitraje en caso de disputas, se le nombra ministro del mismo.

Ya a estas alturas del tiempo, el defensor de la libertad para el tráfico negrero ha devenido en un convencido abolicionista. Y a ese efecto, escribe un Informe al Rey para exponer sus puntos de vista, sobre la base de una progresiva abolición.

En 1820 había sido nombrado Consejero de Estado, pero la revolución de ese año dio al traste con el régimen absolutista, que había establecido Fernando VII y el nombramiento quedó suspendido automáticamente.

En vano empezó a acusársele de enemigo de España y de promovedor del separatismo. Sin que se alterara su característica ecuanimidad, esperó que la verdad se abriera paso y el rey le otorgó la Cruz de Isabel la Católica. Y con ella, lo nombró Superintendente General de Hacienda.

Pero no tardó en marginarse de la vida pública y refugiarse en su intimidad. Sin embargo, desde su aparente retiro contribuyó a la fundación del Instituto Cubano. Asimismo promovió la creación de un Estamento de Próceres. Le faltaban dos meses para cumplir setenta y dos años, cuando el 21 de marzo de 1837 murió, en su ingenio "La Ninfa", ubicado cerca de Güines. Con justicia se le ha calificado como "el estadista sin estado". No hubo entonces hijo de Cuba más importante que él, ni que sirviera con más desvelo y eficacia los intereses de su patria.

Félix Varela (1787)

Félix Varela nació en La Habana el 20 de noviembre de 1787. Su padre era un militar español. Su madre, una santiaguera. Trasladado el progenitor a la Florida, se dirigió a su nuevo destino con su familia. Ya adolescente, se le quiso retener en San Agustín con el propósito de que siguiera la carrera militar. Pero ya él tenía conciencia de su vocación religiosa.

Con su regreso a La Habana ingresa en el Seminario de San Carlos para estudiar Humanidades y Filosofía. Entre sus profesores tuvo a José Agustín Caballero. Graduado de Bachiller en Artes, recibió la tonsura con diecinueve años e ingresó en la Universidad para estudiar Teología.

Graduado, no vaciló en aspirar a la cátedra de Santo Tomás y Melchor Cano. Triunfó brillantemente. Ya en 1809 había recibido las cuatro órdenes religiosas, que le permitían ser nombrado subdiácono. Poco después será diácono.

A Varela le atraía la enseñanza y en 1811 se lanzó a una aspiración más ambiciosa, la de la cátedra de Filosofía en San Carlos. Un nuevo triunfo. No tardará en difundirse la erudición y la elocuencia del joven profesor. Ante la falta de textos que correspondieran a su posición filosófica, redactó las llamadas *Preposiciones* con destino a sus estudiantes.

En 1814 publica en cuatro volúmenes sus *Instituciones de Filosofía Ecléctica*, en cuyas páginas aparece su concepción de la Lógica y de la Metafísica. Si los dos primeros tomos están redactados en latín, los dos últimos aparecen en español. El hecho implicaba toda una revolución académica.

Esta calificación de "ecléctica" a su filosofía era más que suficiente para revelar de inmediato su actitud en contra del anacrónico Escolasticismo, que hasta entonces había oficialmente predominado en las universidades españolas a un lado y a otro del Atlántico.

Si Víctor Cousin ha quedado como la figura más representativa del Eclecticismo en el siglo XIX, pues el vocablo ha rodado por la historia de la Filosofía desde los griegos, parece que el cubano usó la palabra antes que el francés. Varela explica su posición ecléctica con éstas tan precisas palabras: "si no seguir a ningún maestro se entiende que no juramos la palabra de nadie, concedo, pero si se quiere entender que procederemos sin norte ni guía y que de nadie aprendemos, niego. Lo que la Filosofía Ecléctica quiere es que se tengan por norma la razón y la experiencia y que se aprenda de todos sin adhesión absoluta de nadie".

Con esta postura el sacerdote cubano consumaba una radical revolución en la enseñanza de la Filosofía en la Isla, sin que en España se hubiera hecho nada semejante. Sólo se salvó porque las autoridades coloniales no eran intelectualmente capaces de percibir el sentido de esas afirmaciones y quienes pudieron denunciarlo como heterodoxo, no lo hicieron. Varela aspiró a romper con la tradición dogmática del Escolasticismo y asomarse a los filósofos modernos, a fin de tomar de cada uno de ellos lo que considerara correcto y desechar lo que no encajara en su sano juicio.

En ese mismo año publicó sus *Elencos de Metafísica y Ética*. Y, al unísono, logró introducir en la Isla la Física Experimental con la inauguración del primer gabinete relativo a esa ciencia que hubo en Cuba.

Y todo esto sin abandonar sus deberes religiosos, dentro de los cuales pronunció muy elocuentes y novedosos sermones. Tampoco se desentendió de sus intervenciones en la Sociedad Económica de Amigos del País, en la que había ingresado en 1817 con una disertación sobre la Ideología.

Esa benemérita institución le va a servir para las más fecundas actividades dentro de la Sección de Educación. Se le someten dos tratados de Gramática y se le pide lo que será una Colección de máximas sociales y morales con destino a las escuelas.

A cuanto ya había publicado añade sus "Apuntes" y entre el 18 y el 20, los cuatro volúmenes de una *Historia de la Filosofía*. Vive afiebrado por una permanente renovación de los estudios filosóficos. Si persiste en las doctrinas de Locke y de Condillac, introduce a Leibniz, el racionalista alemán de las "mónadas".

En 1820 va a ocurrir en España un suceso que va a repercutir en Cuba y que va a influir en la vida del presbítero. Si con la retirada de las tropas francesas en el 14, Fernando VII había restablecido el absolutismo, ahora se produce una sublevación en Cádiz encabezada por por el comandante Rafael del Riego, que debía dirigirse a la América del Sur con un buen contigente de fuerzas para combatir a los ejércitos que luchan por la independencia. El rebelde militar demanda del Rey la restauración de la derogada constitución de 1812. El monarca, imposibilitado de afrontar el inesperado levantamiento, accede. En consecuencia, se instala una monarquía constitucional con unas Cortes compuestas por diputados de todas las Españas.

Ante lo ocurrido, la Sociedad Económica, por inspiración del Obispo Espada, anuncia la feliz idea de crear en Cuba una Cátedra de Constitución a los efectos de que se explique el texto de esa fundamental pragmática, que había sido elaborada por los liberales en una constituyente en la que habían estado presentes dos representantes de Cuba.

Se sacó la cátedra a oposición. Frente a José Antonio Saco, Nicolás María de Escobedo y Prudencio Echevarría, el tribunal falló a favor del Padre Félix Varela. Las clases empezaron en enero del 21. A los estudiantes matriculados se sumaba el público en general, atraído por la novedad del tema y por la elocuencia del profesor. De esta nueva actividad académica surgieron sus *Observaciones sobre la Constitución de la Monarquía española*.

Al año siguiente, al elegirse a los diputados que la Isla debía mandar a Madrid, se eligieron a tres: Tomás Gener, Leonardo Santos Suárez y Félix Varela. Ante la inminente ausencia de éste, Escobedo asumió la cátedra de Constitución y Saco la de Filosofía.

El 28 de abril salieron los diputados hacia su destino. El 3 de octubre fue la toma de posesión. No tardó Varela en plantear tres iniciativas. La primera, sobre el reconocimiento de las antiguas colonias que habían logrado su independencia. La segunda, sobre el programa económico y político que la metrópoli debía aplicar a los territorios que le quedaran y en cuanto a Cuba el cubano pensaba que no había otra fórmula más adecuada que la autonomía. Y la tercera demandaba la abolición de la esclavitud.

Pero en 1823 la Santa Alianza, de acuerdo con Fernando VII, aunque éste se hiciera el inocente, manda a España a los llamados Cien mil hijos de San Luis, a fin de desmantelar la monarquía constitucional y restablecer el absolutismo. Los diputados cubanos logran llegar a Cádiz. Y a fines de diciembre arriban a Nueva York.

Consciente de que jamás podría volver a Cuba y que tendría que permanecer indefinidamente en Estados Unidos, su primer objetivo fue el de lograr el dominio del inglés. Pasó a Filadelfia, desde donde empezó a publicar "El Habanero", periódico político, literario y científico. Desde sus páginas expone que la independencia es la única fórmula política para asegurar el destino de la Isla. Después de lo visto y vivido en España, está absolutamente convencido de que nada podía esperarse de la Metrópoli.

Aunque "El Habanero" circuló subrepticiamente en Cuba, no tardaron las autoridades coloniales en conocerlo. La reacción fue que se contrató a un agente con una buena experiencia criminal para que asesinara al sacerdote. Como el plan se filtró entre sus amigos y discípulos, éstos lo advirtieron a él y, además, lo denunciaron a la policía americana, que no tardó en identificar al malhechor y evitar que cumpliera su cometido.

Con el pensamiento puesto en la futura república de Cuba tradujo al español el *Manual de Práctica Parlamentaria* que había escrito Jefferson. Para difundir la cultura cubana editó un volumen con las poesías de Manuel de Zequeira y Arango. Y para sus gastos personales tradujo por encargo algunos libros. Entre ellos un tratado de Química.

Mientras tanto, continuaba sus colaboraciones en la *Revista Bimestre* de la Sociedad Económica y en *El Mensajero Semanal*, que había empezado a publicar Saco al llegar en el 28 a Nueva York. Y todo esto y mucho más sin desatender los deberes religiosos, que había asumido desde su llegada y presentación ante las autoridades eclesiásticas. La Iglesia vivía entonces bajo la hostilidad de las otras denominaciones cristianas. Pero el cubano tuvo la suficiente valentía para salir en defensa de su fe. Cuando tuvo con quien polemizar, polemizó. Le sobraban recursos.

En 1835 publica el primer volumen de sus Cartas a Elpidio. En el 38, el segundo. Escribió un tercero que no llegó a publicar. El tema del primero fue la impiedad. El del segundo fue la superstición. El del último, el fanatismo. Las publicaciones penetraron en la Isla y fueron leídos por aquéllos a quienes debía llegar el mensaje del sabio maestro. Eran sus discípulos y seguidores. Ellos se encargarían de difundir sus pensamientos.

Al cabo de tres lustros en Nueva York, con algunas pasajeras presencias en Filadelfia, el presbítero comprendió que debía concentrarse más intensamente en el ministerio religioso. En torno a él había una feligresía que necesitaba de su mensaje. Él no era de los que se quedan en la liturgia. Él era un ejemplo militante y vivo de la caridad. Su corazón era muy sensible a los problemas de las viudas y de los huérfanos. Se afanaba en darles un adecuado alojamiento.

Esta labor trascendió. Impresionó a muchos. Un hombre rico y generoso, José Delmónico, compró un templo protestante abandonado para que el cubano estableciera en el mismo su iglesia, denominada La Transfiguración. Allí permaneció hasta su retiro como pastor. Desde antes de este hecho el Clero le otorgó reconociminetos y honores, como ser nombrado representante de la diócesis de Nueva York ante el Concilio Provincial de Estados Unidos. El Seminario Santa María, de Baltimore, le otorgó el título honorario de Doctor en Teología.

Por último, se promovieron en el Vaticano las diligencias necesarias para que fuese ascendido a obispo, pero enterado el gobierno de Madrid, de inmediato movilizó las gestiones diplomáticas necesarias para evitar que el Sumo Pontífice honrara en esa forma a un cubano enemigo político de España.

Incansable, empezó a publicar "El Expositor católico", dirigido especialmente a difundir la enseñanzas de la Iglesia entre los feligreses, que no siempre están adecuadamente informados de sus dogmas, principios y reglas. No obstante su enérgico entusiasmo sin tregua, este nuevo empeño venía a gravitar negativamente sobre su naturaleza, ya un tanto deteriorada como consecuencia de los años y de las penas. Hizo crisis en el 49, cuando estaba en los sesenta y dos. Para esquivar el frío neoyorquino se trasladó a San Agustín.

Tan pronto se supo en Cuba, aquéllos que nunca lo habían olvidado ni lo habían dejado de querer, admirar y respetar, se movilizaron para acudir en su ayuda, pero el 25 de febrero de 1853 el alma purísima del Presbítero Félix Varela y Morales abandonó su frágil envoltura carnal y trascendió a la vida eterna.

En vano se quiso entonces llevar sus restos materiales a Cuba. El pueblo de San Agustín no lo consintió y sobre su tumba se levantó una capilla.

Inaugurada la República fue posible que sus huesos llegaran a su patria. Colocados en una urna, ésta se situó en el Aula Magna de la Universidad. En la ceremonia celebrada, para hacer su panegírico habló Enrique José Varona.

No es posible olvidar estas palabras suyas: "el pecado político de los cubanos no es otro que el desentenderse de la suerte de la patria para pensar solo egoístamente en sí...".

Tomás Gener (1787)

Aunque Tomás Gener nació en España, exactamente en Cataluña, en 1787, la posteridad le ha reconocido como uno de los forjadores de la conciencia cubana. Llegó a Matanzas, y vinculó definitivamente su destino con la hermosa ciudad de los tres ríos. Tuvo la buena suerte de encontrar un amigo de mayor edad, henchido de saberes y virtudes. Fue Juan Manuel O'Farrill, uno de los importantes varones que en los días del gobierno de Luis de las Casas se dirigieron a la Corona para solicitar la creación en La Habana de la Sociedad Económica de Amigos del País., también llamada Sociedad Patriótica.

Fue Gener un perfecto autodidacta. Por sí mismo se forjó una vasta cultura, a través de varias áreas del saber. Y sea consecuencia de sus lecturas, o por una irrefrenable vocación, lo cierto es que el joven catalán no tardó en ser muy sensible a la situación de su ciudad y del país en general. Había nacido con espíritu público y la espontánea y natural disposición de intervenir en los negocios de la colectividad.

Esta actitud lo condujo a ser procurador-síndico del Ayuntamiento de Matanzas. Como tal se interesó muy especialmente por la educación. Se le encargó que estudiara el modo de incrementar la población. Pero trabajó por los intereses colectivos en todos los planos y niveles. Si le interesaba lo material, también le inquietaba lo moral. Y por encima de todo le dolía la situación política de Cuba, colonia dentro del absolutismo que regía en la propia España.

Para su perfecta visión de la realidad cubana le fue muy útil su condición de catalán. Él sabía que los españoles de la península sufrían tantas limitaciones y expoliaciones como los colonos de la Perla de las Antillas. Si en Cuba había un Capitán General, allá había un Rey absoluto. Si en la Isla eran perseguidos los patriotas deseosos de cambiar la situación, allá eran acosados todos aquéllos que exhibían ideas liberales y aspiraban a un gobierno democrático, aunque fuera dentro de la estructura de una monarquía.

En esta situación se produjo el alzamiento de 1820, la claudicación del monarca y el establecimiento de la Constitución de

Cádiz. Si allá hubo elecciones para elegir a los miembros de las Cortes, Cuba también tendría sus diputados. Y resultaron tres los electos: Félix Varela, Leonardo Santos Suárez y Tomás Gener.

El simple hecho de esta elección revela que el hijo de Cataluña se había ganado en su patria de adopción un absoluto reconocimiento. Y salió hacia Madrid a tomar posesión del cargo lo mismo que sus dos compañeros cubanos.

Uno de los asuntos afrontados por las Cortes fue la redacción de un proyecto de gobierno económico-político para Ultramar. Gener se lució en ese trabajo con Varela y Santos Suárez. Y en medio de la pugna que se suscitó entre no pocos diputados y el Rey, surgió la decisión de declarar a Fernado VII incapacitado para el ejercicio de sus reales deberes. Y ante la inminencia de que la Santa Alianza invadiera a España desde Francia para apoyar al trono, Gener fue de los que más se destacaron en la elaboración de las medidas a tomar para enfrentar esos hechos.

Con el éxito tenido por la invasión de Los Cien Mil Hijos de San Luis, Fernando fue restaurado al poder absoluto. Las Cortes fueron disueltas. Los tribunales condenaron a los diputados que habían propuesto la inhabilitación del Rey. Aquéllos tuvieron que huir. Gener llegó a los Estados Unidos, lo mismo que Varela y Santos Suárez. Y si no sufrió las materiales desventuras del destierro, desde Nueva York no se desentendió jamás de Cuba. Con los ojos clavados en la Isla seguía el curso de todos los acontecimientos. Desde lejos veía todas las lacras del régimen. Especialmente le irritaba lo que pasaba en el Poder Judicial. Sobre el tema hay una carta suya a Domingo del Monte que es un documento vivo para la historia.

Gener no sólo culpaba a los jueces. Iba más allá de los abogados. Llegaba a la misma población. La responsabilidad de las lacras judiciales estaba en todos. Y la misma actitud asumió al escribir sobre México, donde vivía el poeta José María Heredia. Si había una general corrupción administrativa era porque había corrompidos y corruptores. El desterrado hablaba con palabras que parecían surgir de la voz indignada de un profeta bíblico.

Con el mismo pensamiento afrontó y condenó la trata de negros esclavos. El mal no sólo estaba en la institución y en los que se aprovechaban de ella, sino también en todos los que la consentían y la aceptaban como cosa natural. Igualmente enristró la violencia de su pluma, siempre en cartas íntimas, contra la burocracia, mal de entonces y mal de siempre en tantas partes.

Desvelado por Cuba vivió Tomás Gener. Hizo cuanto pudo. Imposible más dentro de sus circunstancias. Es de los olvidados. Gobernaba en Cuba el despotismo de Miguel Tacón, el que desterró a José Antonio Saco, cuando Tomás Gener murió en 1835 en Matanzas a donde había regresado tres años antes. En ese mismo año moría José Agustín Caballero.

Nicolás Manuel de Escobedo (1795)

Escobedo había nacido en La Habana el 10 de septiembre de 1795. A los veinte años estaba ya graduado en Filosofía y en Derecho. De estudiante pasó a profesor en la Universidad, dentro de la cátedra de Texto Aristotélico. Por estos días ya había inquietudes políticas en torno a Cuba. Hay pruebas de que en 1817 la policía española lo investiga por considerarlo un liberal revolucionario. Corría entonces el reinado de Fernando VII.

Al producirse en 1820 la sublevación de Rafael del Riego que obligó a Fernando a jurar la Constitución de Cádiz, por iniciativa del obispo Espada y Landa se creó la Cátedra de Constitución, en el Seminario de "San Carlos". Se convocó a oposiciones. Las ganó Félix Varela, disputándola con José Antonio Saco, Nicolás Manuel de Escobedo y Prudencio Hechevarría.

Al ser electo Varela diputado a las Cortes, conjuntamente con Miguel Gener y Leonardo Santos Suárez, si su cátedra de Filosofía pasó a Saco, Escobedo asumió la de Constitución. Tenía que ser algo deslumbrantemente inaudito el hecho de que después de tantos siglos de absolutismo, desde una cátedra se hablará en una colonia del Nuevo Mundo de una organización política que se basara en el respeto a los derechos del ciudadano. Si la sabia palabra del presbítero atrajo a no pocos, la singular elocuencia del joven abogado ganó la atención de sus oyentes con tal fascinación que sus explicaciones llegaron a las más alertas conciencias. Lamentablemente, la Santa Alianza decidió la restitución a Fernando de sus absolutos poderes y en 1823 los Cien mil hijos de San Luis invadieron la península y se abrogó de nuevo la constitucional pragmática de Cádiz y concluyeron las tan peligrosas enseñanzas que se impartían en La Habana.

Escobedo siguió de profesor universitario, continuaba su rutilante ejercicio profesional, colaboraba en "El Observador Habanero", pero una tragedia le sobrevino. Comenzó a dar sus primeras señales precisamente en los días en que asumió la cátedra de Constitución. La glaucoma atacó sus ojos. Tan violentamente que pronto lo dejó ciego, sin que la ciencia a su alcance pudiera resolver su mal. Pero esta desgracia no domeñó su carácter. Nicolás Manuel descubrió plenamente la interna dimensión de la vida. Y si no podía ver hacia fuera, miraba hacia adentro. La enfermedad le había dejado unos insoportables dolores y en pos de remedios para éstos fue a París. El médico dijo que no había más solución que la del vaciamiento de sus cuencas. –¿Es posible hacerlo ahora mismo?, preguntó el paciente. Y en el momento su rostro se vio bañado de sangre. Soportó la operación con la imperturbabilidad de un titán.

Por la grandeza de su carácter pudo escribir: "Yo me he formado fruiciones en lo más recóndito de mi alma. Allí no hay noche ni día. Allí está la imagen de la eternidad, la actividad constante de la razón. Yo he podido derramar torrentes de luz sobre todos los objetos que miro con los ojos del entendimiento, porque toda la luz que baña el mundo externo ha venido a recogerse y concentrarse en el ardiente foco de mi conciencia...".

Sus más altos coetáneos dijeron justos elogios del ciego que supo ver claramente en el destino de su patria. Para José Antonio Saco causaba asombro aun en los que no pensaban como él. Domingo del Monte señaló que todas sus facultades se habían acrecentado con la pérdida de la vista. José de la Luz y Caballero veía en él a uno de los primeros varones de la Isla. El Lugareño le aplaudió su sensibilidad para comprender los problemas de la colonia en todos los niveles. Se le comparó con un águila. Ninguna mirada más larga ni perspicaz que la suya, según don Pepe. Y éste mismo, más tarde dirá que si siempre fue hombre de pensamiento, la pérdida de la vista no disminuyó el activo despliegue de su acción.

Provisto de unos espejuelos de cristales verdes para que no se le vieran las cuencas vacías, Escobedo siguió en el foro, en la cátedra, en la masonería, en la Sociedad Económica de Amigos del País, en la Academia Cubana de Literatura. Intervino en los conflictos que surgieron en el seno de ésta. Y experiencias vividas en aquellos días le hicieron decir estas palabras: "Por más que en los periódicos se escriban articulazos con el deseo de convencernos de que tenemos libertades, la verdad es que el absolutismo está tal como estaba, y mucho me temo que siga por dilatados años...". Fue así como reaccionó ante las ilusiones que muchos se hicieron con la muerte de Fernando VII.

Como el cubano se orienta más por el aparente rumor que por las auténticas señales de los tiempos, se produjo en la Isla un ingenuo optimismo a partir de 1833 con la muerte de Fernando VII. Se creyó que había acabado el absolutismo en España y asimismo en la Isla. Pero Nicolás Manuel de Escobedo, a pesar de estar ciego, veía más que los demás. Podrían los españoles esperar cambios en su sistema político, pero no los colonos de la Antilla Mayor, porque los liberales de Madrid tenían del liberalismo y de la democracia un doble y contradictorio valor. Una era la ley para la Península y otra muy distinta para las últimas colonias que quedaban en el Mar Caribe.

Como la heredera, Isabel II, sólo tenía tres años, su madre, María Cristina de Borbón, asumió la regencia. Ante la presión de los liberales, que han padecido la llamada década ominosa desde la restauración del absolutismo en 1823, la Regente llama al poeta Francisco Martínez de la Rosa para que forme gobierno y a manera de transacción éste promueve el proyecto de un Estatuto Real, conato constitucional que trataría de evitar la reclamada constitución de Cádiz.

Pero esto no resuelve el problema y tras la sucesión de varios gobiernos, estalla en agosto del 36 la sublevación de La Granja, donde está la familia real. María Cristina cede. Y en pos de una solución más completa se convoca a una Convención Constituyente para que redacte una nueva constitución. Como consecuencia de esto es que se eligen en Cuba los diputados que la representarán. Y entre ellos está Escobedo.

También se eligió a Saco, a pesar de su ausencia, desterrado por Miguel Tacón. Y como José Antonio está en Madrid y sabe lo que está ocurriendo, el 27 de diciembre escribe a Luz Caballero recomendando que Nicolás no se mueva de La Habana. Como la situación política española es cada día más caótica, escribe el 5 de febrero del 37 a José Luis Alfonso, que está en París. Presumiendo que Escobedo está en Francia le hace saber que no debe llegar a España. –Además de los trabajos y peligros que correría por los caminos, el viaje sería inútil...

¿Por qué hablaba así el eminente polígrafo? Porque no podía ignorar que ya los diputados habían decidido dejar fuera las representaciones ultramarinas. Ante estos hechos fue que el bayamés, el ideólogo de la reforma, declaró: –Nuestra cuestión no es ya de papeles, sino de espadas y balas... Y como no veía la posibilidad de una victoria, añadió tristemente: –No nos queda más recurso que inclinar la cabeza y tender el cuello a las cadenas...

Lo que anunció Saco, se cumplió. Pero la dignidad cubana quedó a salvo con la "Protesta" que con José Antonio firmaron los diputados Juan Montalvo y Francisco Armas. Mientras tanto el preocupado amigo seguía escribiendo sobre Nicolás, de quien seguía sin noticias. Temía que hubiera salido ya de Nueva York: –Gran chasco se llevará...

Mientras tanto, ¿qué pasaba con Escobedo? A fines de enero aún estaba en La Habana, violentamente desesperado por no tener modo ni manera de salir a cumplir sus deberes de diputado. Al fin se presenta la posibilidad de navegar hacia Inglaterra. Viajaría en un paquebote de poca altura que no podría estarse de pie. Y así atravesó el Atlántico y llegó a puerto inglés, decidido a dirigirse a Cádiz. Pero entonces supo lo que ocurría en España y comprendió que no había razón para ir. En consecuencia, llegó en mayo a París. Y desde aquí escribió a José Antonio que seguía en Madrid. Sabía desde La Habana que su viaje sería inútil, porque nada puede esperarse del gobierno español, pero quiso someterse al sacrificio que significaba para él trasladarse a la Península. –Ahora acabarán de desengañarse en nuestro país los bobos bien intencionados que pensaban que de la metrópoli podía llegar la buena ventura...

Saco por su parte lamentó que se frustrara el espectáculo de alta elocuencia que Escobedo hubiera dado en las Cortes. No le cabía duda alguna de que el verbo del habanero superaría al del llamado el divino Argüello. Mientras tanto, los sueños de los cubanos sufrieron otro revés. Fue la firma de un tratado con México, en el que aparecía un artículo secreto por el que el país hispanoamericano se comprometía a no permitir actividad alguna contra la soberanía española sobre las Antillas.

Con el decaimiento espiritual, se presentaron achaques en la salud de Escobedo. A mediados del 38 sufría tremendos dolores. Sabía que se le acercaba la muerte. Testó dejando mandas para la promoción de la enseñanza primaria. Por entonces en Cuba sólo había ciento cuarenta escuelas.

Saco lo visitó en abril del 40. Lo encontró en muy malas condiciones. Efectivamente, el 11 de mayo acabó la vida física en París de este cubano eminente que había vivido tan desvelado por su patria. Sus restos fueron traídos a la Isla. Luz Caballero pronunció el merecido panegírico. Se aspiró a publicarlo, pero la censura presentó sucesivas objeciones.

José Antonio Saco (1797)

Vino al mundo en Bayamo en 1797. Desde la adolescencia y hasta sus ochenta y dos años no tuvo más preocupación que Cuba. Cuba era su obsesión. Jamás dejó de clamar por sus derechos políticos y económicos.

Fue la más recia y completa personalidad cubana de su tiempo. Toda su inmensa obra literaria, que circuló en Europa, está inspirada por Cuba. Más que de Arango y Parreño, puede decirse de él "que fue el estadista sin estado". Vivió desterrado desde 1834 hasta su muerte.

Tan político como economista y sociólogo, sabía de Filosofía y dominaba la Física y la Química. Sin que sus tantos saberes le restaran agilidad y atractivo a su prosa. Vivió luchando con España en pos de justas reformas para la Isla y repudiando la posibilidad de que se anexara a Estados Unidos.

Si la vocación se revela en la adolescencia, tenía José Antonio quince años cuando se promulga en España la Constitución de Cádiz y el futuro jurista se inspira en ella. Nacido rico, al quedar huérfano de madre y padre, aunque el adolescente supo defenderse, lo despojaron de la fortuna que debió haber recibido.

Estudiaba Filosofía y Leyes en San Basilio el Magno, en Santiago, cuando le llegan noticias sobre el profesor Félix Varela, que enseña en el Seminario San Carlos. No vacila en trasladarse a la capital y cuando en 1821 su maestro tiene que salir hacia España porque ha sido electo diputado, deja a José Antonio en su cátedra. Tales son sus saberes y su elocuencia.

Pero como no puede escamotear sus ideas políticas, en el 24 cede la cátedra a José de la Luz y Caballero y se dirige a Estados Unidos. En Filadelfia se reúne con Varela que ha huido de España como consecuencia de la violenta disolución de las Cortes. Si retorna a Cuba, se radica en Matanzas y no en la capital, donde se sabe ya fichado por la policía metropolitana.

Sintiéndose incómodo, en el 28 vuelve al país del norte, donde sigue el amado maestro. Empieza a publicar "El Mensajero Semanal". Le dedica un artículo a José María Heredia y su poesía. Ramón de la Sagra contradice sus juicios sobre el poeta. Pero el botánico gallego no sabía que entre los muchos talentos del cubano estaba el de ser un invencible polemista. La polémica desemboca en la política y la censura de La Habana prohibe la circulación de la revista del fulgurante joven bayamés.

Los prestigios de Saco se difunden ampliamente en el 29 y se confirman en el 31 cuando la Sociedad Económica de Amigos del País premia dos estudios suyos. El primero es sobre "caminos". Sin caminos no hay progreso económico, y en Cuba no los hay. El tema del segundo es la "vagancia, sus causas y sus remedios".

De regreso a Cuba, la Sociedad Económica lo sorprende al encargarle la dirección de la "Revista Bimestre". Por los números que se publican bajo su responsabilidad merece que se diga que es la mejor que se edita en español.

Un estudio publicado sobre el Brasil y la esclavitud le sirve de base para declarar su posición. El está en contra de la trata. La confesión no puede ser más audaz y peligrosa. Se le ocurre fundar una Academia de Literatura Cubana en la Sociedad Económica. Sólo se le acepta que en la Sección de Educación se incluya la literatura. Pero él no se conforma.

Con otros amigos se dirige a la Reina Regente para exponerle el caso y solicitar su autorización. María Cristina auspicia el proyecto. Pero cuando la real decisión llega a La Habana los españoles de la Económica se escandalizan. Hablar de Literatura Cubana en 1834 es algo inadmisible. Una insolencia, una atrevida subversión.

Los enemigos de Saco se conjuraron contra él. Se fueron a ver a Tacón y lo convencieron de la improcedencia de la iniciativa y de la peligrosidad de su promotor. El tiránico Capitán General no tiene que pensarlo. Dispone su destierro a Trinidad.

Saco le pide audiencia al gobernante para saber la causa de su proscripción, y éste le dice que sus escritos contienen ideas muy perjudiciales para la juventud. Convencido Arango y Parreño de los peligros que José Antonio corre en Cuba, gestiona que se le deje salir hacia el extranjero. Y el bayamés navega hacia Londres. Tiene treinta y siete años.

Era el más culto de los cubanos de su tiempo. Sus saberes y sus conocimientos no se quedaron en su memoria, sino que trascendieron a sus obras.

No fue por erudito un contemplativo, sino un hombre de acción Vivió consagrado a liberar a Cuba del despotismo español, a buscar la institucionalización de sus derechos políticos y económicos, a condenar la trata hasta llegar a proclamar su abolición, a rechazar la anexión de la Isla a los Estados Unidos, a conquistar las reformas necesarias hasta lograr la sólida madurez ciudadana que sería capaz de garantizar su total independencia.

Si conservador desde un punto de vista, no es menos liberal por la pasión que siente hacia la libertad. Con la más vehemente cubanía de quien aspira a lo mejor para la Isla, no se precipita. Es un evolucionista. Tiene que serlo quien conocía mejor que nadie la realidad cubana y está consciente de que una guerra, a la mitad del siglo, podría precipitar una revolución social que le costaría a Cuba la definitiva pérdida de su destino. Nunca hubo un cubano más equilibrado, sensato y prudente. Tenía la serenidad del sabio.

Desde su destierro por Tacón en 1834, vivió fuera de Cuba hasta su muerte, un año y siete meses después del Pacto del Zanjón. Llegado a Londres, no tarda en seguir hacia Madrid. Lo que encuentra es un perfecto pandemonium. Fernando VII había muerto el año anterior. La Reina María Cristina ha asumido la regencia en nombre de la heredera, Isabel, nacida en 1830.

Con ese motivo hay una guerra civil entre carlistas e isabelinos. El Infante Carlos, hermano del Rey, se considera el legítimo heredero. Por otra parte, como la Reina ha declarado la abrogación del absolutismo, se ha promulgado el Estatuto Real. Con el motín de la Granja, en 1836, se restablece la Constitución de Cádiz. Han reaparecido los dos partidos que habían actuado en el trienio liberal del 20 al 23. Son los conservadores y los progresistas.

Y en medio de esta situación Saco publica "Clamor de los cubanos", un panfleto para pedir reformas para Cuba: rebajar los impuestos, disminuir las facultades de los gobernantes, establecer la libertad de imprenta, crear una Junta Legislativa, acabar con el contrabando, suprimir la trata, promover la instrucción pública...

El gobierno, de acuerdo con el nuevo régimen constitucional, convoca a elecciones en España y en sus posesiones de Ultramar. Cuba elige a tres diputados. A pesar del destierro que le impuso Tacón, Saco es electo por Santiago de Cuba.

Pero el despótico gobernante se ha dirigido al Jefe de Gobierno para intrigar en contra del bayamés, a quien considera un hombre muy peligroso por sus tan radicales ideas. Por esta razón España asume una actitud muy recelosa frente a los antillanos que acaban de llegar a la capital para tomar posesión de sus cargos.

El 16 de abril del 37 por noventa votos contra sesenta y cinco las Cortes rechazan a Saco y a los otros dos diputados que han venido de Ultramar. Con esta decisión desaparece el régimen asimilista que ha presidido la vida de Cuba en relación con la Metrópoli. Esto significa que las dos antillas no seguirán siendo una parte consustancial de España. Serán algo aparte. Se les darán leyes especiales.

Un diputado dijo que si Cuba quería libertades no podía tener negros. Y Saco le replicó: ¿y no fue España la que llevó los africanos a las Antillas?. Otro declaró que los antillanos eran una tan extraña gente que no cabía entre los españoles y que su presencia en el parlamento traería muchas molestias por las constantes reclamaciones que plantearían.

Saco experimentó una dolorosa decepción. Reaccionó con una enérgica "Reclamación" para que se explicara la causa del rechazo. Después una "Protesta" en nombre de los rechazados. Y, por último, su contundente "Examen Analítico", que presenta a la comisión designada para estudiar las prometidas leyes que se aplicarán a Cuba. Y por si esto no fuera suficiente, entrega su "Paralelo entre la Isla de Cuba y algunas colonias inglesas".

El infortunado episodio vivido por los diputados cubanos en Madrid dejó algo positivo. Sirve para que José Antonio Saco demuestre su condición de estadista. A partir de entonces será el más tenaz luchador por los derechos de Cuba.

Decepcionado de los españoles, que no entienden el problema de Cuba ni quieren ceder a ninguna de las reformas por él planteadas, José Antonio Saco abandona Madrid. Viaja por Portugal, Francia, Alemania, Austria... El necesita conocer a Europa. Concluye el periplo en París, y allí queda radicado.

Si antes de salir de España había entregado a la Comisión nombrada para las reformas un estudio sobre la trata y la esclavitud, ahora vuelve al tema negro y publica en español y francés su tesis sobre la "Supresión del tráfico de esclavos en la Isla de

Cuba", hecho al que estaba obligado el gobierno español por un tratado con Ingletarra.

Ante la amenaza de que España cumpliera con Londres y comenzara la desmantelación del negocio negrero, fueron muchas las preocupaciones que esa posibilidad provocó entre los hacendados, cuya industria se basaba sobre el trabajo esclavo. Esto hacía coincidir a los dueños de ingenios con los esclavistas del Sur de los Estados Unidos, donde, en esos momentos, no se temía que se produjera la abolición, aunque hubiese abolicionistas.

Pero no solamente fueron los hacendados los que, para reguardar sus intereses, aspiraban a la anexión de Cuba a los Estados Unidos. Había cubanos que, desesperanzados de que España no concediera reformas políticas y económicas, pensaron que la mejor solución para la Isla era su incorporación a Norteamérica.

Para promover la anexión los hacendados fundaron el Club de La Habana, en el que Saco tenía amigos como José Luis Alfonso. Y entre los reformistas desilusionados se detacaba la recia figura de Gaspar Betancourt Cisneros, conocido por "El Lugareño", un apasionado civilizador.

Y si ambos grupos coincidían en una meta, algo más tenían de común. Era su admiración a los Estados Unidos, sinceramente compartida por Saco después de las dos temporadas que había pasado en el Norte. Un tercer grupo, supuestamente anexionista, estaba encabezado por Narciso López.

Desde París Saco sigue estos movimientos en pos de la anexión. Su correspondencia, tanto con "El Lugareño" como con Alfonso, su protector, es constante. En vano el primero le ofrece diez mil pesos para iniciar la publicación de un periódico. Y en medio de estos afanes, por tres vías distintas, se produce la Conspiración de la Escalera, en Matanzas.

O'Donnell se excede en la represión y toda la Isla se espanta ante tantos muertos. Uno de ellos, totalmente inocente, es el poeta Plácido, una de las primeras figuras de la lírica cubana. Y en ese mismo año 1844, en España, cae el gobierno liberal de Espartero y llega al poder el Partido Conservador con Ramón María Narváez a la cabeza.

Desde París Saco reacciona con optimismo. Se hace la ilusión de que el nuevo gobierno pueda conceder las reformar que con tanta reiteración él ha reclamado. En compañía de Domingo del Monte, el eminente polígrafo, que tanto finacieramente lo ayuda, vuelve a Madrid. Se dirige a Narváez, pero no hay respuesta. Pretende verlo o ser recibido por alguno de sus ministros, y nada consigue. Una vez más se convence de que nunca nada se podrá esperar de España por la vída pacífica.

Regresa a París. Y en 1848, cuando el movimiento anexionista está en su climax, cuando tiene muchísimos adeptos, cuando se habla de expediciones a la Isla como una manera de lograr la anexión, Saco comprende que no puede quedarse callado. Escribe y publica sus "Ideas sobre la incorporación de Cuba a Estados Unidos".

La contundente monografía circula extensamente por todas las colonias cubanas. Algunos vacilan, otros aceptan o rechazan los juicios y las premoniciones del bayamés. Y no faltan los que lo insultan, lo calumnian, lo injurian. Le dicen que es un traidor, un mercenario vendido a España. El dulce poeta Rafael María de Mendive afirma en una carta a un amigo que Saco es un canalla.

Todos estos ataques llegan a París y lo lastiman. Él no tiene nada en contra de Estados Unidos. Los admira. Cree que es digno de que se le imite en muchos sentidos. Pero él es cubano y piensa que la anexión no es la mejor solución para Cuba, porque se perdería la nacionalidad. Cuba dejaría de ser Cuba. Y él no quiere una Cuba americana, sino una Cuba cubana.

El fracaso de las dos expediciones de Narciso López, la conducta hostil del presidente Taylor y otros hechos fueron debilitando el movimiento anexionista hasta liquidarlo como la fórmula viable para arrancarle a España el dominio de la Isla.

Saco no deja de pensar en su patria y publica en el 51 "La situación de Cuba y sus remedios". Al año siguiente, "La cuestión de Cuba". Por esos días empieza a trabajar en la "Historia de la Esclavitud".

En 1856 José Antonio Saco publica en Nueva York un volumen en el que recoge todos sus escritos relacionados con la anexión. Y entre el 58 y el 59 se editan en París, en tres tomos, su "Colección de Papeles sobre Cuba".

Mientras, en Madrid, tras una década de gobierno conservador, cae Narváez, el poder vuelve a Espartero. Pero dos años después éste se desploma ante el empuje de un nuevo partido, Unión Liberal, fundado por O'Donnell y Francisco Serrano, figura principal del gobierno, que arriba a La Habana como Capitán General. Casado con una cubana, la Condesa de San Antonio, el Duque de la Torre, estrena una nueva política. Se identifica con los cubanos. Los recibe en palacio. Los consulta. Quiere lo mejor para la patria de su esposa. Cambia impresiones con los más destacados miembros del Club Reformista.

Lo integran personalidades tan eminentes como O'Farrill, Aldama, Azcárate, Morales Lemus, Frías, Mestre, Valdés Fauli, Jorrín, Echeverría, Los alienta a trabajar en pos de las reformas. Y surge el proyecto de invitar a Saco a venir a La Habana, como el padre que es del Reformismo.

Saco, ya casado con la viuda de Narciso López, que es hermana de Frías, (Conde de Pozos Dulce), regresa a la patria después de veintiséis años de ausencia. Aldama lo aloja en su palacio y le ofrece un banquete con doscientos comensales, Lo preside el Capitán General con su muy bella esposa.

De inmediato empiezan las conversaciones entre los reformistas habaneros y el ilustre bayamés, que ha dedicado toda su vida a trabajar en favor de las reformas y surge la idea de publicar un periódico en Madrid, bajo la dirección de Saco.

Pero el tiempo pasa y aunque algunos reformistas son muy ricos, no se reúne la suma que se había calculado como necesaria.

Al cabo de seis meses Saco abandona la Isla y vuelve a París. Paralelamente, vuelto Serrano a Madrid, como presidente del Senado, sugiere que con delegados de Cuba y Puerto Rico se integre una Junta de Información, así llamada porque los delegados informarán sobre los problemas políticos, sociales y económicos de sus países y sus posibles soluciones.

Como el gobierno se reservó el derecho de nombrar a tantos delegados como fueran los electos, Serrano designa a Saco, pero éste declina el nombramiento. Y advierte a sus amigos en la Isla que no lo elijan porque él no asistirá a las sesiones de la Junta.

¿Por qué? Porque en ese año 1866 ya él no cree en los españoles, ni en la utilidad de la presencia cubana en las Cortes. Sin embargo fue electo y se trasladó a Madrid sin que apareciera en la inauguración de la Junta. En vano se aspiró a que él presidiera la delegación cubana. Se negó y la presidió, con tanto honor como acierto, José Morales Lemus.

Lamentablemente, ya Serrano no es presidente del Senado, ni Unión Liberal está en el poder, ni Cánovas del Castillo es el Ministro de Ultramar. Si los delegados cubanos se produjeron con brillantez y esgrimieron los mejores argumentos en defensa de las reformas, la representación del gobierno no pudo ser más negativa.

El caso más escandaloso fue que cuando Morales Lemus propone que se suprima el impuesto de aduana para ser sustituido por otro sobre la renta, se acepta éste, pero no se elimina el anterior. Se llega al cinismo de informar en la Isla que el hecho respondía a una petición de la delegación cubana.

Ya en la recta final, cuando se va discutir el tema político, aparecen Saco y Calixto Bernal. Ante la propuesta de la delegación de Cuba, ambos la rebaten con sendos votos particulares. Los cubanos quedan divididos. En abril del 67 concluye la Junta de Información sin ningún resultado positivo.

El estruendoso fracaso de los reformistas repercute en Cuba. Los cubanos comprenden lo que ya Saco sabía. Nada podía esperarse de España, sumida en un caos tal que se llegará a destronar a la Reina. Y un mes después, el 10 de octubre del 68. Carlos Manuel de Céspedes comienza la guerra de independencia.

Saco no alentó el levantamiento, pero sus palabras fueron el detonante que explotó en La Demajagua, En silencio, desde París, sigue el curso de la guerra, El sabe que no es posible vencer. Está convencido de que no ha llegado aún la hora de la independencia. Duda de la capacidad de los cubanos para presidir una república.

Después del Zanjón, abandona a París y se instala en Barcelona, para vigilar alguna posibilidad para Cuba. Nada podrá hacer. El 26 de septiembre del 79, a los ochenta y dos años, José Antonio Saco entró en la eternidad de la historia.

José de la Luz y Caballero (1800)

Nació en La Habana el 11 de Julio de 1800. Su padre era un alto oficial del ejército español. Vino al mundo en casa señorial. Mucho tuvo que ver con la formación de su espíritu su madre, hermana del presbítero José Agustín Caballero. Acaso por influencia de éste sintió una prematura inclinación hacia la carrera eclesiástica después de sus estudios de latinidad y filosofía en el convento de San Francisco. Los siguió en la Universidad, donde estudió a Aristóteles.

Posteriormente, reafirmándose su decisión de ser sacerdote, ingresó en el Seminario de San Carlos, donde tuvo entre sus profesores a su tío. Pero, tras acumular una vastísima cultura religiosa, el joven Pepe, al llegar a los veinte años, decidió no vestir la sotana. En 1824, al abandonar Saco la cátedra de Filosofía que había recibido de Varela la pasó a Luz. Este hecho revela el prestigio que ya gozaba entre los predios de los estudios filosóficos.

Al cabo de esta brillante y muy fecunda carrera académica, el joven profesor, ya con veintiocho años, sintió la necesidad de salir de Cuba y comprendió la importancia que para él tendría visitar a Europa. Con Saco, que había regresado, salió hacia Estados Unidos, después a Inglaterra, Escocia, Dinamarca, Francia, Bélgica, Holanda, Austria, Italia Alemania y Suiza. No incluyó a España en su itinerario.

Si en Estados Unidos había trabado amistad con el poeta Longfellow y con Ticknor, el historiador, en Europa conocerá al novelista Walter Scott, al naturalista Cuvier, al enciclopedista Barón de Humboldt, al historiador francés Jules Michelet, al genial Goethe... Y quien se sentía tan inclinado a la enseñanza, no podía dejar de conocer al cardenal José Mezzofanti, el famoso lingüista italiano, que hablaba treinta y ocho lenguas. Tampoco podía dejar de ver al filósofo Antonio Rosmini-Sarbati.

Por tres años, entre el 28 y el 31, estuvo Pepe de la Luz ausente de Cuba. Y a los personajes conocidos, hay que añadir muy destacados hechos: la guerra entre Rusia y Turquía, la caída en Francia de

Carlos IX y el ascenso de Luis Felipe. Las entronizaciones de Leopoldo I en Bruselas y de Enrique IV en Inglaterra. Los levantamientos que se producen en Polonia y en Italia. Las manifestaciones que llenan las calles de Alemania. Y con los episodios políticos, los eventos culturales que tiene la oportunidad de disfrutar: la representación de "Hernani" de Víctor Hugo, una polémica de Curvier con Sant Hilaire, la publicación del *Curso de Filosofía Positiva* de Comte...

Al regresar a La Habana, él no era el hombre que había salido de ella hacia Europa. Arriba a su ciudad natal con un cargamento inconmensurable de vivencias insólitas y de las más fecundas experiencias. Llegó, además, con sendos laboratorios de Física y Química para instalar en San Carlos. Estaba en posición de una mentalidad moderna. En sus ratos de ocio había traducido el *Viaje por Egipto y Siria* del Conde Volney.

Le complace ver que la Sociedad Económica de Amigos del País había comenzado a publicar la *Revista Bimestre* y colabora en sus páginas. Escribe sobre cuestiones científicas y sobre educación, y cuando se suscita la controversia de la Academia Cubana de Literatura se pone al lado de Saco. Y cuando Tacón lo destierra, le dirige al Capitán General una carta para exaltar los valores humanos e intelectuales de su víctima. Asiste a las tertulias que convoca y preside Domingo del Monte.

Frente a la pedagogía de la memoria, que pauta toda la enseñanza en la Isla, se yergue para defender el método explicativo. Si lo aplicó en sus clases, en el 33 publica un libro sobre el mismo, a fin de que los maestros aprendieran a usarlo. No le bastaba con todo esto y proyectó la creación de un colegio al que pondría el nombre de "El Ateneo". Lamentablemente una terrible epidemia de cólera frustró su iniciativa.

Aspiró a inaugurar el Instituto Cubano, pero aunque ese proyecto tenía los auspicios de la Junta de Fomento, organismo oficial, el nombre era demasiado sospechoso para Tacón, y tan pronto tuvo noticia del mismo lo vetó. Sin embargo, la enseñanza seguía su destino y lo nombraron director del "Colegio de San Cristóbal", conocido por Carraguao, por el lugar en que estaba situado.

No se conforma con estar fuera de la Filosofía y crea una cátedra de estudios filosóficos, que llega a incorporar a la Universidad gracias a las gestiones de un cubano de tanta influencia como su amigo Arango y Parreño. Los grados que se expiden a los alumnos tienen una absoluta validez académica.

La Filosofía que Luz enseña es la misma que se ofrecía en las más acreditadas universidades de Europa, basada en los más destacados filósofos modernos. Él rechaza todo conocimiento a priori, sostiene la importancia inicial y primordialísima del método, siguiendo el precedente de Descartes.

A los treinta y cuatro años se casa con Mariana Romay, hija de Don Tomás, el médico de la vacuna contra la viruela. En el 36 asume la dirección de la Sociedad Económica de Amigos del País. En el 37 es electo para el cargo y reelecto en el 40. Su obra en esa institución, especialmente en cuestiones relativas a la enseñanza, fue tan fecunda como él se exigía a sí mismo al decir que "había que obrar como se debe y hablar como se obra".

La delicada constitución física de Luz no resistía tantas actividades. En consecuencia, su salud se fue resquebrajando. Ante los consejos de su familia de que cambiase el rumbo de su vida hacia algo menos afanoso, se le ocurrió la equivocada idea de hacerse abogado, pero tan pronto empezó el ejercicio de esta carrera, se sintió defraudado y renunció a la misma, consecuente con sus principios éticos y retornó a su más auténtica vocación: la enseñanza. Comenzó por reiniciar aquellos cursos de Filosofía que ahora ofrecía en su propio domicilio. A los mismos añadió materias científicas y lenguas extranjeras. El Capitán General vio con mucha complacencia la labor del maestro cubano y le facilitó para sus clases el Convento de San Francisco.

Corría el año 1839 cuando se va a producir una controversia en torno a las ideas eclécticas de Víctor Cousin. Como Luz era contrario a esta doctrina, le replicaron los hermanos Manuel y José Zacarías González del Valle, seguidores del francés, lo mismo que el presbítero Francisco Ruiz, que se va a sumar a la polémica. Realmente fueron los González del Valle los que la iniciaron. Don Pepe era refractario a toda discusión por razón de la apacibilidad de su temperamento, sin mengua de su carácter. Si ya había escrito sus *Elencos* cuando aquélla cátedra de Filosofía en el Carraguao, es ahora cuando va a demostrar la vastedad de sus conocimientos filosóficos y la actualidad de los mismos.

La clave de esta discusión está en que Cousin sostenía la tesis del "optimismo histórico". Este conducía a la más pasiva conformidad frente a cualquier situación histórica. Y él no podía aceptar que los cubanos filosóficamente se conformaran a seguir sufriendo el régimen español padecido ya por tres siglos.

La polémica se sostuvo entre dos periódicos, hecho que propició que llegara al público hasta apasionarlo. Lamentablemente, la controversia se desbordó, saliéndose de los linderos filosóficos para entrar en cuestiones personales relacionadas con los contendientes. Ante este hecho, el maestro Luz se retiró elegante y caballerosamente. De este debate ha quedado en cuanto a Luz su llamada *Impugnación* y además su *Colección de artículos varios de Filosofía*. Era muy difícil discutir de Filosofía con Luz, porque él estaba al día. Se sentía más cerca de Aristóteles que de Platón. Rechaza los arquetipos platónicos y lo que despectivamente Locke llamaba "la aventura metafísica". Coincide con el filósofo inglés en que el hombre está incapacitado para penetrar en el inasible mundo delas esencias. En cuanto a la verdad, piensa que no está en el nivel humano.

Aunque proclama la importancia del método no está de acuerdo con la metodología matemática de Descartes, sino con la de las Ciencias Naturales, tan en boga entonces. Para el cubano hay que partir del dato y llegar al conocimiento a través de la observación y de la experiencia. Si rechazaba el apriorismo, repudia igualmente el intuicionismo en cuanto a Dios, el tiempo y el espacio. Afirma que sólo se llega a los mismos a través de la razón. Y en relación con "la causa primera"declaró que su concepción no podía ser definitiva, porque iría cambiando en consonancia con el ascenso de los conocimientos científicos. Estas son las ideas de Luz que ya aparecen en sus *Elencos* de 1835.

Queda atrás la polémica filosófica, y Luz se encuentra rodeado por las tensiones que provoca en La Habana David Turnbull, el cónsul que Inglaterra ha mandado a La Habana como consecuencia de los convenios que Madrid ha firmado con Londres en 1817 y en 1835 sobre la supresión de la trata.

El inglés es internacionalmente conocido por sus campañas a favor de la abolición de la esclavitud. Ingresa en la Sociedad Económica de Amigos del País, pero cuando Turnbull entra en conflicto con el Capitán General, éste promueve su expulsión... El hecho se consuma en ausencia de Luz, que es el presidente. Tan pronto éste se entera, convoca a sesión para rectificar lo hecho. Es así como Pepe de la Luz se enfrenta al máximo personero de la Corona en Cuba.

Esta actitud de Luz lo hace demasiado sospechoso de abolicionismo y en la primera oportunidad decide viajar a Europa en busca del reposo físico y espiritual que no puede tener en su país. Pero en 1844 se producen los trágicos hechos de la conspiración de La Escalera y no faltan los funcionarios que logran involucrarlo con Del Monte en lo ocurrido en Matanzas. Cuando Luz se entera de las acusaciones que se le hacen, a pesar de su delicada salud, decide abandonar a París y navegar hacia La Habana. En vano Del Monte quiere convencerlo de que haga lo que él ha hecho. No es otra cosa que hacer sus descargos en un periódico que en español se publica en la capital de Francia.

Luz llega a La Habana y se presenta al juez. Enterado de los cargos, los refuta con una elocuencia que impresiona al funcionario. La causa queda sobreseída.

En medio de tantos embates, don Pepe sigue con la obsesión que ha mantenido toda su vida. Es la fundación de un colegio tal como él lo concibe. Algo que nunca se ha hecho y menos en Cuba. No sólo para instruir seriamente, sino para educar, para templar el alma para la vida. Y a principios de 1848 se inaugura "El Salvador". Y como si estuviese condenado a cargar invariablemente con la cruz de un gran dolor, al cabo de dos años del feliz suceso, el cólera le mata a María Luisa, su única hija, una adolescente de dieciséis años. El padre escribió entonces las desgarradoras páginas que tituló "Lágrimas".

"El Salvador" abarcaba todos los niveles de la enseñanza. No sólo tenía alumnos externos, sino que los había internos, algunos de ellos venidos de los más distantes lugares de la isla. Nunca don Pepe vio en el colegio un negocio. Era un hombre desasido de todo interés material. Su filosofía, apasionadamente cristiana, se basaba en la permanente práctica del bien, siempre alentado por una generosidad infinita.

Le obsesionaba la formación de una gran biblioteca, porque la misma serviría de inconmensurable fuente de saber para los estudiantes que la consultaran. Tuvo la habilidad de rodearse de los mejores profesores que pudo lograr, todos ellos especialistas en sus respectivas materias. Y cuando alguno fallaba, de lo que fuera, él lo sustituía, porque sus saberes no conocían límites, ni en las letras ni en las ciencias.

Las clases comenzaban al amanecer con una oración y en los sábados se producían sus inolvidables pláticas, pronunciadas para todo el alumnado y todas ellas tan henchidas de sabiduría para la vida. Eran sermones de una impresionante hermosura. Realmente él era un auténtico sacerdote sin sotana. Era un evangelio vivo. Encerraba en su corazón todas las virtudes. No había pecado en él. Aspiraba a formar hombres, y los formó. Sin que se le pudiera imputar un ataque a España, su sola presencia condenaba todos los actos de sus funcionarios y todas las manchas de aquella sociedad. Aquello fue una hazaña moral sin precedentes. Imposible repetir aquél milagro. Como nunca logró tener buena salud, al cabo de catorce años de haber fundado el colegio, falleció el 22 de junio de 1862. El Capitán General de esos momentos Francisco Serrano, tan identificado con los cubanos, dispuso que se le rindieran los mayores honores.

Sus mejores legados a la posteridad fueron el ejemplo de su vida. La esencia de su pensamiento está en sus aforismos.

Gaspar Betancourt Cisneros (1803)

Uno de esos hombres de la que podría llamarse la "generación olvidada", es Gaspar Betancourt Cisneros, que hizo muy popular el seudónimo de "El Lugareño". Este sobrenombre que usó para identificar sus escritos revela mucho de su idiosincracia. Había nacido en tierra adentro, en la entonces llamada Santa María de Puerto Príncipe y que luego fue la ciudad de Camagüey.

Nació rico en 1803. Se educó en los Estados Unidos, donde aprendió lecciones de civilidad y de progreso que aspiró a trasladar a su país en la medida de sus posibilidades y dentro de su alcance geográfico. Cuando se piensa en Simón Bolívar como el posible libertador de la Isla, tal como ha venido haciendo en la América del Sur, él está dentro del grupo que promueve la busca de la ayuda del caraqueño.

No era más que un joven de veinte años cuando ya estaba inmerso en estas ambiciosas actividades patrias. Volvió a los Estados Unidos para desde Nueva York navegar hacia Colombia. Pero no encontraron a Bolívar sino a Santander. A esta desilusión se sumó la de que el Congreso de Panamá, en 1826, dejó a Cuba fuera de la agenda. Y el desencanto fue aún mayor cuando al producirse el deseado encuentro con el héroe de Boyacá, Carabobo y Junín, éste le confiesa a José Aniceto Iznaga toda la realidad: los Estados Unidos no quieren que se produzca cambio alguno dentro del Mar de las Antillas y no es posible entrar en un choque con la nación del norte.

Ante el fracaso del ideal separatista, surgirá el proyecto reformista de José Antonio Saco. El bayamés y el camagüeyano estaban unidos por muy estrechos nexos de amistad. Pero en el futuro, ni José Antonio podría convencer a Gaspar de que nada esperara de España, ni podría éste convencer al otro de las posibilidades que para el futuro de la patria tendría la incorporación de la misma a la federación americana.

Siempre obsesionado por el progreso material del pueblo y por la educación de la gente. El Lugareño era un civilizador. Tenía la pasión de servir. Amaba al prójimo. Necesitaba darse. Hacer cosas buenas era su afán de todos los días. Tan pacíficas ocupaciones no podían ser del agrado de un gobierno que no tenía interés en el progreso de los nativos, ni en su educación. Un hombre que había vivido en los Estados Unidos resultaba demasiado peligroso en la colonia. En consecuencia, O'Donnell lo desterró.

Y volvió al país del norte en 1846. Mientras tanto, la aspiración anexionista había crecido mucho, y El Lugareño se había afianzado profundamente en ella como la única solución inmediata para resolver el problema cubano. Con la misma tesis coincidía el Club de La Habana. Miguel Aldama era su principal figura, aunque José Luis Alfonso lo presidiera. Y el grupo de Trinidad, soterradamente encabezado por un hombre de la misma España, Narciso López.

El Lugareño fundó el Consejo Cubano, a fin de organizar los esfuerzos anexionistas. Se necesitaba un periódico, que sirviera de órgano de la tesis, y surgió "La Verdad". Fiel a Saco, le escribió a París ofreciéndole la dirección en las mejores condiciones, pero el bayamés no era hombre de dobleces. Respondió que "no", categóricamente. Él no podía promover ningún movimiento que pudiera poner en peligro las esencias de la nacionalidad. En vano el camagüeyano le replicó que lo suyo no era más que un cálculo. Dos grandes patriotas que coincidían en su amor a Cuba, pero que discrepaban en el procedimiento a seguir.

Mientras tanto se había descubierto la conspiración de Narciso López y éste tuvo que huir, llegando también al Norte. Y en medio de todo, los cubanos lograron ser recibidos por el presidente Polk. Primero recibió a Cristóbal Madan, acompañado de un diplomático de los Estados Unidos, que era cuñado suyo, y de un senador. Terminada esta entrevista habló con Iznaga, El Lugareño y Alonso Betancourt. Lamentablemente, si había un solo empeño, los cubanos estaban divididos. El Club por un lado, el Consejo por otro y Narciso López por su cuenta.

Ciertamente El Lugareño no tenía simpatía alguna para el otora militar español que había luchado contra los patriotas sudamericanos. Y si Narciso López fundó su Junta Patriótica, Gaspar convirtió al Consejo Cubano en Junta Suprema Secreta, y después en Consejo de Organización y Gobierno. Y en esta situación se produjo la primera expedición de Narciso López a Cárdenas, que fue un fracaso, y tras ésta la segunda que concluyó con su ajusticiamiento.

Con la muerte de Narciso López la ilusión anexionista quedó muy desvanecida. Y en medio de la hecatombe moral que había caído sobre el exilio, el temor de que entre Washington y Madrid hubiera conversaciones para el traspaso de la colonia a los Estados Unidos.

Eso de que la Isla fuera objeto de una operación mercantil era inadmisible para los cubanos. Si éstos contemplaron la fórmula de la anexión, era para arrancar a Cuba del dominio español. Por eso, ante esta posibilidad, Gaspar Betancourt Cisneros reaccionó con su connatural energía y con otros compatriotas se dirigió al presidente Fillmore, expresando la condenación de semejante posibilidad.

Después de tan sincera fe en los americanos, El Lugareño no sólo se sintió defraudado, sino que empezó a mirarlos con bastante recelo. En consecuencia, volvió al ideal independentista de los primeros tiempos, aunque nunca había renunciado al mismo. Su anexionismo no era más que una estratégica transacción ante la dificultad de conquistar una firme y definitiva independencia.

Una prueba de esta actitud la dio en su discurso pronunciado pocos días después de haberse despachado a la Casa Blanca el aludido documento: "Sin revolución no hay patria posible, sin revolución no hay derecho posible, ni virtudes ni honor para los cubanos. A vencer en Cuba, o a morir en Cuba. Escrito está...". Tal era el hervor revolucionario en Nueva York, que al tener noticias el Capitán general José Gutiérrez de la Concha de una amnistía, se apresuró a recomendar a Madrid que no se le aplicara a los exiliados cubanos, ya que éstos, a pesar de la muerte de López, estaban más que nunca enfrascados en empeños revolucionarios.

Efectivamente, este año de 1852 fue el del ajusticiamiento de Eduardo Facciolo, editor del periódico clandestino "La Voz del Pueblo Cubano", y el del descubrimiento de la Conspiración de Vuelta Abajo, que costó la vida al popular abogado Anacleto Bermúdez. Otros comprometidos eran el Conde de Pozos Dulce y Francisco Estrampes. El primero fue condenado a destierro.

Mientras tanto, El Lugareño vigilaba los sucesos de Cuba, y había creado la Junta Cubana con Porfirio Valiente en la secretaría.

No faltaban entre los miembros antiguos partidarios de Narciso López como Domingo Goicouría, patriota que había perdido su riqueza en srvicio a la patria. Y en medio de las inevitables discordias de los cubanos, los ánimos se ensombrecieron una vez más al producirse el traspaso del presidente Fillmore a Franklin Pierce, pues si lo de la compra de la Isla bajo el primero no era más que una sospecha, el segundo evidenció en su discurso inaugural una política expansionista, con inclusión de la Perla de las Antillas. En consecuencia, el malestar de El Lugareño frente a la Casa Blanca se exacerbó más aún. El camagüeyano vivía bajo tremendos tormentos que escamoteaba con aquella vital energía con que se proyectaba frente a todos. No vaciló en lanzar en nombre de la Junta un manifiesto condenatorio de lo que se tramaba entre Washington y Madrid.

Pero si El Lugareño reaccionó enérgicamente contra una anexión semejante a base de una compra, no faltaron quienes no sentían escrúpulos morales ni patrióticos ante semejante operación. En consecuencia, el camagüeyano se debatía entre dos frentes. El adversario americano, que subrepticiamente podía estar tramando la adquisición de la Isla, y los compatriotas que hacían causa común con tan deshonroso propósito.

Don Gaspar, con cincuenta años ya, vivía horas de agónicas inquietudes. Por otra parte, para que su zozobra fuera mayor, nada había en firme en definitiva. Todo ocurría entre las sombras. Y dentro de ellas, un mundo de contradictorias posiciones. Mientras tanto, en Cuba se produce el desembarco de Francisco Estrampes, y al caer en poder de los españoles es ajusticiado. Y después, la sorprendente ejecución de catalán Ramón Pintó, destacada personalidad de la sociedad española, acusado de conspirar contra España. Ambas muertes se produjeron bajo José Gutiérrez de la Concha, que había retornado a la Isla.

Estos hechos repercutieron en el exilio de Nueva York y concretamente en la Junta Cubana. Todos estaban de acuerdo en la meta deseada, pero no se entendían entre sí. Decepcionado, El Lugareño decidió liquidar la Junta. Publicó un documento, que redactó el Conde de Pozos Dulces, explicando una vez más su fingido anexionismo: –La revolución vino a los Estados Unidos a buscar armas y no a contraer compromisos de una incorporación imposible... También se disolvió el Club de La Habana. Don Gaspar abandonó los Estados Unidos y se embarcó hacia Francia. Era el año de 1856.

¿Por qué a Gaspar Betancourt Cisneros se le conocía como El Lugareño? Porque este fue el seudónimo con que firmó sus artículos de costumbres titulados "Escenas Cotidianas". Los publicó entre 1838 y 1840, en las páginas de "La Gaceta de Puerto Príncipe".

El artículo de costumbres surgió dentro del Romanticismo español. Este nuevo producto literario presenta una variedad de matices y objetivos en Cuba, donde hubo numerosos y buenos cultivadores. Se estudió lo que era Cuba, que aún siendo colonia de España, exhibía ya notoriamente una personalidad cubana. Los costumbristas entraron en el paisaje cubano, en la gente cubana, en la sensibilidad cubana, en las costumbres y tradiciones cubanas, en los tipos humanos que se producían dentro de la sociedad cubana, en los hechos cubanos, en todo el entramado de la vida cubana, en su nivel más entrañablemente popular y más esencialmente humano.

Dentro de toda esta producción costumbrista se destacan las "Escenas Cotidianas"de El Lugareño, que escogió este sobrenombre para dar a entender que quien escribía era un hombre del lugar y no un extraño. Ahora bien, siendo don Gaspar el patriota que fue, interesado en la busca de una solución al problema político, al mismo tiempo de lograr tanto el progreso económico como la justa armonía social, siguió el estilo crítico de Larra, porque como a éste no le bastaba con narrar episodios y describir formas de vivir, sino enjuiciar la realidad total de un pueblo, a fin de mejorarlo.

Don Gaspar señaló las fallas que se exhibían desde el punto de vista de lo que debía ser un país civilizado. Denunció las rutinas que se practicaban y con las que se consolidaba el atraso. Exaltó el trabajo en la misma medida en que condenó la indolencia. Y escribiendo una literatura aparentemente ingenua, Betancourt descubría sus ideas sociales, económicas y políticas. Detrás del escritor costumbrista estaba el patriota.

Una vez más surge en las "Escenas Cotidianas" el civilizador que fue don Gaspar. Se planteó el problema de la tierra, deshabitada, sin explotar, abandonada. Apunta la indiferencia de unos, el orgullo de otros, la soberbia y la vanidad de algunos. Diagnostica la necesidad de que esas tierras vírgenes tengan propietarios que las cultiven. Considera una calamidad que el territorio de la Isla esté sin poblar y sin florecer. Es menester además que la mayoría de la población esté educada en cuanto a las ciencias, las artes, las virtudes. Le duele que para muchos menesteres agrícolas, se necesite al extranjero, porque el nativo no está en condiciones de asumir ciertas responsabilidades.

Volviendo a su salida de los Estados Unidos hacia Europa, en 1856, con el Conde de Pozos Dulces (Francisco de Frías), pasó varios años recorriendo el continente y aprendiendo. En 1861 pudo volver a Cuba. Y cuando Madrid inicia el proyecto de una Junta de Información, reacciona negativamente. Él está convencido de que España no cederá en cuanto a reformas, y así se lo hace saber a su amigo José Antonio Saco.

Pero por aquellos días ya don Gaspar llevaba la muerte dentro de sí. Y abandonó el mundo terreno en diciembre de 1866. No pudo sospechar que estaba a menos de dos años del 10 de octubre de 1868.

José María Heredia (1803)

Es la primera gran figura literaria que aparece en Cuba. Es el primer patriota que es poeta y es el primer poeta que es patriota. Un luchador por la independencia de la patria. Es el poeta de la libertad. Es José María Heredia.

Para los tratadistas es un poeta neoclásico. Pero fuera de los párametros académicos, es un poeta estremecidamente romántico, con una vida románticamente tormentosa y tormentosamente romántica.

Es hijo de un oidor nacido en Santo Domingo. Los oidores son los magistrados de las Audiencias. La Audiencia es una de las primeras instituciones que España crea en América, con funciones legislativas y hasta ejecutivas. Nacer de padre oidor es cosa muy importante para el hijo y especialmente si el vástago nace con innegables signos de genialidad creadora.

Los sucesos de Haití echaron a Cuba al docto y austero magistrado que es José Francisco Heredia. El hijo nace el último día del año 1803, en un hogar privilegiado, porque el progenitor, un erudito en culturas clásicas, será su primer preceptor. Virgilio y Horacio le son familiares, lo mismo que los grandes de los Siglos de Oro y del Neoclasicismo, que es el pasado inmediato que penetra en los ochocientos con Manuel de José Quintana, Alberto Lista, Juan Meléndez Valdés, Nicasio Álvarez de Cienfuegos, Juan Nicasio Gallego.

Por razón de las funciones oficiales del padre, José María contempla una sucesión de paisajes: la Florida, Santo Domingo, La Habana, Caracas, Méjico... Y mientras viaja, se suceden los hogares. Pero a través de todos ellos, está la constante dedicación del progenitor, obsedido por su preparación cultural.

Estudia la abogacía en México, donde no termina por la repentina muerte de su padre. Sigue en La Habana. Se gradúa en 1821. Se instala en Matanzas con su tío, el también letrado Ignacio Heredia, en cuyo bufete practica la carrera hasta que en el 23 la Audiencia de Puerto Príncipe le expide su título. Mientras tanto, el joven poeta, que escribe versos desde los nueve años, está penetrado por los más fervorosos sentimientos patrióticos.

Heredia no puede ser insensible a las inquietudes revolucionarias que embozadamente vibran a su alrededor. Ha conocido esforzados luchadores por la libertad sudamericana. Son el colombiano José Fernández Madrid, el ecuatoriano Vicente Rocafuerte y el argentino José Antonio Miralla. A través de ellos, el joven cubano recibe un mensaje nuevo que no ha podido llegarle de su padre, funcionario español, ni del círculo que lo rodea.

Cuando se instala en Matanzas sabe de la existencia de un grupo denominado "Los Caballeros Racionales". Entre ellos, el también abogado y poeta Miguel Teurbe Tolón. Aunque sólo aparentan tener preocupaciones literarias, y con ese fin celebran reuniones que preside el bardo matancero, alientan el idealista empeño de la libertad de Cuba bajo el ejemplo de los otros pueblos hispanos.

Nada tiene de extraña esta militancia patriótica de José María si poco tiempo atrás había dedicado un poema a los griegos, en cuyos versos iniciales dice palabras de definitiva vigencia: "jamás puede un tirano la cadena cargar al pueblo inerte que enfurecido se alza, lidia, triunfa o sufre noble muerte".

Detrás de la inocente apariencia hay una conspiración, Los Soles y Rayos de Bolívar, que se ha extendido por Matanzas, La Habana y Pinar del Río. Hay no menos de seiscientos comprometidos. Pero antes de que el proyecto termine es descubierto por Francisco Dionisio Vives, quien, desde el primer indicio que le proporcionaron, logró introducir a sus confidentes. Se apresa a veinticuatro de los principales y entre ellos a José Francisco Lemus, que era el promotor. Se les condena a destierro.

Heredia no está en Matanzas. Ha ido a Puerto Príncipe. Se le informa de lo ocurrido. Se oculta. Logra salir del país. Llega a Boston. Visita las Cataratas del Niágara. Y a los diecinueve años escribe una de las composiciones más grandiosas de la literatura hispana. Ni ante el conmovedor espectáculo de la Naturaleza, puede el joven cubano desentenderse de la patria: "¿Por qué no miro alrededor de tu caverna inmensa las palmas ¡ay! las palmas deliciosas que en las llanuras de mi ardiente patria nacen del sol a la sonrisa, y crecen, y al son de las brisas del océano bajo un cielo purísimo se mecen?".

De esos mismos días es su reveladora poesía "La Estrella de Cuba". Ante el fracaso de la conspiración, con qué melancólico escepticismo dice: "¡Libertad! Ya jamás sobre Cuba lucirán tus fulgores divinos, ni aún siquiera nos queda, ¡mezquinos! de la empresa sublime el honor".

En esta misma composición hay una estrofa que tiene una eterna vigencia: "Que si un pueblo su dura cadena no se atreve a romper con sus manos, bien le es fácil mudar de tiranos, pero nunca ser libre podrá". Y esto lo escribió Heredia cuando no había llegado a los veinte años.

Los cumplirá en Nueva York, reunido con Félix Varela, Leonardo Santos Suárez y Tomás Gener, los tres diputados cubanos a las Cortes españolas que, con motivo del restablecimiento del absolutismo, han tenido que huir de la península y salvar milagrosamente sus vidas hasta llegar a Estados Unidos.

Ha comenzado el 1824 y como resultado de la causa que se le sigue por conspirador, se le condena a perpetuo destierro. Mientras tanto, críticos literarios de Madrid, ante un ejemplar de sus poesías, publicadas en Nueva York, reconocen la lírica excelsitud del poeta.

José María se gana la vida como profesor de español. Un amigo le recomienda al presidente de México, y Guadalupe Victoria lo invita a radicarse en su país. En agosto del 25, al cabo de casi dos años de destierro, abandona a Nueva York. Es entonces, sobre las olas del océano, que escribe el "Himno del Desterrado". Ante el visible Pan de Matanzas, el bardo se conmueve. Lo acosa la nostalgia: su madre, sus hermanas, sus amigos y amigas... Cada estrofa es una llamada al patriotismo. Hay versos que son como látigo en el rostro del tirano. Y para terminar dice: "Aunque viles traidores le sirvan, del tirano es inútil la saña, que no en vano entre Cuba y España tiende inmenso sus olas el mar..."

El Presidente lo recibe efusivamente y de inmediato queda nombrado para laborar en la Secretaría de la Presidencia. Se le autorizó el ejercicio de la abogacía. Se le nombró juez en Veracruz, después en Cuernavaca. Aquí conoce a Jacoba Yáñez hija de magistrado. Se enamoran y se casan.

Se le nombra fiscal de la Audiencia. Después oidor en Toluca. Pero no cesa la producción literaria, ni se olvida de su tierra. Está en las filas de la Junta Promotora de la Libertad de Cuba, integrada por cubanos que viven en México. Se desemboca en la conspiración del Águila Negra, que prepara una invasión a la isla. Lamentablemente, la delatan al gobierno de La Habana, se apresa al delegado del complot en la Isla y entre los juzgados y condenados en ausencia está el poeta. El hecho coincide con la muerte de Bolívar. Y José María Heredia recuerda lo que bajo su nombre se hizo en su patria.

La vida política de México empieza a complicarse bizantinamente después del cese de Victoria. Antonio de Santa Ana lo derroca y sitúa en la presidencia a Vicente Guerrero. Anastasio Bustamante lo fusila.

Mientras tanto, una expedición española de reconquista, que es derrotada. La guerra con Texas, con la batalla de San Jacinto en el 36. Se suceden los caudillos: Santa Ana da un golpe de estado a Bustamante y cede la presidencia a Nicolás Bravo hasta que decide asumirla.

Si la política mejicana se desarrolla caóticamente, la América Central y los países del sur no se quedan a la zaga. Heredia piensa en Cuba, y se hace una taladrante pregunta: ¿ocurriría lo mismo en su patria? Por lo demás, con la liquidación de todas las conspiraciones, ¿qué esperanza podría haber? No deserta de su posición inicial a favor de la independencia, pero tiene la dolorosa convicción de que, por el momento, no hay posibilidad alguna. ¿No es posible que surja el líder necesario capaz de aglutinar un fuerte movimiento independentista? ¿Y donde está el pueblo que no actúa?

En medio de todos estos acontecimientos, Heredia se ve sentado en la Cámara de Diputados, aunque no permanecerá en la función legislativa y vuelve a la judicatura.

Ha organizado en su casa una pequeña imprenta y entre Jacoba y él han hecho una segunda edición de sus poesías. Y paralelamente es profesor y director de la Dirección General de Estudios. Se le nombra director del Instituto Literario de Toluca. Ingresa en la Junta de Instrucción Pública, en el Instituto de Geografía y Estadística, en la Academia de la Lengua, en la Academia de la Historia. La ciudad le otorga todos los honores, mientras sigue con tremendas perocupaciones la laberíntica conducta política de Santa Ana. Le aterroriza pensar que Cuba pueda caer en manos de un caudillo semejante.

Y al cabo de doce años de haber salido de Cuba, Heredia, decepcionado ante el espectáculo de México, consciente de que la tuberculosis no le permitirá muchos años más, y ante la necesidad sentimental de ver a su madre antes de que muera y a sus hermanas, hace lo único que podía hacer. Se dirige al Capitán General de la Isla para pedir que se le autorice a regresar a Cuba para una breve visita.

Lo hubiera hecho con cualquiera que fuese el Capitán General de turno. Lamentablemente era Miguel Tacón, que para los cubanos de entonces representaba la forma más inhumana del despotismo.

Tacón acogió el pedimento, y el poeta llegó a La Habana el 14 de noviembre de 1836. Al cabo de dos meses exactamente, el 15 de enero del 38, abandonó a su patria para siempre.

En medio de la alegría de estar con su familia en Matanzas, el ánimo del poeta estuvo dolorosamente ensombrecido porque sólo Domingo del Monte fue a esperarlo al muelle. No lo volvió a ver, y en una carta lo llamó "ángel caído". Sus amigos y admiradores de antes lo ignoraron. No lo comprendieron ni siquiera porque era sabido que estaba muy enfermo, penosamente deteriorado y muy próximo a la muerte.

Antes de abandonar la Isla quiso despedirse del Capitán General. Éste tuvo para el desterrado muestras de muy urbanas gentilezas.

De regreso a México, supo que durante su ausencia se había aprobado una ley que disponía que cargos como los que él había ostentado sólo podían ser desempeñados por nativos. Tuvo que conformarse con un nombramiento de redactor del *Diario del Gobierno*.

Fue tal su desesperación que por la mente le cruzó el pensamiento de retornar a Cuba para morir en los brazos de su madre. Y el 12 de mayo de 1839, a los treinta y cinco años, consumó el tránsito hacia la eternidad.

Aunque la fama de Heredia se debe a su poesía, él fue un escritor tan fecundo como versátil. Desde los quince años escribió para el teatro, también tradujo obras de famosos dramaturgos. Hizo mucha crítica literaria. Y lo más personal que ha legado a la posteridad es la colección de las numerosas cartas que escribió a su madre y a sus amigos, especialmente a Domingo del Monte.

Domingo del Monte (1804)

Aunque nació en Venezuela en 1804, la personalidad literaria de Domingo del Monte pertenece a Cuba. Llegó con su familia a la Isla en 1810 cuando tenía seis años. Su propio nacimiento en Maracaibo fue accidental. Su padre, abogado y funcionario de España, abandonó a Santo Domingo, donde había nacido, hacia la América del Sur, para desempeñar el cargo de Teniente Gobernador. A la Perla de las Antillas arribó como Oidor de la Real Audiencia.

Estudiando leyes y filosofía en la Universidad de La Habana, Domingo conoció a José María Heredia. Tras la graduación del poeta, se produjo al año siguiente la del que será el más erudito crítico literario de la época. Ingresó en el afamado bufete de Nicolás Manuel de Escobedo, uno de los cubanos más importantes de su época.

Tenía veinticinco años cuando decidió ir a España, a fin de conocer la metrópoli. Ya por entonces exhibió su pasión literaria, pues de paso por los Estados Unidos, por su cuenta y riesgo, publicó un volumen con poesías de Juan Nicasio Gallego, el poeta español que tanto él admiraba. Llegado a Madrid, ¿por qué no tardó en regresar a Cuba? Y reinstalado en La Habana, con un socio español, empezó a publicar una revista literaria, "La Moda", en la que con Heredia colaboraron otros escritores y donde el joven crítico publicó sus primeros artículos.

Tal como ocurría con todas las figuras que lograban algún relieve intelectual, en 1830 ingresa en la Sociedad Económica de Amigos del País. Al producirse el conflicto de la Academia Literaria, se coloca al lado de José Antonio Saco. Y ante la expulsión del cónsul Turnbull, respalda a Luz Caballero.

Dentro del ámbito de esta institución devino en un promotor de cultura. Fue él quien promovió el primer certamen poético que se celebrara en la Isla. Casado con Rosa Aldama, y consumados los trámites pertinentes para ejercer plenamente la profesión, se trasladó a Matanzas, en 1834, y fue allí donde comenzó sus tertulias literarias, al margen de sus deberes de auditor. Fue entonces cuando conoció a José Jacinto Milanés, el dulce poeta, que sólo tenía veinte años.

Hay algo que parece no permitir a Del Monte que se mantenga en un lugar. Si dejó tan pronto Madrid, lo mismo hizo con Matanzas. Retornó a La Habana, donde seguirá con las tertulias. Las mismas constituían el más alto centro literario. Jamá había existido algo igual. En las mismas estuvieron los más destacados valores de aquellos años, transcurridos entre 1835 y 1842. Entre ellos, Cirilo Villaverde, Ramón de Palma, Anselmo Suárez y Romero, José María de Cárdenas, Manuel González del Valle, Francisco Ruiz, José Silverio Jorrín, Gaspar Betancourt Cisneros, Gabriel de la Concepción Valdés (Plácido), Juan Francisco Manzano y muchos más. Todos están destinados a quedar incorporados a la historia de las letras cubanas.

Allí en las tertulias de don Domingo, muchos de ellos leyeron sus trabajos. Todos recibieron los más altos comentarios y los honrados juicios de quien era un sabio intelectual, provisto del más exquisito gusto. Pero en 1842 Del Monte comprendió que su presencia en La Habana era difícil. Aunque no tuviera militancia política alguna contra la metrópoli, las autoridades estaban convencidas de que su posición ideológica era contraria a la soberanía de España sobre la Isla. Desde sus días de amistad con Heredia en la Universidad, era un fervoroso amante de la libertad.¿No era Venezuela libre? ¿Por qué no podía serlo Cuba? En consecuencia, se dirigió una vez más a los Estados Unidos con su familia. Y de aquí a Europa. Recorrió varias capitales. Y en París sufrió el infortunio de perder a su esposa.

Fue en París donde recibió la noticia de los cargos que se le hacían dentro del proceso de la conspiración de La Escalera. No imitó a Luz Caballero, que estando en Francia retornó de inmediato a la Isla para presentarse ante el juez. Del Monte escribió sus descargos y los publicó en un periódico parisiense que se editaba en español, "El Globo".

Sólo cuando quedó sin efecto la orden de prisión, se dirigió a España. En esos momentos, 1846, no son pocos los eminentes cubanos que trabajan por anexar la isla a los Estados Unidos. Pero Del Monte se sitúa una vez más al lado de Saco. No sólo le asesoraba en la redacción de sus trabajos, sino que costeó sus publicaciones.

Llegó más lejos, y el mismo asumió la responsabilidad de distribuir esos folletos notoriamente sediciosos para la política de Madrid. Y en Madrid murió el 4 de noviembre de 1853, tres días antes de la fecha en que cumpliría cuarenta y nueve años. A pesar de su corta existencia, dejó una labor literaria sin igual en su época y un alto ejemplo de total civismo.

Un gesto basta a veces para revelar la integridad de un hombre. Tal es el caso de Domingo del Monte. Después de haber abandonado rápidamente el puesto de auditor, como abogado que era, en Matanzas recibió de un amigo influyente una oferta mayor, que rechazó porque "haría un triste y comprometido papel ejerciendo su oficio en una sociedad cuya única ley es la voluntad absoluta y arbitraria de un hombre...".

En consecuencia, el mecenas y promotor de la cultura y de las famosas tertulias, era mucho más. Era todo un íntegro cubano que se negaba a doblar la cerviz ante el gobierno metropolitano. Políticamente su pensamiento corre paralelamente al de Saco. Nunca se lanzó a aspirar de España más de lo que pensaba que era posible que esta diera. Fue el suyo un reformismo tan discreto como lógico y sensato. Igualmente que el bayamés, en días en que tantos soñaban con la anexión a Estados Unidos, fue contrario siempre a esta falaz solución. Igualmente fue un fervoroso partidario de la abolición de la esclavitud. Lo que no podía decir en sus escritos públicos, lo desfogaba en la intimidad del epistolario. Hay una carta suya a José Luis Alfonso, escrita en agosto de 1837, donde ofrece, sombriamente, lo que era la situación de la Isla bajo el despotismo de Tacón. —En la cárcel hay más de novecientos presos y se han mandado a habilitar más calabozos. Mientras tanto, hay indignos que se le postran y lo adoran como un ídolo...

El año anterior, sin poder descender a esas sinceridades, publicó "La Isla de Cuba tal cual está". Dos años después redactó un extenso Proyecto de Memorial a la Reina a nombre del Ayuntamiento de La Habana pidiendo leyes especiales. No obstante el comedimiento con que tiene que escribir, entrelíneas se revela la hostilidad que el cívico escritor siente hacia el régimen colonial: ¿Por qué puede haber libertades en España que no se extienden a la colonia? Escribiendo alegóricamente, plantea "si la Perla de las

Antillas es española, o no, porque de serlo, tiene una madre bastante liviana y deshonesta".

Del Monte ha quedado en la historia de las letras cubanas como el más alto crítico literario de su tiempo. Pero siendo un neoclásico, yerra al enjuiciar a las grandes figuras que fueron más allá de la estética renacentista y que entraron en alguna medida en el barroco, como Calderón, Quevedo y Góngora. Sin embargo, fue capaz de comprender el genio de cada uno de ellos, aunque los considerara extraviados en sus creaciones.

En prosa de primerísima calidad por su claridad y concisión, escribió muchísimo en periódicos y revistas de su tiempo. No poco quedó inédito, como un estudio sobre el teatro cubano y un diccionario de voces nativas. Demostró una vasta erudición en largos escritos sobre los más diversos temas de la literatura española, desde el Renacimiento hasta el Romanticismo. No fue hasta 1929 que se publicaron sus mejores páginas, dentro de la colección de "Libros Cubanos", dirigida por Fernando Ortiz. Antes, la Academia de la Historia de Cuba publicó su "Centón Epistolario", con más de tres mil cartas, que él mismo había dejado organizadas. En la intimidad de la correspondencia privada aparece lo que él dijo a las grandes figuras de su tiempo y lo que ellas dijeron de él. Afirmaba Santovenia que no se podía escribir la historia de las ideas en Cuba sin acudir a este inmenso hontanar de inquietudes de aquellos dramáticos días.

Pero acaso lo más notorio de su vida está en la influencia que él tuvo sobre los numerosos jóvenes escritores que lo rodearon y a los cuales orientó. La mayoría de ellos, como Milanés, eran poetas. Y él lo fue. Más allá de otras composiciones de variado contenido, lo que lo convalida para siempre son sus "Romances Cubanos". Aspiró a crear una poesía nativista, inspirada en el paisaje y en los tipos del campo, con la inclusión de tradiciones y leyendas. Ha dejado composiciones antológicas como "El montero de la sabana", "El destierro del hato", "El llanero correspondido". Se asomó a lo filosófico, con "Moral religiosa".

Calixto Bernal (1804)

Los Bernal eran una linajuda y rica familia. Estaban radicados en Santo Domingo donde tanto el abuelo paterno como su padre estuvieron adscritos a la Real Audiencia, la más antigua de América. Al ceder España a Francia el resto dominicano que le quedaba, esa tan importante institución se trasladó a Puerto Príncipe en Cuba.

Ante esa inesperada situación su padre construye una hermosa mansión, que será la sede de la Audiencia con una amplia jurisdicción. Es allí donde el 14 de octubre de 1804 nace Calixto Bernal. Antes de los veinte años ya estaba licenciado en Derecho y ejerciendo su profesión exitosamente. Cuando llega a los treinta años su padre comprende que el destino de un joven de su talento, su cultura jurídica y su elocuencia no está en la isla sino en Madrid.

Y efectivamente así ocurre. Conoce a José Antonio Saco y le complacen sus ideas reformistas. Y pudo presenciar en 1837 el rechazo que las Cortes tuvieron para los diputados que habían sido electos en Cuba. El bayamés protesta enérgicamente y Calixto comprende las justas razones que tiene su compatriota. Lo ocurrido es la más evidente prueba de que los españoles no desean ningún cambio en la tan bella y rica colonia.

Aunque Calixto se siente muy feliz en Madrid regresa a Cuba porque ha sido nombrado fiscal de la recién creada Real Audiencia de La Habana. Pero en el 41 abandona la isla y retorna a la metrópoli donde permanecerá definitivamente sin dejar de trabajar a favor de su patria.

Pero antes de reinstalarse en Madrid da un largo viaje para enterarse sobre la vida europea fuera de España. Llega a decenas de ciudades de varios países y cuenta sus experiencias y observaciones en el libro titulado "Misceláneas, impresiones y recuerdos", que publicará en 1845.

Vuelto a Madrid, se conecta con las más importantes personalidades públicas que aún no había conocido. Se mueve constantemente. Se le ve mucho en el Ateneo. Reanuda su labor periodística en sucesivas publicaciones y más adelante funda un diario bajo el título de "La democracia", que es la palabra clave del pensamiento de Bernal.

En francés publicó un libro que, traducido al español, se titula "Pensamientos sobre reformas sociales", tema que acaso explica por que no lo edita en Madrid en su propio idioma. Editado en 1847 es posible sospechar que el autor pensaría que la obra luciría atrevida y que no fuera grata a los políticos ni a la alta sociedad. Con este volumen Bernal revela sus inquietudes.

Y en los años 56 y 57 publica esa ambiciosa obra que es la "Teoría de la representación". Se sumerge en el pasado hasta llegar a Atenas con su democracia. El autor recorre los más importantes países de Europa a fin de conocer en cada unos de ellos los vestigios democráticos que aparezcan en los mismos. Le sorprenden los que encontró en las viejas monarquías españolas.

En el 59 otro importante libro, "La democracia y el individualismo". Bernal esta sorprendiendo a la intelectualidad española con obras que abordan temas desusados. Y lo que no llega al libro lo publica dentro del periodismo culto. Y en esos textos directa o indirectamente siempre está Cuba y con ella el problema de la esclavitud.

No llega cubano importante a Madrid que no visite a Bernal. De Cuba lo sabe todo y lo hace saber a los políticos españoles. En el 66 lo eligen como delegado a la Junta de Información, promovida por Francisco Serrano. La delegación cubana está presidida por José Morales Lemus. Según la convocatoria se van a discutir problemas políticos, sociales y económicos de la isla con funcionarios españoles.

Saco y Bernal sólo asisten a la última junta. Nada se resuelve. Todo ha sido una farsa, una cruel burla a una colonia que está más adelantada que la metrópoli. Los dos emiten sendos votos particulares de protesta y denuncia. La reacción del pueblo burlado no se hace esperar. El 10 de octubre del 68 empieza una guerra que durará diez años.

Bernal no es independentista. Le preocupa que en la isla se repita el caos político de la América Hispana. Él prefiere la autonomía. Y no aceptaría tampoco en España una monarquía absoluta. La vigente es constitucional, con un funcionamiento democrático. Y en 1877, cuando está agonizando la guerra de Cuba publica su "Tratado político: el Derecho".

Dos años antes, en el 75, arbitrariamente se le acusa de tener nexos con los insurgentes cubanos y se le manda a Ceuta sin que se respete su edad y sus altos prestigios intelectuales. Una injusticia más del régimen que había fusilado en el 71 a los ocho inocentes estudiantes de Medicina y al poeta Juan Clemente Zenea.

Si hay algo permanente en la producción del cubano es su individualismo, su defensa de la persona. Está en contra de los movimientos que falazmente enarbolan las ideas socialistas o comunistas. Fue de los primeros en rechazar a Marx. Y si acabada la guerra de Cuba con el Pacto del Zanjón, se organiza el Partido Autonomista Bernal está en sus filas representando a su patria en las Cortes españolas. En ellas demuestra su sabiduría jurídica y política.

A los ochenta años, con tantas desilusiones, salió de la vida pública que había llevado por décadas. Sólo iba al Ateneo. Murió en Madrid el 20 de diciembrede 1886 sin alcanzar a ver la guerra convocada por Martí. Dejaba sin trascender numerosas monografías sobre los más palpitantes temas de aquel tiempo, pero publicadas en revistas y periódicos. En ellas están sus más personales pensamientos.

Anacleto Bermúdez (1806)

Con el trágico fin de Narciso López, tras dos expediciones a Cuba, no sólo quedaron suspendidos los proyectos anexionistas sino que repuntó una vez más el siempre frustrado ideal separatista.

En 1852 circuló clandestinamente un periódico cuyo nombre no podía ser más sediciosamente significativo, "La Voz del Pueblo Cubano". Una delación llevó a la policía española a la imprenta donde se producía. En vano el tipógrafo Eduardo Facciolo eludió la persecucuión de quienes lo buscaban como máximo responsable de esa publicación, aunque ciertamente lo que se publicaba era, en su mayor parte, producido por Juan Bellido de Luna, antiguo anexionista. Atrapado, fue condenado a muerte y ejecutado. Un mártir más en la interminable lucha por la liberación de Cuba.

Con los hechos de "La Voz del Pueblo Cubano" coincidió el descubrimiento de una conspiración llamada de Vuelta Abajo, porque la insurrección se iba a producir en el cafetal de "Frías", municipio de Candelaria, en la provincia de Pinar del Río. El conocimiento de este nuevo proyecto insurreccional se produjo por un accidente cuando en un carretón se llevaban hacia el ferrocarrril varias cajas con armas y proyectiles. Una de ellas cayó al pavimento y se reveló su contenido. Se averiguó que el centro de la conspiración estaba en una casa de la calle de Antón Recio de La Habana. Aparte de todo el armamento que allí se encontró, alguien de los que allí vivían informó sobre los conspiradores. Había personalidades tan importantes como el Conde de Pozos Dulces y el famoso abogado Anacleto Bermúdez... Enseguida se empezaron las detenciones. Más tarde algunos serán condenados a muerte, otros a presidio, los demás al destierro.

Pero nada se pudo hacer contra Bermúdez porque apenas se difundió la noticia de los hechos, se supo asimismo la de su muerte el primero de septiembre del 52. Corrió el rumor de que había sido envenenado, por alguien al servicio del gobierno, pero nada se probó. Hubiera sido un serio problema para el Capitán General. Era una figura muy admirada y respetada. La viuda aseguró que había fallecido por causa natural, víctima de una úlcera que venía padeciendo. Frente a estas dos posibilidades, hay una tercera: descubierto, el dignísimo abogado se suicidó para evitar caer en las garras de la Comisión Militar Ejecutiva Permanente.

¿Quién es Anacleto Bermúdez? Nació en La Habana el 13 de julio de 1806. Se graduó de bachiller en Derecho en el Colegio-Seminario de San Carlos. Hizo periodismo en "El Revisor Político y Literario", que comentaba con mucha frecuencia la problemática cubana, aunque con la discreción que obligaba la censura.

Cuando en el propio Seminario se inauguró la Cátedra de Derecho Constitucional, que explicó primero Varela y después Nicolás M. de Escobedo, el joven Anacleto era uno de los más asiduos concurrentes. Y cuando en 1823 el régimen constitucionalista de España se vio amenazado por la Santa Alianza, se redactó una exposición en contra de ese designio destinado al restablecimiento del absolutismo. Bermúdez con diecisiete años fue uno de los firmantes.

Consumada la invasión a España por los Cien Mil Hijos de San Luis y restablecido el absolutismo, Bermúdez viajó a la península en pos de su licenciatura. Su presencia en la metrópoli le sirvió para saber que el pueblo español de la península padecía de los mismos rigores políticos que los cubanos. Y regresando a La Habana se dedicó al ejercicio de su profesión.

El foro era entonces un inverosímil escándalo. En todas las áreas y en todos los niveles se producían los mayores pecados. Y en medio de semejante situación, Bermúdez se irguió con una honradez total, con una pureza absoluta, con un desprendimiento sin límite. Defendió sólo una buena causa, y rechazó todo lo que para él no merecía ser defendible. En cada caso sólo veía la posibilidad de que se hiciera justicia, sin importarle que hubiera o no la seguridad de ganar buenos honorarios. Y como defendió sin cobrar absolutamente nada a tanto desposeído no tardó en llamársele "el abogado de los pobres". Son incontables los episodios que se cuentan de su ejercicio profesional y de su incorruptible actitud frente a los poderosos, aunque fueran paniaguados de Miguel Tacón, uno de los más despóticos gabernantes, que padeció Cuba.

Quien defendía con tanto ardor la justicia, tenía que ser un amante de la libertad. Por esa razón se involucró en la conspiración de Vuelta Abajo. Nunca jamás se había visto en La Habana un funeral como el de este hombre. Cientos de carruajes y miles a pie siguieron el cortejo desde un extremo de la ciudad hasta otro. Ramón Zambrana, gran orador, pronunció elocuentísimas palabras. Las autoridades se alarmaron en tal forma que se dispuso que no se permitiera jamás algo semejante. Y es que quienes siguieron sus restos mortales no sólo expresaban su devoción hacia el abogado, sino hacia el compatriota que aspiraba a la independencia de la patria.

José Morales Lemus (1808)

Aunque era un abogado lleno de prestigios y respaldado por una sólida fortuna, la figura de José Morales Lemus, nacido en 1808, no emerge notoriamente en los anales de la historia política de Cuba hasta 1862, con motivo de la visista de José Antonio Saco a La Habana después de veintiocho años de destierro. Ambos van a coincidir en el palacio de Miguel Aldama, donde se hospedó el bayamés. Con sesenta y cinco años, de los cuales había vivido tantos fuera de la Isla, se percató que su liderazgo había pasado a otros hombres, a cuyos prestigios se sumaba la fuerza de la riqueza.

Quiso el destino que Morales Lemus, uno de esos líderes, naciera en tierra cubana. Venían sus padres desde Canarias. La madre lo traía en sus entrañas. Apenas había arribado la embarcación al puerto de Gibara, cuando se produjo su nacimiento. No le fueron propicios sus primeros años. El progenitor regresó a la Península. La madre, murió. Fueron sus padrinos los que se ocuparon de él. Pero su sino va a dar un gran vuelco.

¿Cómo llegó a verse dueño de una gran fortuna? No tenía necesidad de ejercer su profesión de abogado, pero los que conocían sus talentos y virtudes lo obligaron. Devino en asesor de muy importantes empresas. Y así fue como se adentró en la vida económica del país. Y de ésta pasó a la política. Por su carácter y porque así lo recomendaban las circunstancias, se afilió al movimiento reformista como la mejor manera de servir a su patria.

Él presidió a los delegados cubanos que acudieron a la Junta de Información convocada por Madrid en 1866. Allí volvió a coincidir con el Conde de Pozos Dulces. Y a encontrarse con Saco. Su primera reacción, transida de dignidad, fue cuando se negó a ir a la recepción ofrecida por la Reina para recibir a los colonos. Con su ausencia protestaba de la alteración que se había producido unilateralmente en la agenda de las sesiones, pues en vez de comenzarse con lo político, esto se relegó, anticipándose el temario social.

Posteriormente, ya en febrero del 67, ante la burla del gobierno español, que ignoró todo lo aprobado y que impuso todo lo contrario, como el mantenimiento del impuesto de las aduanas, que se había suprimido, en cambio de un aumento del gravamen de la renta a un diez por ciento. Trampa que los delegados de la Isla nunca pudieron imaginar. Morales Lemus presentó la más enérgica protesta.

La desilusión de los cubanos no pudo ser mayor. Los sinceros reformistas comprendieron que era imposible confiar en Madrid. Pero la labor desarrollada por Morales Lemus aumentó sus prestigios ante sus compañeros de afanes y fracasos en Madrid. Él fue entonces y fue siempre un defensor de los más legítimos intereses de la Isla.

Aspiró a que la marina mercante se sacara de la jurisdicción militar, que se abolieran las ordenanzas sobre la pesca, que se aliviaran las cargas fiscales, que se protegiera a los vegueros, que se mejorara la cría de ganado, que se dividieran las haciendas comuneras, que se promoviera la educación primaria, que se concertara un tratado postal entre España y los Estados Unidos.

Y cuando poco después Carlos Manuel de Céspedes inició la guerra por la independencia, el 10 de octubre de 1868, Morales Lemus se puso a la disposición de los líderes separatistas. Se fundó en La Habana la Junta de Laborantes, para ayudar a los insurrectos, y al frente de la misma estaba el eminente abogado y antiguo defensor de las reformas.

Y tres meses después desapareció de La Habana, abandonándolo todo. Llegó a Nueva York. Y cuando en Guáimaro, en abril del 69 se constituyó la República de Cuba en Armas, el presidente Céspedes lo designó plenipotenciario del gobierno ante los Estados Unidos. Y ya presidía la Junta Revolucionaria de Nueva York, con José Manuel Mestre y Miguel Aldama junto a él.

Una de sus primeras decisiones fue la de ignorar un acuerdo de la Cámara de Representantes, sancionado por Céspedes, de pedir la anexión a los Estados Unidos. Y al llegarle noticias de cuanto ocurría en torno al jefe del ejército, lamentó la destitución del General Manuel Quesada.

Mientras tanto, Morales Lemus fue capaz de acercarse a la Casa Blanca y lograr la amistad de John A. Rawlings, Secretario de Guerra, en el gabinete del presidente Ulises Grant. Pero si éste era favorable a que se reconociera la beligerancia al gobierno insurrecto de Cuba, a la medida se oponía Hamilton Fish, como Secretario de

Estado. Sin embargo, éste sugirió la posibilidad de que Washington asumiera el papel de mediador entre el gobierno de España y el de Cuba..

Y aunque el plenipotenciario cubano no vio con simpatía la iniciativa, no la rechazó. Efectivamente, Madrid hizo una contraposición a base de un posible plebiscito, que no llegó nunca. Ante tales desventuras, se agravó su ya delicada salud y murió el 13 de junio de 1870.

Francisco Frías (1809)

Nació en La Habana el 24 de septiembre de 1809. Se educó en Estados Unidos, donde permaneció veinte años. Aprendió mucho de la agricultura americana. Cuando regresó a la Isla clavó su mirada en los problemas económicos y reflexionó sobre la posibilidad de aplicar lo que había aprendido en Baltimore.

Aunque sus estudios económicos nada tenían que ver con la literatura, escribía una buena prosa: sencilla, clara, precisa, convincente. Le serviría para su carrera de economista. El periodismo sería el gran medio para difundir sus conocimientos y divulgar sus nuevas ideas.

Asimismo estaba perfectamente enterado de la historia de Cuba y de sus protagonistas. Y muy especialmente de Francisco Arango y Parreño, porque frente a la tesis azucarera de éste tendría otra muy distinta.

Estaba en La Habana cuando la ejecución de Narciso López, casado con su hermana Dolores. Se involucró en la conspiración de Vuelta Abajo con el abogado Anacleto Bermúdez. Condenado a destierro, llegó a París. Y en vez de pasearse por Europa, se dedica al estudio de la Física y de la Química.

Cuando regresa a Cuba publica una *Memoria sobre la Industria Pecuaria,* que es premiada por el Liceo Artístico y Literario. Redacta un *Informe sobre el Instituto de Investigaciones Químicas,* que presenta a la Junta de Fomento.

En 1857 da a conocer su tesis sobre la economía cubana, que expone con tanta elocuencia como precisión. Condena el monocultivo azucarero y defiende la diversificación agrícola. Alienta la abolición gradual de la esclavitud. Clama por una inmigración blanca destinada a sustituir al negro en las labores del campo.

Ve el futuro de Cuba en el desarrollo de la agricultura y para lograrlo hay que remover las viejas y anticuadas bases sobre las que se ha venido cultivando el campo a través de los siglos. Al margen de la caña y de la industria azucarera hay que explotar los llamados frutos menores. Aspira a que la isla deje de ser un cañaveral. Sueña con muchas heredades, al frente de las cuales haya un agricultor independiente y en las que se fomenten los más diversos cultivos.

Veinte años después de la muerte de Arango, dice Frías que no se puede calificar de rica una economía que apela al trabajo esclavo porque no puede pagar salarios.

Frente a la caña, y sin aspirar a su eliminación, el economista recomienda el cultivo de todo cuanto tan fértilmente produce la tierra cubana. Alude al tabaco, al maíz, a las numerosas y variadas viandas y a las tan ricas frutas.

Condena el monopolio del negocio cañero y azucarero. Recomienda la necesaria aparición del colono independiente. Insiste en que se lleve al campo el concepto del salario. Hay que renunciar al trabajo esclavo. Quiere una economía sobre la base de la libertad.

No fueron pocos los adversarios que le surgieron al Conde de Pozos Dulces. Y para defenderse tuvo que aclarar que lo suyo no era más que un proyecto a realizar evolutivamente. Imposible que en la década de los cincuenta se eliminara la presencia del africano en los campos.

Denunció la ignorancia que los cubanos tenían en relación con el campo y sus cultivos. Era necesario que se enseñara sobre la naturaleza de los suelos a fin de poder destinarlos a las siembras más compatibles. Si Cuba era un país agrícola, toda la sociedad debía saber de agricultura.

Pozos Dulces reaccionó ante la guerra civil de los americanos. Se percató de las repercusiones del conflicto sobre la economía azucarera, por la sencilla razón de que la bélica pugna interfería la producción de Luisiana.

Percibió asimismo la resonancia que tendría en la Isla un triunfo del Norte con la abrupta liquidación de la esclavitud en el Sur. El Conde era tan abolicionista como evolucionista. Y por eso en cuanto a su patria aspiraba a llegar a la libertad de los negros como culminación de un proceso evolutivo. Le preocupaba que lo que pudiera ocurrir en el Norte se tratara de repetir en Cuba. Su posición era la de Saco. No podía sentirse independentista aunque soñara con la independencia. Era una cuestión de estrategia.

Si Francisco Serrano impulsa el movimiento reformista, no duda en incorporarse al mismo. Y cuando los reformistas compran el periódico "*El Siglo*" y le ofrecen su dirección, no vacila y asume el cargo.

Frías dio a la dirección del periódico un alto estilo que no estaba acostumbrado. Ante los ataques de los que no comulgaban con el reformismo, reaccionaba con una inalterable ecuanimidad. Sabía defender el ideario reformista sin descender al ataque. Afrontó con suma sabiduría y con elegante sencillez todos los graves problemas del país. En aquélla década de los sesenta, cuando los independentistas no podían pronunciarse en Cuba y cuando los anexionistas se habían dado por fracasados, no había más opción para el pueblo cubano que las reformas.

En un tiempo en que sólo se hablaba y escribía de política, Frías no desertó de las cuestiones económicas. Seguía defendiendo sus viejas ideas acerca de la diversificación agrícola frente al monocultivo de la caña. Sin que desaparecieran los hacendados, su ideal era el veguero. Lo explicó así: Aquél que dentro de una caballería de tierra de su propiedad es capaz de tener tabaco, frutos menores, ganado, puercos, aves de corral... Con eso y todo lo demás posible, ese campesino sería capaz de abastecerse por si mismo.

Al producirse la Junta de Información, en 1866, por iniciativa de Serrano, pero cuando ya éste no estaba en el poder, Frías fue uno de los delegados cubanos a quienes encabezó ese ejemplar cubano que fue José Morales Lemus.

Cuando se discutieron las cuestiones económicas, don Francisco tuvo la oportunidad de lucirse. Era un elocuente orador y nadie sabía más de economía que él. Lamentablemente aquél proyecto, que tanto ilusionó a los reformistas, sufrió todas las zancadillas que puedan imaginarse de parte del gobierno español, al que no le interesaban los problemas de la Isla ni deseaba solucionarlos. Y para colmo, al discutirse lo político, tanto José Antonio Saco como Calixto Bernal se presentaron con sendos votos particulares y se quebró la unidad cubana.

Con este fracaso quedaba el reformismo sin posibilidad alguna por el momento. La única opción eran las armas. Las tomó Carlos Manuel de Céspedes, seguido por los más ricos terratenientes orientales y por cubanos de todos los niveles sociales y económicos. No faltaron dominicanos y otros extranjeros. El Conde de Pozos Dulces se dirigió a París, donde murió el 24 de octubre de 1877. Tres meses y días después se firmó el Pacto del Zanjón.

Antonio Bachiller y Morales (1812)

Gabriel Bachiller y Mena era hijo de un Oidor de la Real Audiencia. Había nacido en Madrid y en La Habana unió su destino con la cubana Antonia María de Morales. Antonio nació en la calle Habana el día 7 de junio de 1812.

El adolescente asombró por su precocidad, y la exhibía en la permanente interrogación que clavaba sobre todo. En los versos y las prosas que componía daba salida a su irrefrenable impulso vocacional. De padre marcial nació hijo literato.

En las aulas del Real Colegio Seminario de San Carlos y San Ambrosio adelantó sus saberes. En la Universidad estudia Lógica, Metafísica y Moral cuando anda por los dieciséis. En la lengua latina sostiene conclusiones públicas sobre libros canónigos. En 1832 es bachiller en Derecho Civil, en 1837 alcanza la Licenciatura en Derecho Canónigo y, tras éste título, se gradúa de Abogado en la Real Audiencia de Camagüey. En ella obtendrá triunfos, prestigios y dineros.

Bachiller se impuso en plena juventud por su saber y sus cualidades morales. En 1835 ingresa en la Sociedad Económica de Amigos del País como socio de mérito por haber ganado honroso lauro con su "Memoria sobre la exportación del tabaco en rama", tema con el que evidencia como al lado de su vocación literaria late su preocupación por los intereses materiales del país. El hecho delataba signos y aristas permanentes de la vida de Bachiller: la variedad de sus saberes, la multiplicidad de sus preocupaciones, la amplitud de su actividad.

El ingreso en la Sociedad Económica de Amigos del País, ganado a los veintitrés años, era un anuncio feliz de un devenir cargado de triunfos y glorias. Al año siguiente, el profesor titular de Prima de Cánones le hace su auxiliar, y cuando éste fallece, ocupará la cátedra en propiedad y por oposición.

Tenía veinticuatro años y parecía que la vida se le entregaba toda. Con los triunfos intelectuales, las ganancias del bufete, la nombradía y el ascenso le venía el matrimonio con Carlota Govín, para marcarle el inicio de una nueva felicidad.

La carrera profesoral prosigue su itinerario glorioso. Ahora explica Economía Política en el Seminario de San Carlos. Él renueva profundamente la asignatura, dando sus lecciones a tenor con lo tratadistas europeos más avanzados y proyectando patrióticamente sus lecciones al caso concreto de Cuba. A través de sus disertaciones insiste en algo que es en él una obsesionante idea: la del aumento de la población blanca en la Antilla Mayor. Habla de educación popular y libertad absoluta de comercio con especial y marcado énfasis. Bachiller es un espíritu eminentemente liberal y no es sólo un profesor que aspira a comunicar a sus alumnos los principios de una ciencia. Es un ciudadano cabal que pretende ser útil a la sociedad.

En su lección inaugural de esta nueva cátedra señala las relaciones que existen entre la economía y la moral. La primera es el apoyo más firme y seguro de la segunda. Son vanos los esfuerzos de los moralistas, mientras la ciencia de las costumbres no tenga por una de sus bases principales el interés material. El profesor sustentaba una tesis realista. La virtud no puede existir por sí sola y hay que excitarla mediante la creación de un ámbito propicio y amable. Un hombre maltratado por las circunstancias sociales, carente de las cosas imprescindibles para la subsistencia no puede heroicamente cultivar las virtudes. Para proceder rectamente es menester tener seguro un mínimo de bienestar. Hay que estar adecuadamente instalado para ser bueno y obrar moralmente como lo demandan los intereses de la comunidad.

La más útil, la más necesaria, la más positiva de todas las ciencias es la Economía Política dijo al inaugurar en 1841 su segundo curso. Y entreverada con estas y otras ideas estaba su pasión por Cuba. Necesita ser útil a la tierra en que nació.

En 1842 se consuma la reforma universitaria y nombran a Bachiller profesor de Filosofía del Derecho o Derecho Natural y el sabio maestro desborda su genuina erudición. Explica con amor, con verdadero apasionamiento. Maneja a los más renombrados y más actuales tratadistas, pone en las doctrinas el personal matiz de su interpretación. Enseña y educa. El mismo es una lección entera. Y para facilitar el estudio de la disciplina a su cargo, escribe y publica un libro sobre la materia.

En 1863 se crea el Instituto de Segunda Enseñanza de La Habana y se le nombra director. En el mismo permanece hasta que el año de 1868 quiebra la paz cubana.

Antonio Bachiller y Morales es un hombre múltiple. Su saber es enciclopédico. Sus actividades son amplísimas. Le interesa todo lo humano. Y todo lo cubano enciende la pasión de su espíritu. Es un publicista y un profesor, pero es, además, un ciudadano que no puede desasirse de la circunstancia social en que está inserto. Sabe que no basta con ser bueno, hay que ser útil. No es suficiente ser un hombre honorable, hay que vivir cívicamenete, con sentido de comunidad. No se puede ser un egoísta metido en sí, en el mundo sereno de su biblioteca, de su cátedra, de su hogar, mientras en torno padece miserias materiales y limitaciones políticas un pueblo del que se procede. Por eso Bachiller no es un evadido. No tiene militancia política, ni es un revolucionario, pero dentro de la situación española, que él no puede alterar, sirve a su país.

En servicio del país desempeña diversos cargos honorarios con numerosas funciones: en la Caja de Ahorros, Descuentos y Depósitos de La Habana, en la Junta de Fomento, en la Casa de Maternidad y Beneficencia y en el Ayuntamiento de La Habana mientras explica sus cátedras, escribe e investiga. En todo deja la huella de su sapiencia, de su rectitud, de su honradez, de su irrefrenable impulso de bien. Esto es lo esencial en Bachiller.

Está presente en todo. Es un hombre que se multiplica. Está en la Comisión de Instrucción Primaria, en las Escuelas Dominicales, en el Liceo de La Habana, en la Sección de Agricultura de la Sociedad Económica, y publica un extensísimo tratado de agricultura y otro de Filosofía del Derecho. Parece un hombre del Renacimiento. Hace la historia de las letras y de la instrucción primaria en Cuba, compone los primeros catálogos de las publicaciones periódicas y de los libros y folletos que se han publicado en Cuba hasta 1840, publica "Cuba primitiva", ejerce el Decanato de la Escuela de Filosofía. Es un ostensible y militante abolicionista. Luchaba contra el tráfico de negros por razones cubanas y por sentimientos de sincera humanidad.

Defendió su tesis con el mismo civismo con que se opuso a la expulsión del seno de la Sociedad Económica de David Turnbull, el

Cónsul inglés. Dejó patente su protesta, y nada le importó ganarse la ojeriza de las autoridades metropolitanas, que fueron las instigadoras de la expulsión.

Cuba está en guerra contra España, y Bachiller no puede permanecer indiferente al drama. En 1869 ocurren en La Habana, provocados por los voluntarios, alarmantes sucesos. Un grupo de prohombres sanamente inspirados en el bien del país se reúne en casa del Marqués de Campo Florido para estudiar la situación cubana y decidir alguna gestión a favor de Cuba, como manera de superar la situación bélica que vive el país. Bachiller asiste a estas reuniones, y se le nombra ponente de las medidas que deben solicitarse del Gobierno español. Lo que el cubano redacta es un proyecto de autonomía para la Isla.

Esta prueba de sereno patriotismo exhibida por Bachiller sublevó a los voluntarios, quienes desbordados de ira, apedrearon su casa de la calle San Miguel y pretendieron inútilmente hollarla. Detrás de las bien cerradas puertas estaban adecuadamente armados su hijo Antonio, su hija Adela y los fieles sirvientes.

Es un español el que salva a Bachiller de la prisión. El celador del barrio le hizo saber que había contra él una orden de arresto. Sigilosamente, con su familia, a bordo de un barco norteamericano, salió Bachiller hacia los Estados Unidos. Atrás quedaron la patria, la casa saqueada y la tumba de su hijo Alfredo.

Nueva York fue la nostalgia, la pobreza, la angustia, dolor de patria y dolor de familia. Bachiller tenía ya cincuenta y seis años y era necesario comenzar de nuevo, reconstruir su vida. Era menester ganarse el sustento en un país ajeno. Tuvo que movilizar todas las energías de su entereza, todas las reservas de su voluntad, todas las fuerzas de su carácter. Hecho a holguras y comodidades se vio descendido a precariedades y estrecheces sumas. Nada sobraba y a veces faltaba lo imprescindible.

Para vivir escribió en periódicos y revistas, hizo traducciones, compuso una guía de la ciudad neoyorquina. Se hizo ciudadano norteamericano. Y con esta ciudadanía retornó a Cuba en 1878. A ella regresó con el alma acribillada de dolores. Había acabado la contienda sin victoria y en ella había perecido su hijo Antonio. Era muy grande todo lo ocurrido para que el regreso significara la continuación de la vida anterior. Por haber renunciado a la ciudadanía española se le impidió ejercer su profesión de abogado y se le borró de las listas de la Sociedad Económica de Amigos del País.

Sus bienes le habían sido devueltos, había recuperado, aunque muy disminuída, su biblioteca, pero el tiempo en conjunción con fatales circunstancias había deshecho lo que no podía rehacerse. La vida del erudito había perdido la serena alegría que la había presidido. Su alma estaba empañada por un profundo y callado dolor, tan silencioso como intenso.

No hizo alarde de su dolor. Vivía refugiado en su hogar. Escribía en la *Revista de Cuba* y daba sus esfuerzos a la Sociedad Antropológica de La Habana. Volvió a reunir en tertulias amenas y fecundas en torno a sí a lo mejor de la intelectualidad cubana. Enrique José Varona, Manuel Sanguily, Rafael Montoro, José Antonio Cortina, Miguel Figueroa, Figarola Caneda, Raimundo Cabrera, Eliseo Giberga y otros de igual categoría. Todos van a su casa en busca de su sabiduría, de su palabra erudita, de sus luminosas orientaciones. Ya es un hombre de setenta años, que se alza como un pedazo de historia, como un símbolo de las mejores tradiciones de la cultura cubana. Todos contemplan en él como una institución nacional. Él es la cultura, pero es también la militancia intelectual, desarrollada a través de la cátedra, del periodismo, del libro, de la prédica. Se alza frente a las jóvenes generaciones con una indiscutible y auténtica jerarquía de maestro. Nadie hasta entonces investigó más que él, ni escribió tanto, ni exhibió tanta curiosidad, ni se desveló tanto en busca del puro saber y del conocimiento práctico y útil.

De política no quiso escribir una sola palabra más. Era inútil su palabra, ya desmayada por agobios y agravios. Comprendía que ese empeño tocaba a otros hombres. Y para emitir una opinión tenía que ser sincera, y por sincera disparada contra las injusticias, incomprensiones y terquedades de España. Por eso prefirió quedar anegado en el silencio.

Ya estaba en la ancianidad cargado de glorias intelectuales. Era miembro de la Academia de Anticuarios del Norte de Europa, de la Sociedad Arqueológica de Madrid, de las Sociedades de Historia de Nueva York, Filadelfia y Pensilvania, del Círculo de Hacendados de La Habana, de las Sociedades Económicas de Santiago y Puerto Rico. En 1881 el Congreso de Americanistas de Madrid había hecho elogios sumos de su obra *Cuba Primitiva* y dispuesto su publicación. Nuevos libros enriquecían su bibliografía. Entre ellos "Antigüedades americanas". Y por encima de todos sus blasones tenía el privilegio de poder contemplar, desde la cumbre de sus años, la rectitud, la fecundidad y la nobleza de su existencia, siempre en pos de la cultura, de la justicia, de la libertad y de la paz.

Fuera de Cuba, en la ciudad de Nueva York, en casa de su hija Antonia, casada con Néstor Ponce de León, sufrió un ataque cerebral. De regreso a La Habana se situaba frente a su biblioteca, y aquellos libros no eran más que tristes recuerdos, objetos inútiles, suscitadores de angustias. Era un hombre muerto que respiraba aún sobre la tierra. Pudo caminar, pudo mover los brazos pero no pudo leer más, que era no vivir.

Así, en su casa de la calle Reina vivió sus últimos días. Allí murió el 1º de enero de 1889, a los setenta y seis años. Su entierro fue un acontecimiento. Se le rindió el homenaje que merecía una existencia de virtud y creación. El fúnebre cortejo fue precedido por ciento sesenta niños del colegio "*San Rafael*". Los habaneros vivieron de veras el duelo de su muerte. El Conde Kostia habló del sabio modesto, del cumplido caballero y del cubano excelente. Exaltó su ilustración sin pedantería, su dignidad sin alarde, su bondad sin bajezas. José Martí escribió de su vida, larga y feliz, empleada amorosamnete en el servicio de la patria, de su laboriosidad pasmosa, de su juventud perenne, de su afán de saber y de la limpieza de su ejecutoria. Lo llamó "americanista apasionado, cronista ejemplar, filólogo experto, arqueólogo famoso, filósofo asiduo, abogado justo, maestro amable, literato diligente, orgullo de Cuba y ornato de su raza". Rafael Montoro exaltó el prestigio de su historia, la universalidad de sus estudios, el vigor de su laboriosa ancianidad, y vio en la vida de Bachiller la prueba irrefutable de cómo "la bondad y la pureza del alma, la benevolencia y el entusiasmo de los corazones generosos tienen siempre una eficacia soberana para el adelanto intelectual y moral de los pueblos, a despecho de todo género de deficiencias y adversidades".

Murió en paz Antonio Bachiller y Morales. Realizó una tarea y dejó una lección. Trabajó con la inteligencia en busca de la verdad. Vivió consumiéndose en un infatigable ideal de cultura. Creyó en el saber, en los valores espirituales, en el derecho, en la justicia, en la libertad, en Dios. Soñó con la fraternidad de los pueblos. Creyó que todo era posible si los corazones lo aspiraban realmente. Alumbró zonas inéditas del saber, divulgó sus conocimientos, predicó lecciones de civismo y moralidad, y todo lo hizo con la sencillez y la modestia de un veradero sabio y de un homber bueno. Sembró sin ruido. Sirvió sin alarde. Se afanó por ser útil sin perseguir recompensa. Se dio en generosidades extremas sin buscar premios. Amó a los hombres y olvidó agravios. Murió sin saber lo que era el odio, sin haber hecho mal a andie, sin sentir en la conciencia la sombra de un remordimiento. Por eso se apagó su mirada azul con tanta serenidad.

Cirilo Villaverde (1812)

El novelista que dominó con su obra medio siglo de los ochocientos nació el 28 de octubre de 1812, en San Diego de Núñez, territorio de Bahía Honda, en la provincia de Pinar del Río. Vino al mundo en el batey de un ingenio. Su padre era médico. A los once años lo mandó a estudiar a un colegio de la capital.

A los dieciséis está en el seminario San Carlos, estudiando filosofía. Atraído por la pintura, se matricula en la Academia de San Alejandro. A los veintidós se gradúa de abogado, pero se dedica a la enseñanza. Mientras tanto, publica sucesivos relatos en las páginas de "Miscelánea de útil y agradable recreo".

Se traslada a Matanzas, donde sigue dentro de la enseñanza. Redacta algunos libros de texto. Y hacia 1842 retorna a la capital, donde continúa la publicación de sus relatos, ahora en *El Faro Industrial*. No son pocos los lectores suyos que han leído, leen y leerán "La peña blanca", "El ave muerta", "La cueva de Taganana", "El perjurio", "La peineta calada", "Dos amores", "El penitente", "La excursión a la Vuelta Abajo", "El espetón de oro", "Engañar con la verdad", "Lola y su periquito", "La cruz negra", "La joven de la flecha de oro".

En 1839 publica "Cecilia Valdés", sobre la que vuelve al cabo de los años. La concluye en 1879. Y en 1882 circula la versión definitiva de la que será la novela cubana más importante del siglo XIX y una de las más notables de toda la novelística hispanoamericana. En ese año el novelista llega a los setenta.

El libro es un vasto y cromático mural de La Habana a través de la década que corre de 1830 a 1840. El escritor es un costumbrista que está dentro de la corriente del Romanticismo realista o del Realismo romántico. En el autor se perciben las influencias de los novelistas franceses, ingleses y españoles.

Pero Villaverde es algo más que un novelista. Es un patriota. Comprometido con Narciso López en la conspiración de La Mina de la Rosa Cubana, es él quien pone al caudillo en contacto con el Club de La Habana, integrado principalmente por hacendados cubanos interesados en la anexión. Detenido, se le encarcela. Se le juzga y condena por conspirador, pero se escapa y llega a Nueva York, sede de los anexionistas. El Lugareño lo nombra director de *La Verdad*, vocero de la Junta Cubana, fundada y alentada por don Gaspar.

Fue secretario de Narciso López. Estuvo presente en el grupo que confeccionó la bandera que el venezolano va a enarbolar en Cárdenas. Firma el manifiesto que éste va a llevar a los cubanos invitándolos a que se sumen a los invasores.

Fracasadas las dos expediciones y ejecutado López, Villaverde se queda en Nueva York, donde contrae matrimonio en 1855 con Emilia Casanova, que tanto se va a destacar en las luchas por la independencia.

Volvió a la enseñanza y llegó a fundar su propio colegio. Retornó al periodismo, alternando la literatura con la política, siempre a favor de la libertad de Cuba. Su militancia anexionista, como la de tantos, no fue más que una estrategia impuesta por las circunstancias. Era en esos momentos la única opción posible.

En 1858 volvió a Cuba tras una década de ausencia. Con Francisco Calcagno editó la revista *La Habana*. Compró una imprenta, La Antilla, pero no pudo permanecer más de tres años. En el 61 retornó a Nueva York, donde siguió los dramáticos avatares de la Guerra Civil. Y más tarde el proceso de la guerra iniciada por Céspedes en 1868.

En 1888 regresó una vez más a Cuba, pero sólo por dos semanas. Hacía seis años que se había publicado la definitiva versión de su novela y era un novelista totalmente consagrado.

Definitivamente radicado en Nueva York, murió el 20 de octubre de 1894, a los ochenta y dos años. Martí le dedicó en *Patria* uno de esos elogios que sólo él era capaz de escribir.

¿Qué es Cecilia Valdés? ¿Por qué es tan importante? La famosa novela tiene un antecedente, bajo su mismo nombre, y es un breve relato que en 1839 publicó el novelista. Esto no fue más que el núcleo que, al cabo de cuarenta y tres años, culminará con la versión definitiva que publica en 1882 en Nueva York, con un subtítulo, "La Loma del Ángel".

Se trata de una narración histórico-costumbrista. El joven Leonardo, hijo de Cándido Gamboa, se enamora de una muy atractiva muchacha: Cecilia Valdés. No sabe él que ella es hija de una relación ilegítima de su padre con la mestiza Charo Alarcón. Leonardo conquista a Cecilia y la convierte en su amante. Por otra parte, ella tiene un enamorado José Dolores Pimienta.

Leonardo tiene su novia, con la que se va a casar. Enterada de este hecho, Cecilia, en combinación con Pimienta, concibe un plan para asesinar a la novia, Isabel Lincheta en la iglesia. Pero Pimienta no la mata a ella, sino al novio, que es su rival.

Esto es el episodio central, pero no lo más importante de la obra, en la que actúa un gran número de personajes, que han sido identificadas con las correspondientes personas vivas en aquél tiempo. Además, la novela ofrece una visión impresionantemente completa y vívida de La Habana en la década de los treinta, con todas sus costumbres y vivencias.

El novelista enfoca a la sociedad habanera en todos sus niveles, desde la Capitanía General, la nobleza, la burguesía, la clase media hasta los esclavos. La novela es un gran mural en tres dimensiones. Y más que pintura, es una realidad que se impone viva a los ojos del lector. Villaverde sabe seleccionar a sus personajes, que son seres que viven la cotidianidad habanera y que describe en caliente a través de sus costumbres.

Hay que reconocerle al autor una superior habilidad para describir lugares como el barrio del Ángel, las casas, los mercados, los ingenios, los cafetales. Lo mismo hace en cuanto a las costumbres: bailes, paseos, fiestas populares, tradiciones religiosas... Con igual brillantez retrata a sus personajes: el hacendado, el traficante, el funcionario civil, el militar, el infeliz negro flagelado...

José Silverio Jorrín (1816)

Nació en La Habana el 30 de junio de 1816. Comenzó sus primeros estudios en buenas escuelas como la "Carraguao", dirigida por José de la Luz y Caballero. Se graduó de abogado en 1841. Y antes de comenzar el ejercicio de su profesión quiso conocer otras tierras. Viajó a los Estados Unidos, siguió para Europa y recorrió sus más importantes países.Dotado de una tan fina sensibilidad no le bastaba ver las edificaciones y plazas sino que puso toda su atención en los habitantes y en su nivel de vida.

Con toda esta variada y rica experiencia regresó a Cuba y fue nombrado oídor de la Real Audiencia de La Habana y después se le trasladó a la de Burgos, a la que no tardo en renunciar. Jorrín era un habanero que gustada de su ciudad a pesar de la naturaleza del régimen.

Fue concejal y síndico del municipio capitalino. Había nacido con un fuerte espíritu público y trabajó bajo el mismo hasta ser notoriamente reconocido. Tuvo que ver con la construcción de una nueva necrópolis. Escribió un tratado de dibujo para la enseñanza. Todo lo que tenía que ver con la misma le apasionaba y se afanó porque la recibieran los más con la mejor calidad posible.

Se preocupó por el mal estado en que estaba instalada la Universidad y movilizó sus esfuerzas para la construcción de un adecuado edificio. No menos sensible fue para la agricultura, que le parecía muy rudimentaria y para mejorarla promovió que se mandara jóvenes a Europa para que allá aprendieran todo lo necesario y volvieran graduados de agrónomos. Y este empeño se hizo realidad en Bélgica.

Como escritor Jorrín colaboró mucho en las mejores publicaciones. Esta labor mereció los aplausos de algunos intelectuales como el novelista Anselmo Suárez y Romero. Con una muy buena prosa escribía sobre temas de filosofía de literatura y de historia. Gozaba la cultura y aspiraba a difundirla. Era un hombre que siempre pensaba en los demás en todos los órdenes. Enterado de que un ilustre cubano estaba con el agobio de una fuerte deuda, la saldó y todo quedó olvidado.

En 1863 ocupó la tribuna del "Liceo de Guanabacoa" y disertó sobre las Bellas Artes y la posible influencia de las mismas en la población. Montoro, que veinte años después tratará el tema, consideró lo de Jorrín como una de las más altas joyas de las letras cubanas.

En Jorrín había una pluralidad de vocaciones. Aparte de servidor publico, de eminente abogado, de elocuente tribuno, es historiador. Le apasiona la figura de Colón y escribe su biografía. No le basta y vuelve al tema con "Colón y la crítica contemporánea", "Colón y Estados Unidos" y "Disquisiciones Colombianas". Y en 1892 aborda el descubrimiento por su cuarto siglo.

Al margen de la política, al fundarse el Partido Autonomista se afilia al mismo y éste lo manda a las Cortes y por dos veces está en el Senado. La primera por Camagüey y la segunda por la Universidad. Y se lució con tanta cultura y tanta elocuencia. Puso muy alto el nombre de Cuba, pero a los españoles no les interesaba la autonomía.

Fue un ejemplar cubano, un sabio escritor, un sutil pensador. En cuanto a Cuba había escrito una monografía titulada "España y Cuba", que por razones de seguridad no le puso su nombre y se le conoce como el Folleto de Ginebra. Circuló 1876 cuando se desarrollaba la Guerra del 68, Era tan liberal como antiesclavista.

Falleció en La Habana el 20 de diciembre de 1897, cumplidos los ochenta años, cuando los cubanos, convocados por Martí, peleaban por la independencia de la isla.

Miguel Aldama (1820)

Entre los creadores de la conciencia nacional cubana hay economistas como Arango y Parreño, filósofos como Varela, poetas como Heredia, sociólogos como Saco, educadores como Luz y entre ellos un millonario como Miguel Aldama, cuya residencia en La Habana es un palacio que ha llegado a nuestros días.

¿Cómo se explica este hecho? Bajo las iniciativas de Arango y Parreño empezó a transformarse la economía cubana, sobre la base de la explotación azucarera en gran volumen con la complicidad del trabajo esclavo de los negros. Si la sublevación de los africanos de Haití, con la quiebra de su economía, fue una coyuntura, la guerra de España contra las tropas de Napoleón, en pos de la reconquista de su independencia, abrió otra posibilidad para la trata. Dentro de la sociedad colonial de Cuba surgió un área estrictamente de nativos que fueron los grandes protagonistas y los principales beneficiados del auge que tuvieron la agricultura, el comercio y la industria.

Ya en 1818 había culminado el lento proceso de la política sobre la libre navegación. Todos los puertos habilitados de la Isla empezaron a poder comerciar con el extranjero. El auge del azúcar se traduce en la existencia de mil doscientos ingenios, con una exportación superior a diez millones de arrobas. El café exportado llega a dos millones. El desestanco del tabaco promueve su desarrollo agrícola, industrial y comercial, dentro y fuera de la Isla. La revolución industrial que se desarrolla en Europa demanda el hierro y el cobre de la Perla de las Antillas. Tanto las exportaciones como las importaciones llegan a veinticinco millones de pesos anuales.

Cuba avanza técnicamente. Los dueños de ingenios los modernizan. La máquina de vapor sustituye al viejo trapiche. Bajo la iniciativa de hacendados cubanos se inaugura la primera línea férrea, entre La Habana y Bejucal, en 1837, cuando no había ocurrido en España hecho semejante. El camino de hierro sigue a Güines. En 1843 ha llegado a Batabanó, que es puerto de mar en la costa sur. Luego la red ferroviaria llegará a San Antonio y hacia el oeste llegará hasta Guanajay. La miel y el ron se convierten en dos productos exportables en considerable volumen. Crece la banca.

Uno de los cubanos millonarios como consecuencia de todo este florecimiento económico es Miguel Aldama, nacido en La Habana, en 1820 de padre español y madre nativa de la Isla. Se educó en Europa, a través de Alemania, Inglaterra y Francia. Estos estudios y experiencias lo capacitaron para asumir la responsabilidad de los bienes de su padre, que el acreció con su talento. En su fortuna aparecían intereses vinculados al azúcar, a bancos, al ferrocarril, a la marina mercante, a seguros marítimos...

Pero Aldama había nacido en Cuba y se sentía cubano. ¿Cómo aceptar el coloniaje de su patria y con el mismo el mal gobierno de España? Fue así que en 1847, en su palacio, surgió el Club de La Habana, una sociedad secreta formada por hombres del nivel intelectual y del calibre financiero de él, creada para trabajar por la anexión de Cuba a los Estados Unidos como el primer paso para lograr la superación del destino nacional de Cuba. Fue un movimiento paralelo al de Narciso López, comenzando en Trinidad, en Camagüey, bajo el liderazgo de Gaspar Betancourt Cisneros. Pero, mientras éste era abolicionista, los habaneros, por razones económicas, aspiraban a mantener la esclavitud y la trata que la nutría.

Desaparecida la posibilidad anexionista, surgió la tesis de la reforma siempre promovida por Saco bajo los auspicios de Francisco Serrano, Capitán General de la Isla. Y Aldama fue uno de sus líderes. El tuvo el honor de alojar a José Antonio en su palacio, cuando llegó a La Habana, en 1860.

Liquidado el reformismo, con el fracaso de la Junta de Información. y comenzada la guerra, bajo el liderazgo de Carlos Manuel de Céspedes, en 1868, Aldama se suma a la causa independentista, y está en Nueva York dentro de la Junta Revolucionaria que preside José Morales Lemus. Con ellos José Manuel Mestre y el joven Enrique Piñeyro.

Lamentablemente muerto Morales Lemus y nombrado Manuel de Quesada agente exterior de la revolución después de haber sido destituido de jefe del ejército, comenzó la rivalidad entre Aldama y el militar que era cuñado del presidente de la República de Cuba en armas. En vano Céspedes mandó a Francisco Vicente Aguilera para que asumiera la jefatura del exilio. El exilio siguió dividido y enconado entre sí.

Cuando Aguilera regresó de Europa, Aldama le acosó hasta atormentarlo.

Al cabo de una década de infructuosos esfuerzos, acabó la Guerra de los Diez Años. Miguel de Aldama se sentía frustrado una vez más. No logró ver la anexión de la Isla a los Estados Unidos, ni las reformas esperadas de España, ni la conquista de la independencia. Y bajo esta triple desilusión murió en 1888. Pero a las generaciones que le fueron coetáneas y a las posteriores dio el magno ejemplo de un millonario que supo poner su fortuna al servicio del ascenso de su patria.

Nicolás Azcárate (1828)

Nació en La Habana en 1828. En el 54 se gradúa de abogado en Madrid y regresa a su ciudad natal para montar uno de los bufetes más famosos de todos los tiempos. A sus conocimientos jurídicos se sumaba su reposada y fluida elocuencia. Apasionadamente interesado en la cultura funda el "Liceo de Guanabacoa". Por su tribuna pasaron todos los grandes intelectuales y todos aquéllos que sin estar consagrados mucho se podría esperar de ellos.

En 1865 funda con dos colegas la "Revista de Jurisprudencia", tan necesaria para el ejercicio de la abogacía. Y en el 66 regresa a España como delegado a la Junta de Información que ha promovido Francisco Serrano a fin de que los cubanos expusieran sus aspiraciones en cuestiones políticas, sociales y económicas. Lamentablemente a los españoles no le interesaba hacer cambios en la isla que era una rica fuente de ingresos para la Corona.

Azcárate era un admirador de Saco y tan reformista como el bayamés. Con mucho entusiasmo fue a Madrid. En las sucesivas reuniones intervino para defender las reformas que se necesitaban para el progreso de la isla. Desilusionado tuvo que aceptar el fiasco con que terminó el programa tan brillantemente presidido por José Morales Lemus.

Se quedó en Madrid y fundó dos sucesivos periódicos: "La Voz del Siglo" y "La Constitución", nombres realmente muy significativos. Con ellos comenzó una tenaz carrera periodística. Si no dejó ningún libro, escribió centenares de artículos especialmente dedicados a la problemática cubana. Era un cubano que tenía a Cuba como su más vehemente militancia.

Regresado a la isla, empieza a convocar las "Noches Literarias", que se celebraban en su propia casa. No quedó poeta, novelista, dramaturgo, historiador, pensador que no interviniera en esas jornadas culturales hasta el 76, cuando Valmaseda le ordena que salga del país.

Se dirige a México donde conoce a Martí y queda profundamente impactado con su personalidad, su elocuencia y sus ideales patrios. Y cuando Juan Gualberto Gómez arriba a suelo mexicano es él quien pone en contacto a los dos jóvenes. Vuelve al periodismo y funda la revista "El eco de dos mundos".

Con la paz del Zanjón regresa a La Habana y se instala en su bufete para seguir su fecunda carrera de abogado. Y continúa con las actividades del "Liceo de Guanabacoa". Y cuando Martí llega a La Habana se pone a su disposición y lo invita a ocupar la tribuna para que evoque al poeta Alfredo Torroella que acaba de morir. Si las "Noches Literarias" dejaron de existir por su ausencia de Cuba en el 82 promueve las "Conversaciones Literarias", con más modestia pero con el mismo éxito.

El regreso de Azcárate coincide con la fundación del Partido Liberal que pronto, con los más brillantes figuras, se convertirá en el Partido Autonomista. Pero Azcárate se reafirma en su reformismo aunque ya Saco haya desaparecido totalmente desilusionado.

A pesar de sus años. Azcárate es la conciencia cubana en acción. Y organiza una asociación de escritores y artistas. Y si con el tiempo desaparece el "Liceo de Guanabacoa", funda ahora "El Progreso de Jesús del Monte".

Desde el 92 Azcárate empieza a tener noticias de las actividades de Martí en Cayo Hueso, Tampa, Santo Domingo, Jamaica, Costa Rica... No lo censura, pero no cree que el poeta que él conoció sea capaz de llevar a cabo una revolución que cuente con el apoyo del pueblo cubano y que triunfe.

Nicolás Azcárate murió en 1894, antes de que se produjera el 24 de febrero del 95.

Juan Clemente Zenea (1832)

Además de José María Heredia, hubo otro poeta que se identificó con el destino de Cuba y las aspiraciones separatistas del pueblo cubano. Fue Juan Clemente Zenea, nacido en Bayamo, el 24 de febrero de 1832. Su padre pertenecía al ejército español. Su madre era hermana del bardo José Fornaris, creador del siboneyismo poético.

Al ser trasladado el padre a España, a pesar de haber nacido en la Isla, Juan Clemente queda al cuidado de su tío Evaristo Zenea. En la capital se desarrolla su vocación literaria. Hace periodismo, y por razón de su timidez oculta su nombre con el romántico seudónimo de Adolfo de la Azucena. Ha llegado ya a dominar el inglés y el francés.

El ajusticiamiento de Narciso López, tras el fracaso de su segunda expedición, en 1851, conmueve al poeta de diecinueve años. Escribe su primera oda patriótica. Y no puede en estos momentos sospechar que veinte años después él será fusilado por sus ideales revolucionarios.

Después de haber escrito en "La Prensa de La Habana", lo hace en "El Almendares". El joven periodista y poeta está bajo el ojo inquisitivo de la policía española, pues el mencionado periódico se edita en la imprenta de Eduardo Facciolo, sobre quien hay serias sospechas de incidencia. Efectivamente, el impresor editaba "La Voz de Cuba", que hacía circular clandestinamente hasta que el joven patriota fue descubierto y ajusticiado el 28 de septiembre de 1852.

Se dispone la detención de Juan Clemente, pero éste logra huir, y llega a Nueva Orleans donde encuentra un grupo de revolucionarios organizados bajo el nombre de "El Orden de la Nueva Cuba". Enseguida empieza el patriota a escribir virulentos artículos contra España. Pero, no permanece en Louisiana. Se dirige a Nueva York, que es el mayor centro de actividades revolucionarias. Se afilia a "La Estrella Solitaria", que es una sociedad separatista. Y comienza a publicar en "La Verdad". Sigue escribiendo contra el régimen metropolitano y él mismo se encarga de enviar sus escritos al Capitán General con su propia firma.

Como consecuencia de estos despachos llegados a La Habana, se impulsa el proceso judicial que ya se había comenzado en 1852. Pero, llega a Cuba un nuevo gobernador, Juan de la Pezuela, con ánimos conciliadores, y decreta una amnistía. Zenea se acoge y regresa a la Isla, pues el espectáculo que ha contemplado entre la colonia cubana lo ha dejado totalmente defraudado.

Juan Clemente permanecerá en La Habana entre 1854 y 1865. Ingresa como profesor en "El Salvador", el colegio de José de la Luz y Caballero. Enseña inglés y literatura inglesa. Escribe en la "Revista de La Habana", del poeta Rafael María Mendive. Colabora en "Las Brisas de Cuba", que publican unos jóvenes cultivadores del verso. Deciden editar un volumen con los poemas de Zenea, y en 1860 imprimen los "Cantos de la tarde". El libro consagra al bayamés.

Desaparecida la "Revista de La Habana", él funda la "Revista Habanera". Aparte de poesía escribe mucha prosa, como su estudio sobre la literatura en los Estados Unidos. Al recoger esos artículos en un libro, da un volumen de doscientas páginas. Aborda asimismo a figuras literarias, bajo el título de "Mis Contemporáneos".

Al cabo de una década abandonó la Isla hacia Nueva York, llevando con él a su mujer, Luisa Mas. Se aventuró en una empresa comercial y perdió. Ante esa situación escribió al poeta cubano Pedro de Santacilia que vivía en México, casado con una hija de Benito Juárez. Invitado a ir a ese país, tan pronto llegó fue nombrado director del "Diario Oficial".

Y en México vivió hasta que le llegó la noticia del alzamiento 10 de octubre de 1868, protagonizado por Carlos Manuel de Céspedes, bayamés como él. El patriota sacrificó el bienestar y la tranquilidad que disfrutaba. Pensó que su deber estaba en Nueva York. Y llegó a esta ciudad con la aspiración de ir a Cuba a fin de incorporarse a la revolución.

Efectivamente, ya estaba a bordo del barco que lo conduciría cuando el mismo fue intervenido por la policía del puerto al descubrir su destino. Mas no cejó. Insistió en el empeño de ir a la patria, y con el grado de teneinte coronel que le fue otorgado navegaba ya cerca de Nassau, cuando los ingleses se apoderaron de la embarcación. Con Zenea iba el gran cubano Domingo Goicouría. Ambos tuvieron que retornar a Nueva York.

Empezó a escribir en el periódico "La Revolución", fundado por Enrique Piñeyro. Era el órgano de la Junta Central Republicana de Cuba y Puerto Rico, que presidía Miguel Aldama. Mientras tanto, Juan Clemente padece profundamente ante el espectáculo de desunión que exhibe la emigración.

No pudo sospechar Juan Clemente lo que para él significaría la misión que le pidió el prestigioso reformista Nicolás Azcárate. Este había llegado a Nueva York, procedente de España, con una encomienda que le había dado Segismundo Moret, a la sazón Ministro de Ultramar. El político español aspiraba a un entendimiento con los patriotas cubanos levantados en armas y con la Junta revolucionaria que funcionaba en Nueva York. Esta rechazó las proposiciones procedentes de Madrid.

Ante esta situación, Azcárate buscó otra vía. La misma lo condujo a Zenea, su amigo y admirado poeta. ¿Por qué Juan Clemente aceptó la misión de ir a Cuba y entrevistarse con Carlos Manuel de Céspedes para exponerle los planes reformistas de Moret? Lo cierto es que puso una condición: si el hombre de Guáimaro no aceptaba lo que se le ofrecería, él se quedaría en la Isla para pelear por la independencia de Cuba.

Resuelto el viaje, el ministro de España en Washington, cumpliendo instrucciones de Moret, proveyó a Zenea de un salvoconducto. Y se lanzó a cumplir la difícil misión encomendada. Al fin se vio frente a Céspedes. Éste no quiso ni siquiera entrar en detalles. Rechazó de plano la proposición del Ministro de Ultramar.

En consecuencia con sus sentimientos, Juan Clemente quiere quedarse junto al presidente de la República en Armas, pero éste insiste en que es menester que retorne a Nueva York para que informe personalmente a Azcárate sobre lo ocurrido. Además, Carlos Manuel quiere encomendarle algunos asuntos oficiales, hecho que prueba que no se dudó de él porque se prestara a ser portador de una propuesta española. Más aún: el ilustre insurrecto desea que el poeta se llevara con él a su esposa, Ana de Quesada. No se podía perder esta oportunidad que se presentaba, ya que por el emisario vendría, a treinta días de su llegada, una embarcación.

Zenea y la señora de Céspedes esperaron la nave en un lugar conocido con el nombre de El Sabinal. Pero allí aparecieron fuerzas españolas. En vano esgrimió el salvoconducto. Se le apresó. Se le mandó a Puerto Príncipe. De aquí a una mazmorra de La Cabaña. Fueron inútiles los clamores de Azcárate ante Moret. Por otra parte, como consecuencia de la permanente inestabilidad de España, don Segismundo había salido del Ministerio de Relaciones Exteriores.

Juan Clemente quedó al arbitrio del Capitán General, el Conde Valmaseda, de muy triste memoria. El proceso judicial siguió adelante. Mientras tanto, el poeta se consumía. Envejecía por horas. Estaba física y moralmente destruido. Un Consejo de Guerra lo condenó a morir en garrote vil. Por falta de verdugo se le fusiló el 25 de agosto de 1871. Tenía treinta y nueve años.

¿Cómo fue posible tamaño crimen? ¿Cómo pudo Valmaseda ignorar un salvoconducto expedido por su ministro en Washington? Es posible que sobre su ánimo gravitaran los revolucionarios antecedentes de Juan Clemente. Él había tenido que huir de Cuba cuando se produjo el caso de Eduardo Facciolo, y desde ese momento se convirtió en un enérgico defensor de la independencia de su patria, y no tenía por entonces más de veinte años. No podía ignorar tampoco el gobernante español la oda "Al 16 de agosto de 1851", con motivo del ajusticiamiento de cincuenta de los expedicionarios venidos con Narciso López.

Desde entonces Cuba será una permanente presencia en la magnífica obra poética de Zenea. La patria aparece en las páginas de "Cantos de la Tarde". Fue en esta colección en que apareció su romance "Fidelia", que al cabo de un largo siglo no ha perdido su elegíaco encanto. En su famoso nocturno "En días de esclavitud" se revela el alma del poeta y exhibe los ácidos dolores que la colmaban; "Tengo el alma, Señor, adolorida, por unas penas que no tienen nombres, y no me culpes, no, porque te pida otra patria, otro siglo y otros hombres...". En la segunda parte de este poema, bajo el mismo título, confiesa: "Porque buscamos libertad, y vemos la fe perdida y la existencia ajada, y ya no más sobrellevar podemos la esclavitud de nuestra tierra amada...".

Muchos años después hay palabras de Zenea en ese poema que tienen una impresionante actualidad: "¿Qué nos fuerza a emigrar?... Que allá para morar como lo brutos basta ser al oprobio indiferente,... basta seguir de la lisonja al gremio para gozar de imperturbable calma...?". Y a éstas y a sus muchas composiciones patrióticas, hay que añadir el "Diario de un mártir" compuesto por dieciséis poesías desgarradoras, escritas durante el cautiverio. He aquí un ejemplo: "Quisiera a mi hogar volver, y allí, según mi costumbre, sin desdichas que temer, verme al amor de la lumbre con mi niña y mi mujer".

José Martí (1853)

Es la culminación de la historia de Cuba y de su pensamiento en el siglo XIX. Nació en La Habana el 28 de enero del 53. En un hogar humilde. El padre es valenciano y está al servicio de España en funciones de orden público. La madre es nativa de Islas Canarias. Lo de la calle de Paula de su nacimiento no es todo felicidad. El progenitor suele descargar su virulencia y sus frustraciones sobre la familia. En el delicado espíritu del sensitivo niño repercuten los incidentes domésticos.

A los ocho años da prueba de su despejo mental y de una prematura habilidad literaria cuando asiste a don Mariano en sus deberes de capitán pedáneo en el partido de Hanábana, en la provincia de Matanzas. La carta a la madre es un primor. Es el resultado de las clases que ha recibido en la escuela de Rafael Sixto Casado, donde conoció a un amigo para toda la vida: Fermín Valdés Domínguez.

En la Escuela Municipal de Varones, a los doce, tiene por maestro a un poeta, todo finísima sensibilidad, que es Rafael María de Mendive. Del plantel público pasa al privado que tiene el erudito profesor, el "San Pablo". El colegio se convierte en su segundo hogar, más agradable que el suyo. Pero el padre necesita que el hijo aporte algún dinero a la casa y Pepe se ve, a los trece, de dependiente en un establecimiento de víveres donde las hace también de tenedor de libros. De esta servidumbre lo alivia Fermín con los buenos libros que le presta y que él lee ávidamente.

Mendive lo matricula en el Instituto de Segunda Enseñanza para que curse el bachillerato. Cuando está en el tercer año, en octubre del 68, se produce el alzamiento de Céspedes, en La Demajagua, que repercute en el alma del adolescente con una entusiasta vehemencia. En enero del 69 Fermín publica *El Diablo Cojuelo*. Y de inmediato él edita *La Patria Libre*, donde aparece ese alegórico poema que es *Abdala*, toda una revelación poética y todo un testimonio de sus talentos y de su patriotismo.

Y en octubre el incidente de los Voluntarios que registran la casa de Fermín por considerarse ofendidos desde la misma por unos jóvenes entre los que está Pepe. En el registro aparece la carta al condiscípulo que acusan por ponerse al servicio de España. Se apresa a los dos que han firmado el papel. La elocuencia de Martí convence al Consejo de Guerra que los juzga de que él es el autor. Apenas ha cumplido los dieciséis años cuando se le condena a seis de presidio, con trabajo forzado, en las Canteras de San Lázaro.

Lo que el joven presencia lo horroriza. Gracias a las gestiones de doña Leonor en septiembre le mandan al hijo a Isla de Pinos y en diciembre hacia España. Escribe las denunciadoras páginas de *El Presidio Político en Cuba*. Entre otras actividades, estudia, primero en Madrid y después en Zaragoza. Lee ávidamente en la Biblioteca Nacional. Asiste al teatro. Se enfrenta a la República en nombre de la Revolución que se desarrolla en la Isla. Graduado en Leyes y en Filosofía y Letras, en diciembre del 74 abandona la península y se dirige a México, en donde está la familia.

El 9 de febrero del 75 está en la ciudad, donde logra un amigo definitivo: Manuel Mercado. Este lo da a conocer a la intelectualidad. Escribe en la *Revista Universal*. Hace vida literaria. Diserta. Se representa su *Amor con amor se paga*.

El primero de enero del 77, por razones políticas, se le sugiere que abandone el país. Desde Veracruz, como Julián Pérez, viaja a La Habana, donde pasa inadvertido. Y el 24 de febrero, hacia Veracruz para seguir a Guatemala. En abril se presenta al cubano José María Izaguirre, director de la Escuela Normal, que le da trabajo como profesor. El joven deslumbra. Su presencia es un acontecimiento. Escribe un largo trabajo sobre el hermoso país que lo ha fascinado. Producido el Pacto del Zanjón retorna a Cuba. El 3 de septiembre está en La Habana, con Carmen Zayas Bazán, su mujer.

Le bastó un año para quedar intelectualmente consagrado como consecuencia de sus discursos y disertaciones. Pero, la política le sigue los pasos y descubre que él y Juan Gualberto Gómez están integrados a una vasta conspiración con base en Nueva York. Se le apresa y se le manda a España. Se escapa y llega al puerto neoyorquino el 3 de enero de 1880.

Se pone a las órdenes de Calixto García, dedicado a promover una nueva guerra. El 24 de enero es su primera presentación pública ante los emigrados con una inusual disertación. Al margen de sus deberes patrios escribe en inglés artículos de arte y literatura para *The*

Hour y *The Sun*. El levantamiento inspirado por Calixto acabó en un trágico fracaso. Cuando el héroe llega a Cuba todo ha concluido.

En marzo del 81 en Caracas. Empieza a colaborar en *La Opinión Nacional* con crónicas sobre España, Italia y Francia. Funda la *Revista Venezolana*. Es un acontecimiento intelectual en Venezuela. Pero en julio es expulsado del país.

Desde Nueva York sigue sus colaboraciones en *La Opinión Nacional*. Publica *Ismaelillo*, escrito en Caracas y consagrado al hijo. En julio inicia sus colaboraciones en *La Nación*, de Buenos Aires. Por esos días de 1882 escribe sendas cartas a Máximo Gómez y a Antonio Maceo, invitándolos a promover un nuevo esfuerzo bélico en la Isla.

Al margen de lo que manda a Buenos Aires, escribe en *La América*, de Nueva York. Asume su dirección y pone el mayor énfasis posible en la problemática de los pueblos hispanoamericanos. Al unísono trabaja en una empresa comercial y hace traducciones para la Appleton.

En octubre del 84, el encuentro con Gómez y Maceo. Los dos asisten a la celebración del 10 de octubre con Martí en la tribuna. Al exponer el dominicano al día siguiente los planes para una guerra, surge una discrepancia entre el guerrero y el poeta. Éste queda fuera del proyecto.

En el 85 empieza a publicar por entregas en un periódico la novela *Amistad Funesta*. Continúa con las traducciones. Además de sus habituales colaboraciones envía artículos a *La Lucha* de La Habana, a *El Liberal* de México y a *La Estrella de Panamá*. Sin abandonar *La América* empieza en *El Economista Americano*, donde penetra en los más fundamentales temas de la educación y la economía. Funda la Sociedad Literaria Hispanoamericana.

En marzo del 89 *The Manufacturer* de Filadelfia, publica un editorial titulado "¿Queremos a los cubanos?". El periódico se plantea la pregunta ante los rumores de una posible adquisición de la Isla por Estados Unidos. Se denigra a los hijos de Cuba, a los que se les niega toda virtud y se les atribuye todo vicio. A este pronunciamiento se suma *The Evening Post*. Martí asume la defensa de sus compatriotas. El hecho se difunde por todas las emigraciones y el nombre del escritor queda consagrado.

En ese mismo año 89 empieza a publicar *La Edad de Oro*, revista dedicada a los niños de América, totalmente escrita por él.

Convocada por el Departamento de Estado de Washington se celebra la Primera Conferencia Panamericana. Durará desde el 2 de octubre hasta el 14 de abril del 90. Doce largas crónicas manda Martí a *La Nación* sobre el cónclave. Cuando los delegados visitaron a Nueva York, Martí, como cónsul de Uruguay, les ofreció en la Sociedad Literaria Hispanoamericana una velada. Lo más importante fue su discurso.

Al comenzar la década de los noventa funda La Liga, sociedad protectora de la instrucción y consagrada al auxilio de la raza negra. Él queda como consejero y maestro.

Argentina y Paraguay lo nombran Cónsul. Por el mes de agosto el médico le prescribe un impostergable reposo. Se va a las montañas de Castkill y escribe los *Versos Sencillos*. No termina el 90 sin que Uruguay lo nombre su delegado ante la Conferencia Monetaria Internacional. Y el promediar el año 91 decide liberarse de todos sus compromisos literarios y diplomáticos para consagrarse a la preparación de la guerra.

En octubre recibe una carta desde Tampa. Por iniciativa de Eligio, el hijo mayor de Néstor Leonelo Carbonell, el Club Ignacio Agramonte lo invita a ocupar su tribuna el 26 de noviembre, víspera del fusilamiento de los estudiantes de Medicina. Acepta. Ya está en la ciudad de la Florida. Aquel discurso fue un acontecimiento. Y al día siguiente otro, el que se conoce con el título de *Los Pinos Nuevos*. El orador habló como un iluminado.

Regresado a Nueva York, recibe la invitación de Cayo Hueso. Y el 24 de diciembre está en Tampa. Aunque enfermo, sigue hacia el Cayo. Tras un banquete en su honor, más de tres días de reposo por disposición médica, puede cumplir el programa que se le ha trazado. Redacta las Bases de Partido Revolucionario Cubano. Aprobadas. Lo mismo ocurre con los Estatutos. Y, por último, su discurso en el Club San Carlos.

De regreso a Nueva York, la insultante y calumniosa carta de Enrique Collazo, publicada en *La Lucha*, de La Habana, con motivo de lo escrito por él sobre el libro *A pie y descalzo*, de Ramón Roa. La respuesta de Martí lo presenta de cuerpo entero y su personalidad se crece en la emigración.

El 14 de marzo del 92 funda el periódico *Patria*, órgano del Partido Revolucionario Cubano. El 8 de abril es electo Delegado. El

10, la proclamación del Partido en todas las emigraciones. El 17, una asamblea general en el "Hardmann Hall". Epistolarmente se comunica con cuantos necesita para la empresa que ha asumido. Manda a un emisario a Cuba. En septiembre está con Máximo Gómez, en Montecristi. Gómez encabezará al ejército libertador y Antonio Maceo estará a su lado. No puede llegar a Costa Rica donde está el héroe, pero visita a doña Mariana y a María en Jamaica.

Nueva York, Tampa, Cayo Hueso, las Navidades, llega el 93. Un acto más para fortalecer la consigna independentista ante el auge del autonomismo. De nuevo al Sur. Al regreso, dos veces con Tomás Estrada Palma.

Con el primer aniversario del Partido, en Filadelfia. Sigue a Atlanta, Nueva Orleáns, Tampa, el Cayo. De nuevo con Gómez en Montecristi. Y ahora a Costa Rica, a verse con el general Antonio. Por último, Panamá.

A la Florida, para dar cuenta de sus conversaciones con los dos gloriosos héroes y de todo lo demás. Mientras, en Madrid, Antonio Maura Ministro de Ultramar, elabora un plan de reformas.

Ha llegado el 94. Al cabo de dos años sin tregua, está exhausto. Y le cae otro problema: una huelga de tabaqueros en el Cayo. Pero éstas y otras dificultades son compensadas con la visita de Máximo Gómez, que llega con su hijo Panchito. Y si el héroe regresa, el vástago se queda y acompaña a Martí a Nueva Orleáns, a Costa Rica para ver a Maceo, a Panamá, a Jamaica.

Y sin Panchito, a México. ¡Qué reencuentro con Manuel Mercado! Se reunió con todos los buenos amigos que había dejado diecisiete años atrás. Y sin lograr la ayuda que esperaba regresó a Nueva York.

Ya todo lo tiene preparado. Sólo espera por la orden de Gómez, y al cabo de meses de febril impaciencia llegan los emisarios del dominicano: Mayía Rodríguez y Enrique Collazo. Con ellos, las instrucciones, pero se necesita más dinero. Y lo consigue.

En el puerto de Fernandina están las embarcaciones. No falta detalle alguno. Él, personal y sigilosamente, lo ha resuelto todo. Y el 2 de enero del 95, la catastrófica noticia que divulgan los periódicos. Las embarcaciones, embargadas. Las tripulaciones, apresadas. Martí enloquece. Está en Jacksonville. El abogado Horacio Rubens busca una solución legal. Pero lo ocurrido sirvió para que creyeran en él hasta los más incrédulos. La información resonó explosivamente en La Habana y en Madrid.

Reunido con Collazo y Mayía se redacta la orden de levantamiento, que se envía a Juan Gualberto. Éste y los altos jefes que lo rodean decidieron el domingo 24 de febrero. Efectivamente, en la fecha programada se produjeron levantamientos en Baire, Bayate y otras plazas orientales. Igualmente hubo uno en Las Villas y dos en Matanzas, pero en La Habana fueron detenidos Julio Sanguily, José María Aguirre, Pedro Betancourt... Esto provocó el fracaso de Ibarra, donde se hallaba Juan Gualberto.

Martí con Collazo y Mayía navegan a Santo Domingo para encontrarse con Máximo Gómez. El 25 de marzo se firma el Manifiesto de Montecristi.

Gómez y Martí salen hacia Cuba y al cabo de varias peripecias llegan a la costa de Oriente el 11 de abril. El 5 de mayo en La Mejorana se reúnen con Antonio Maceo. Discuten la forma –especialmente civil o específicamente militar– que se va a dar a la revolución. El general Antonio y el Apóstol discrepan. Pero todo queda felizmente superado.

Martí queda con Gómez. Ya se está dentro del 19 de mayo. El dominicano sabe de la cercana presencia de Ximénez de Sandoval y decide atacarlo. Le dice a Martí que no se mueva, pero tan pronto Gómez se aleja, sale detrás de él. Avanza frenéticamente hacia el enemigo. Mortalmente herido se desploma del caballo. En vano Gómez quiere rescatar el cadáver. Identificado por el jefe español, éste lo entierra con el más caballeroso respeto.

La muerte del Apóstol es una catástrofe para todos. Pero ya la guerra está en marcha.

José Martí ha muerto, pero ha dejado una obra destinada a resonar a través de las edades. Es tan vasta como variada. La realiza a través de los más diversos géneros. Poeta, prosista, orador. Dentro de la prosa, predomina el periodista que escribe artículos de los más variados temas, crónicas de actualidad política, de literatura y de arte. Le atraen las semblanzas de personajes. Fuera del periodismo, cuentos, novela, teatro, diarios de viaje, cartas.

El poeta publica en 1882 un cuaderno con quince cortas composiciones, todas dedicadas al hijo ausente. Lo titula *Ismaelillo* y fue escrito durante su estancia en Caracas. Ante la consagración del "Azul" de Rubén Darío como el punto de partida del Modernismo, no faltan historiadores de la literatura hispanoamericana que declaran que la nueva poesía comenzó seis años antes con esta levísima producción lírica del cubano.

El primero que señaló la total originalidad del *Ismaelillo* fue el propio Martí. Lo dice en la dedicatoria. Por otra parte, si lo de Rubén tiene la marca francesa señalada por Juan Valera, lo de Martí está dentro de la más tradicional poesía hispana.

Todos los poemas están escritos en versos de arte menor. En algunas ocasiones se alternan con distintas medidas. El autor no vacila en confesar que produjo esa poesía transportado a un piano superior, fuera de la tierra.

Aunque los *Versos Libres* fueron publicados póstumamente, en 1913, fueron escritos entre el 78 y el 82. Una vez más el poeta proclama la originalidad de su obra. Igualmente declara el origen sobrenatural de la misma. Lo mismo que *Ismaelillo* este libro está fuera de todo lo que se escribía por entonces. Sus endecasílabos sin rima constituyen lo más personal, íntimo y profundo que poéticamente escribiera el cubano. Con razón él los calificó de encrespados e hirsutos.

En 1891 publica *Versos Sencillos*. Confiesa que los escribió como jugando, con versos de arte menor a través de redondillas y cuartetas. A pesar de la confesada sencillez, algunos críticos encuentran estrofas un tanto herméticas. El pequeño volumen incluye cuarenta y seis poemas, casi todos son muy breves. Suenan tan musicalmente, que Gabriela Mistral señaló que estaban pidiendo música, y actualmente se cantan.

Hay una cuarta colección poética, publicada en 1933, y que él había dejado organizada con el título de *Flores del destierro*. Agrupa poemas que escribió igualmente entre el 78 y el 82.

Aparte de estos cuadernos están los poemas que aparecen en *La Edad de Oro*. Entre los mismos la popularísima composición "Los zapaticos de rosa", todo un primor. Hay otra, "Los dos príncipes", que, aunque el poeta dice que el tema lo tomó de una composición de la autora de la novela *Ramona*, que él tradujo, hay críticos que reconocen que la versión del cubano es muy distinta al texto de la americana.

Aparte de lo expuesto, hay no pocas composiciones que si no aparecen en ninguna de estas colecciones han sido recopiladas e incluidas en las ediciones de sus *Obras Completas*. La mejor crítica ha afirmado que Martí es uno de los poetas más originales de la lengua española. Si se le ha situado dentro de los precursores del Modernismo, es más que modernista. No se le puede encasillar.

Ante la prosa de Martí reaccionó en su tiempo Domingo Faustino Sarmiento para decir que no había nada igual en lengua española. Posteriormente la comentaron muy encomiásticamente Miguel de Unamuno, Juan Ramón Jiménez, Federico de Onís, Gabriela Mistral, Guillermo Díaz Plaja. Éste afirmó que el cubano era "el primer creador de prosa que ha tenido el mundo hispánico". Ezequiel Martínez Estrada lo declara el más grande escritor del Continente".

Para coronar tan altos juicios, las elocuentes palabras de Rubén Darío, que aparecen en "Los Raros", escritas inmediatamente después de su muerte. Y, sobre los centenares de reconocimientos que se han emitido, sobresale el libro que concretamente al escritor le ha dedicado el profesor Andrés Iduarte.

Lo primero de consideración que Martí escribe es *El Presidio Político en Cuba*. Es el memorial de su experiencia en las Canteras de San Lázaro. Es increíble que un joven de dieciocho años haya producido semejantes páginas. Anuncian el escritor que será.

Poco después, un documento muy distinto, que lo presenta desde otro punto de vista. Es el alegato que titula *La República Española ante la Revolución Cubana*. Si lo primero fue un grito de rebelde denuncia contra las crueldades y las injusticias de España en Cuba, lo segundo es una pieza política presidida por la más irrebatible lógica.

A los veintitrés años comienza el período mexicano, dentro del cual el escritor se proyecta en el periodismo. En la *Revista Universal* publica crónicas. parlamentarias, artículos, crítica literaria y teatral.

Al cabo de dos años de intenso periodismo mexicano, con el 77 se inicia el período guatemalteco, que se inaugura con su estudio Los Códigos Nuevos, que revela su vasta cultura jurídica. Pero lo más valioso de ahora es su monografía sobre Guatemala, que publica en México en un folleto. Es un trabajo tan original como bello y sustancioso. Por sus páginas desfila el país del quetzal en todos sus aspectos.

Durante el año que Martí está en Cuba entre el 78 y 79, si desarrolla una brillantísima labor tribunicia, no hace periodismo. Lo hará en Nueva York, en inglés, especialmente en torno a cuestiones de arte. Aquello fue tremenda prueba para él. Probó sus conocimientos en la materia y su capacidad de certera apreciación en cuestiones estéticas. Muy satisfechos quedaron de su labor tanto el editor de *The Hour* como el de *The Sun*.

Después de estas iniciales incursiones en el mundo periodístico, el periodista empezará a consagrarse en Caracas, en las páginas de *La Opinión Nacional* y con su *Revista Venezolana*, de la que llega a publicar sólo dos números. Es ahora que Martí publica artículos como el que dedica a Cecilio Acosta, con motivo de su muerte. Escrito a los veintiocho años, quedará como uno de sus mejores logros. Esa prosa será lo que en definitiva caracterizará lo más duradero de la obra literaria del cubano.

Lo que escribe sobre el atentado sufrido por el presidente Garfield es un ejemplo de sus futuros reportajes, sin precedentes en la literatura española. Y tras este tema norteamericano, las crónicas sobre España, Francia e Italia, principalmente. Son estampas llenas de vida y de color, por las que desfilan personajes de la política y de la literatura. ¿Cómo era posible que desde Nueva York Martí pudiera producir esas informaciones tan originales y tan henchidas de esos detalles tan sorprendentes que no trasmiten las agencias cablegráficas?

Abandona la temática europea y vuelve a la actualidad norteamericana para informar sobre el juicio que se sigue al asesino de Garfield. O sobre la muerte de Longfellow. Y en septiembre del 82 empieza sus colaboraciones en La Nación de Buenos Aires. Esas "cartas" que asombrarán al autor de *Facundo*. Si en un principio sigue con la temática europea, no tardará en entrar de lleno en la intensa y múltiple vida del pujante país del Norte, con inclusión de los más representativos personajes. En esta línea se mantendrá hasta que renuncia a mediados del 91.

Cuando lleva un año en *La Nación*, se le invita a colaborar en *La América*, publicación que responde a su nombre. Y si el cubano es un apasionado americanista bajo la obsesión de ser útil, estrena una nueva orientación temática. Escribe sobre agricultura, industria y expone cuanto piensa que debe saber el hombre del mundo hispanoamericano.

Paralelamente colabora en *El Economista Americano* donde no sólo aborda cuestiones económicas sino que también se refiere a temas de cultura en general. Y como no olvida a Cuba, glosa un libro de Enrique José Varona, se refiere al epistolario de José de la Luz y Caballero, a la historia de Ponce de León, a una novela cubana... Tanto en una publicación y otra reproduce páginas que ha escrito para el periódico de Buenos Aires, con el fin de hacerlas llegar a quienes no leen el diario de Bartolomé Mitre.

Cuanto sucede en el Hemisferio que merezca la atención del periodista, aparece publicado. Siempre con la obsesión de servir, de ilustrar, de promover el progreso de los pueblos de esa América que el llamó "nuestra", en contraposición a la anglosajona. No faltan las semblanzas de muchas de sus fundamentales figuras. Son un centenar de trabajos.

La más fundamental área temática, desde su más esencial punto de vista personal, fue Cuba. Alpha y omega de su heroica y luminosa vida, desde su juvenil reacción ante los sucesos que desata Carlos Manuel de Céspedes. Pero, tras lo publicado en España, ni en México, ni en Guatemala, ni en Caracas, ni en Buenos Aires hay testimonio literario alguno relacionado con su patria. Habrá que esperar al 87 con su elocuente "Vindicación de Cuba.

Y con esto comienza a insistir en temas de la cultura cubana: libros, literatos, pintores, músicos, a los que da a conocer fuera de la Isla. Y con la fundación de "Patria", toda su producción, a través de tres febriles años, está exclusivamente destinada a Cuba. Y al margen del periodismo, los centenares de cartas que envió a cuantos estaban involucrados en el movimiento revolucionario. En esas epístolas está lo más personal de Martí.

Y fuera del periodismo, al correr de los años, el dramático y alegórico poema *Abdala*, el drama *Adúltera*, el poético diálogo *Amor con amor con amor se paga*, la novela *Amistad Funesta*, los cuentos de *La Edad a Oro*, sus "Diarios, Su epistolario familiar, las traducciones, sus sinfónicos discursos patrióticos, sus disertaciones sobre temas literarios, históricos, políticos...

Una obra magna, realizada dentro de la más artística prosa hasta entonces conocida. Y toda henchida de la más noble sustancia. Por esto es que el maravilloso prosista es también un original y profundo pensador.

Se ha discutido si Martí es o no un filósofo. Hay quien se concreta a especular sobre sus posibilidades filosóficas. De lo que no cabe duda alguna es de que es todo un original pensador, aunque no haya dejado una obra de pensamiento debidamente organizada, tal como había anunciado con *El concepto de la vida*.

En Guatemala enseñó Filosofía y han quedado las notas que entonces escribió para sus lecciones. Entonces y siempre dio muestras de su amplio conocimiento sobre la materia. Sus inquietudes filosóficas en torno a los más entrañables temas de esa ciencia aparecen constantemente al correr de cualquiera de sus páginas

Nos ha dejado su definición de la Filosofía: No es más que el secreto de las relaciones entre las distintas formas de la existencia. Él parte de la idea de Dios, al que no hay que defender, porque la Naturaleza lo defiende. Declara que Dios está en la idea del bien. ¿No tiene esta expresión un ostensible matiz ético?

Al margen de las religiones organizadas, declara que la verdadera religión está plasmada en las armonías del Universo. Muy lejos del Positivismo, Martí no duda de la existencia del alma. Está seguro de que el alma, que es una y tiene múltiples aposentos, está destinada a trascender. Está convencido de que los aires están llenos de espíritus. Afirma que el espíritu presiente lo que las creencias ratifican. Sumergido en lo abstracto, ve el conjunto. Y anticipándose a Jung, dice que en el espíritu de cada quien están contenidas todas las edades de la Naturaleza y de la historia.

El cubano se plantea la pregunta que se han formulado los filósofos: ¿qué es el hombre? El hombre es un pedazo de lo infinito que la Creación ha enviado a la Tierra Y añade: el hombre es el Universo unificado y el Universo es el hombre verificado.

Igualmente se plantea el concepto de la vida. Le ve las dos dimensiones: la material y la espiritual. Y consecuente con este afirmación declara que la vida sería una ridícula y repugnante invención si estuviera limitada a la tierra.

Esta creencia suya lo lleva a la muerte: la vida nace de la muerte, morir es volver lo finito a lo infinito, toda muerte es un principio de vida, reanudamiento y tarea nueva, recompensa de la experiencia terrena. La tumba es vía y no término.

Al margen de estas especulaciones metafísicas, situándose en el nivel terreno, ¿cómo ve Martí al hombre y a la vida? Tal dignidad reconoce en el ser humano que demanda que el culto de la misma sea la primera ley de la República. Para él, ese sentimiento, que comporta toda una jerarquía moral, es consustancial con la naturaleza humana. Se nace y se vive con ella. Nunca muere.

Sin abandonar nunca la dimensión ética, declara que el decoro vale más que la hacienda, que nada supera a la honra, que el honor debe ser una religión. Virtudes se necesitan más que talentos. Sólo las virtudes producen en los pueblos bienestar constante.

Sólo bajo el signo de la dignidad el hombre es dueño de sí mismo y se crece en su propio ejercicio. Se dice hombre y se dicen todos los derechos. A la cabeza de todos, la libertad que es la atmósfera natural del hombre, la condición ineludible de la vida, la fuente de la paz y la riqueza. Sólo dentro de ella se puede ser honrado y pensar y hablar sin hipocresía. Y como corolario inexorable: ser libre es el mejor modo de servir a Dios. Sin dignidad y sin libertad no hay vida.

El pensador esgrime un tercer ingrediente: el amor, al que declara coma la mejor ley. Para él amar es la única manera de crecer. Es el mandato de la Naturaleza, es la única verdad de la vida y su única fuerza.

De la teoría desemboca en la práctica: el hombre es un instrumento del deber. Martí tiene la obsesión de lo ético. La confirma cuando dice que no hay más triunfo que el ejercicio de la virtud.

El hombre y la ética son las dos dimensiones del pensamiento martiano. Se le podría ubicar en la moderna Axiología y en el Vitalismo orteguiano. Por las circunstancias de su vida, Martí es un pensador político. Le obsesiona la creación de la República una vez consumada la independencia. Sin embargo, no dejó un cuerpo organizado de su doctrina. Todos y cada uno de sus preceptos para el futuro están tan dispersos como reiterados a lo largo de su inmensa obra.

Siempre optimista, cree que el pueblo cubano será capaz de construir una buena república sobre los restos de una mala colonia. Pero, ¿qué entiende él por república? Una vez más Martí evade las rigideces jurídicas para ofrecer una versión tan ética como espiritual: la República es el deseo de ver al hombre dichoso y libre. De este modo declara tácitamente que fuera del sistema republicano no está asegurada la libertad, y, en consecuencia, no puede haber una auténtica dicha.

Sobre esta base no pensó para la Cuba del futuro otro sistema que el republicano. Pero si la república es la forma, la patria es su esencia. La patria es su permanente preocupación. La alude constantemente y la define sin tregua, iluminándola desde los más diferentes puntos de vista. Entre todas sus expresiones sobresale ésta: la patria es dicha de todos, y dolor de todos, y cielo para todos, y no feudo, ni capellanía de nadie.

Sin patria, que es agonía y deber, no hay nada, porque es el sentimiento de patria el que implica la existencia de la dignidad, de la libertad y de la dicha. No tenerla es lo mismo que un árbol flotando sobre las olas del mar, sin tierra en que hundir sus raíces. Sueña con ciudadanos que tengan el hábito de trabajar con sus manos y de pensar por sí propio, con el ejercicio íntegro de sí y con el respeto al ejercicio íntegro de los demás. No le basta con esto y demanda que se tenga la pasión por el decoro del hombre.

No hay República sin democracia. Esta implica la existencia de un gobierno elegido por el pueblo. Y para él no hay faena mis complicada y sutil, ni cosa que requiera más práctica, sumisión y ciencia. Es ciencia, pero también es el arte de conducir al pueblo a la paz. Y para que haya paz, es necesario que no haya un solo derecho mermado.

Reitera que el gobierno es equidad. Y contradiciendo a los gobernantes de todos los tiempos, declaró que también es obediencia. El respeto a la ley, a las instituciones, a la voluntad popular.

El pensador agota todas las iluminaciones posibles sobre la política. La política es un sacerdocio. La política grandiosa es el primer deber. Sin virtud no hay política útil ni durable. Y la política implica el sufragio. Para Martí, el derecho de votar es un deber. El que no vota equivale al soldado que abandona el arma al enemigo. Nadie puede, con su abstención ante las urnas, cometer el pecado de poner a la patria en peligro.

El Apóstol no quiere una república de burócratas. Sueña con una república de ciudadanos que trabajen en las más diversas faenas. Desde lo intelectual a lo manual. La holganza es un crimen. Pueblo que trabaja, es pueblo salvado. Y mientras los trabajadores no sean cultos, no serán totalmente felices.

Frente al marxismo que se insinuaba en su tiempo, le espantó la lucha de clases. Oponiéndose a Marx, deseó la construcción de un mundo nuevo realizado con las manos blancas del amor y no con las rojas manos ensangrentadas del odio.

Entró en cuestiones económicas. Y aunque el mundo ha cambiado muchísimo desde su tiempo al nuestro y nos hallamos de él a la distancia de un siglo, aún tienen vigencia algunas de sus afirmaciones, como aquella de que un pueblo no es rico porque tenga unos pocos con mucha riqueza, sino aquel en el que cada uno de sus ciudadanos tenga la fortuna necesaria para vivir con decoro y con independencia.

Condenó el monocultivo. En gran crisis ha de verse todo pueblo que fía su subsistencia a un solo fruto. Igualmente advirtió el peligro de comerciar internacionalmente con un solo país, porque la influencia comercial de una nación sobre otra se convierte en influjo político. Hay que equilibrar el comercio para asegurar la libertad. Como un cabal estadista, entre una infinita constelación de verdades, dijo que en economía política y en buen gobierno distribuir es hacer ciudadanos venturosos. Y sólo es feliz un pueblo que cuenta con muchos pequeños propietarios.

III

Cubanos entre dos siglos

Enrique Piñeyro (1839)

A quien tantos historiadores de las letras cubanas consideran como el primero de sus críticos, nació en La Habana en 1839. Si el ámbito en que se nace y se crece influye en la personalidad y determina el destino, Piñeyro tuvo el privilegio de que su padre era latinista, abogado, profesor de literatura y de oratoria en la Universidad. Lamentablemente lo perdió a los doce años, pero al estudiar en "El Salvador", José de la Luz y Caballero, modelador de almas, compensó la paternal ausencia.

En 1859 se graduó en Filosofía y Letras. Y de inmediato Luz lo nombra profesor. Enseñaba Latinidad, Gramática, Literatura e Historia. Va a España a terminar su carrera de Leyes. Y regresa, ya graduado, en 1862. Se encuentra con la infausta noticia del fallecimiento del venerable Maestro.

José María Zayas, que lo había sucedido, lo nombra subdirector. Paralelamente ejerce su profesión de letrado y colabora en *El Siglo*, el periódico del Conde de Pozos Dulces, órgano de los reformistas, y en la *Revista de La Habana*. Polemiza con Anselmo Suárez y Romero sobre la esclavitud y con Ramón Zambrana sobre música y poesía.

Al producirse el levantamiento de Carlos Manuel de Céspedes en octubre del 68, abandona el país. José Morales Lemus, que es el representante de Céspedes ante el gobierno de los Estados Unidos, lo nombra secretario. Se ocupa de gestionar que Washington reconozca la beligerancia del gobierno de Cuba.

La Junta Revolucionaria, que publica el periódico *La Revolución*, lo nombra director. Ante las desavenencias que se producen entre Miguel Aldama y Manuel de Quesada, para no verse envuelto en las mismas, renuncia a su cargo, sin dejar de servir los intereses de su patria. Funda *El Nuevo Mundo*.

Al producirse la muerte de Morales Lemus se dedica a escribir un libro sobre el paradigmático cubano que con tanto fervor y tanta inteligencia había servido la causa de la revolución.

Se le asigna la importante misión de que viaje a la América del Sur a fin de que informe sobre la guerra de Cuba. El docto y brillante joven recorre Perú, Chile, Bolivia, Uruguay, Brasil... Con su personalidad y elocuente palabra ganó muy buenas voluntades en favor de la causa cubana.

Al regresar a Nueva York encuentra tan enconadas divisiones entre sus compatriotas que no se detuvo. Tomó en el 76 el barco que lo condujo a Europa. Vivió en París y Roma, ciudades que influirán ostensiblemente en su carrera literaria.

Tras el Pacto del Zanjón retorna a Cuba en el 79. En el Liceo de Guanabacoa diserta sobre Madame Roland y en La Caridad del Cerro en torno a Dante y *La Divina Comedia*. Abrió bufete con el ánimo de ejercer la profesión.

Pero no resistió el ambiente de la capital. A pesar de los cambios prometidos por Martínez Campos y el entusiasmo de los liberales o autonomistas no se sintió inclinado a sumarse a éstos. Él era un franco separatista. Y regresó a París. Desde allí colabora en la *Revista Cubana* de Varona y en las *Hojas Literarias* de Sanguily. Al iniciarse la revolución de Martí en febrero del 95, envió cuantas contribuciones pudo.

Desde su voluntario destierro en Francia, el polígrafo sigue los acontecimientos de su patria con sus luces y sus sombras. Tras la Guerra Hispano-Americana, el gobierno interventor, en 1899, le ofreció una cátedra en la Universidad, pero la declinó. Inaugurada la República se publica que se ocupará de la Legación, pero se adelanta al ofrecimiento para declarar que no está en condiciones de aceptar esa honrosa responsabilidad, pero sirvió de consultor. Sin volver a Cuba, salvo un viaje de ida y vuelta, murió en 1911, a los setenta y dos años.

Si triunfó en la tribuna y en el periodismo, su obra más sólida y definitiva está en sus libros de historia y de crítica literaria, caracterizados por la singular calidad de su prosa.

En 1880, *Estudios y Conferencias de Historia y Literatura*, con trabajos críticos sobre poetas cubanos: José María Heredia, Gertrudis Gómez de Avellaneda, Joaquín Lorenzo Luaces, José Jacinto Milanés y Gabriel de la Concepción Valdés (Plácido).

En área internacional publica en 1883 *Poetas famosos del siglo XIX*, con Byron, Shelley, Schiller, Hugo, Lamartine, Musset, Leopardi, Espronceda, Wordsworth, Keats, Heine, Goethe... En 1892, su libro sobre Manuel de José Quintana, que es el estudio más completo que se había escrito del poeta.

A partir de ahora sus siguientes obras son publicadas por la casa Garnier de París: empieza con *Vida y Escritos del Poeta Juan Clemente Zenea*. En 1903, *Hombres y Glorias de América*, en el que aparecen, entre otras, evocaciones de José de la Luz y Caballero, Andrés Bello, José de San Martín...

En 1904, *El Romanticismo en España*, considerada por muy interesados críticos como la mejor obra sobre el tema. En 1906, *Biografías Americanas*, con Bolívar, San Martín, Olmedo, Plácido, Morales Lemus... En 1908, *Cómo acabó la dominación española en América*.

En 1913, una obra póstuma, *Bosquejos, Retratos y Recuerdos*. En este volumen coinciden el biógrafo y el crítico para reunir a poetas de diversas nacionalidades con diferentes pasajes históricos como el de Maximiliano, el infortunado emperador de Méjico.

Piñeyro revela como historiador y como crítico la más amplia y versátil sensibilidad, pues igualmente le interesan lo cubano, lo norteamericano, lo hispano-americano, lo español y lo europeo.

Los historiadores de la literatura cubana ponderan con toda justicia su amplísima cultura en las más variadas literaturas. Asimismo tienen en alto aprecio la calidad de su prosa, caracterizada por su elegante sencillez y por su natural y agradable fluidez. Por último lo elogian como un muy elocuente orador, tanto en la oratoria académica como en la política.

Manuel Sanguily (1848)

Nacido en La Habana el 26 de marzo de 1848, no tenía diez años cuando Luz Caballero lo llamaba el Manuel de los Manueles por la singularidad de su inteligencia. Y a los veinte, tras de pronunciar, en el salón de actos de "El Salvador", la tradicional disertación de fin de curso, siguiendo a su hermano Julio se echó a la mar para incorporarse a la guerra iniciada por Céspedes en Oriente y ya extendida por las llanuras camagüeyanas.

Tales son los talentos exhibidos por el joven habanero que se le encargan de inmediato muy importante misiones, como la llevada a cabo en las Villas, sin aún levantarse en armas. Presente en la Asamblea de Guáimaro, en abril del 69, al advertirle a Agramonte que nada se había dicho de la gente de color que contemplaba la ceremonia, el Bayardo lo sube en una silla para que repare la omisión y el orador queda consagrado dentro de las más importantes figuras de la revolución allí presentes.

A través de nueve años pelea a las órdenes de Manuel de Quesada, de su hermano Julio, de Ignacio Agramonte, de Thomas Jordan, de Calixto García, de Henry Reeve, de Gregorio Benítez, de Máximo Gómez. Se destaca en La Sacra, Palo Seco, Naranjo, las Guásimas. Es herido en el ataque a la Torre Óptica de Colón. Interviene con Vicente García en la toma de Las Tunas.

Es Secretario Privado y Ayudante del General en Jefe, Ayudante de Julio, Jefe de Despacho de la Primera División del Tercer Cuerpo, Secretario del Cuartel General, presidente de la Corte Marcial, Representante a la Cámara. Goza de la más alta estima de Gómez, Cisneros, Agramonte. Y con el dominicano participa en la solución del lamentable episodio de Lagunas de Varona. Está en la histórica reunión de Loma de Sevilla.

Y al margen de las acciones bélicas, es el orador que arenga antes del combate, que habla en las conmemoraciones del 10 de Octubre, que actúa como defensor en los Consejos de Guerra. Y es el periodista que escribe sin tregua en "La Estrella Solitaria" y "El Cubano Libre" sobre los más variados temas. Dos gruesos volúmenes fueron necesarios para recoger estos patrióticos trabajos en la colección de sus obras completas, publicadas por el hijo que repite su nombre.

En 1877, cuando la guerra languidece por sus conflictos internos y por la falta de ayuda del exterior, el gobierno decide que el general Julio Sanguily viaje al extranjero en pos de los recursos necesarios. Y con él, como su secretario, va Manuel, que será el gran orador de la causa cubana en Jamaica y en Estados Unidos. Su extraordinaria elocuencia conmueve a los cubanos de Nueva York, New Jersey, Filadelfia, Baltimore, Nueva Orleans y Cayo Hueso.

Pero todo fue inútil. Tras del Pacto del Zanjón y Baraguá Maceo llega a Nueva York y Manuel lo visita a diario.

Perdida toda posibilidad de un inmediato levantamiento, ya con treinta años, necesita rehacer su vida. La madre de Luis Ayestarán hace posible su viaje a Madrid y allá continuará la carrera de Derecho que había comenzado en La Habana.

Antes de su partida había escrito en la intimidad de una carta palabras que revelaban su visión política del drama cubano: Para que Cuba sea feliz, próspera y libre será necesario darle a los cubanos una nueva conciencia a fin de levantar sus espíritus de la abyección en que viven. Hay que reeducarlos, arracándalos de la realidad colonial en que han vegetado.

Al cabo de un largo año regresa a La Habana con su título de abogado, pero se niega al juramento de rigor para ejercer. Trabaja de pasante en algún bufete, da clases privadas, hace periodismo. Pero, por otra parte, Sanguily no ha nacido para la abogacía. Por encima de sus estudios jurídicos, él es un hombre de letras. Por su cultura y la brillantez de su prosa y de su verbo, es un intelectual de la más alta jerarquía.

De abogar, sólo abogará por Cuba. Es un fanático del patriotismo. Para él la patria es un supremo valor moral y a ella ofrece su irreprochable ejecutoria. Este sacrificio es la sustancia y el objetivo de su vida. Dentro de la crisis moral que se vive en la Isla tras el colapso de la Guerra del 68, él representa la más tenaz y enérgica protesta en contra del gobierno español.

De él dicen que es la bandera de la patria. Y más que ésta, es su conciencia y su voz. Si había nacido con la más excepcional elocuencia y la más vibrante de las prosas, él las puso al total servicio de su esclavizada tierra.

Forjado cívicamente en el doloroso drama de la guerra, no promueve la revolución porque no la cree factible, pero no milita en el autonomismo, donde está la más favorecida élite intelectual, No tiene más obsesión que la independencia. Y no siendo hombre de partido, no necesita de ninguno para hacer lo que realiza por sí mismo. Cuando tantos no se atreven hablar, él lanza hacia la metrópoli sus más furiosos anatemas.

Aunque Manuel Sanguily no está en las filas del Partido Liberal o Autonomista, no rehuye la invitación que se le hace para ocupar la tribuna de su Círculo de Matanzas. Si discrepa de la doctrina de esa organización política y de sus metas, tiene los mayores respetos para sus dirigentes.

A los matanceros les habla de los "Elementos y caracteres de la política en Cuba". Alude a la patria y se pregunta si hay una patria de los cubanos. Afirma que no sólo Cuba es la patria de éstos, sino que integra un verdadero Estado con una personalidad totalmente distinta a la de España.

Aunque su auditorio no es de los que promueven el separatismo, declara que éste está en la naturaleza humana y vibra en lo más hondo del alma de todos los cubanos. En Cuba hay dos pueblos que corresponden a los dos hemisferios del planeta. Sin la posibilidad de un cómplice silencio, condena las injusticias y los horrores del sistema político que padece la Isla. Y sin propagar la tesis revolucionaria, sostiene que si España niega toda solución pacífica habrá que apelar a la fuerza en contra de la fuerza.

A pesar de las dicrepancias de Sanguily con los autonomistas, es tal la impresión que ha causado su discurso que el Círculo de la Juventud Liberal lo invita para que evoque el fusilamiento de los estudiantes de Medicina. Aunque la velada está presidida por un delegado del gobernador, relata, sin recatos, la morbosa criminalidad de los hechos ocurridos en noviembre de 1871. Ante esta actitud del tribuno, el agente oficial no puede resistir más y suspende el acto. No importa la suspensión. Se continúa en el parque.

Al año siguiente habla en la sociedad habanera La Caridad del Cerro sobre "El dualismo moral y político en Cuba" Aunque Sanguily está traumado por los horrores de la guerra del 68, en la que peleó nueve años, él comprende la vehemencia patriótica con que muchos cubanos aspiran a resolver la situación de la Isla por medio de las armas. Y aunque rechace la lucha armada como rechaza el autonomismo y el anexionismo, esta actitud no implica ninguna complicidad con España.

En San Antonio de los Baños y en Guanabacoa diserta sobre José María Heredia, que fue "la voz, la conciencia y el canto de su pueblo". Estas dos evocaciones del poeta sirven al magno tribuno para reconstruir el pasado y las luchas de entonces por la libertad. Desde Santa Clara lo invitan y él no pierde la oportunidad de disertar sobre "La situación de Cuba: sus causas y sus remedios". Lo de la Isla no es sólo un problema económico, sino un problema político. Con el más gallardo desenfado denuncia las lacras coloniales. Los cubanos no son europeos, sino americanos. y si el americanismo es un alto hito de la civilización, España aún está bajo el anacrónico espíritu de la Edad Media.

Sin ilusión alguna de que Madrid propicie una solución en Cuba, postula que cree en la historia como el esfuerzo perpetuo del espíritu. E inspirado por éste, se atreve a decir que la solución está en la sangre y que la sangre es revolución. Esta confesión sorprende a los presentes en aquel febrero del 91, un mes después de su encuentro con Martí en Nueva York.

Fundado el Partido Revolucionario Cubano. en vano Martí le envía un emisario para invitarlo a que se incorpore al nuevo proyecto bélico. Sanguily, por las experiencias vividas, no cree en la revolución ni en los cubanos. Pero, en cambio, funda las "Hojas Literarias". Detrás de este inofensivo título, es tanto el subversivo patriotismo que emerge de esas páginas que no tardan en ser calificadas de incendiarios aquellos artículos de tipo político que intercala entre los de crítica sobre libros y autores de Cuba o del extranjero.

Sanguily es la rebeldía. No se doblega. Defiende a Cuba con toda su vehemencia. Y con toda su pasión condena a España, la unica responsable de los problemas cubanos. Y no importa que no crea en una pronta solución, ni en la posibilidad de la guerra. Por encima de su escepticismo, él es un indomable separatista. Sin comunicación entre ellos, no tiene Martí más eficaz colaborador que Sanguily, Cada discurso y cada artículo es un acto de subversión. Y si sabe que su hermano Julio conspira con Juan Gualberto Gómez, duda de que existan otros conspiradores.

Yerra. El 24 de febrero del 95 se produce el alzamiento y Julio es detenido ese mismo día a pesar de su condición de ciudadano americano. Y para gestionar su libertad como tal, Sanguily embarca hacia Estados Unidos con su familia. Bajo muy precarias condiciones económicas se radica en Nueva York. Aunque su prioridad es otra, se involucra apasionadamente en la causa revolucionaria.

Manuel Sanguily se dedica de inmediato a gestionar la libertad de su hermano Julio, que es ciudadano americano, y a quien las autoridades españolas tienen preso en La Cabaña. A esos efectos, se entrevista con el Secretario de Estado y con cuantos otros funcionarios pueden hacer algo en favor del legendario patriota que rescató Agramonte tras de ser capturado por las fuerzas enemigas.

Se quiere que sea el representante diplomático de la revolución en Ecuador, pero Miguel Viondi, abogado de Julio, no cree conveniente que se aleje del país. Si Estrada Palma es el Delegado del Partido Revolucionario Cubano, se le propone para Subdelegado, pero él declina la oferta.

Mientras, los discursos y escritos de Sanguily repercuten en Madrid en tal medida que tanto molestan a Cánovas de Castillo que éste ignora las gestiones americanas sobre Julio.

Efectivamente, el 10 de octubre del 95 el grandilocuente tribuno en el "Chickering Hall", evoca a Carlos Manuel de Céspedes y a José Martí, muerto en el campo de batalla el pasado 19 de mayo.

Al llegar el 27 de noviembre, una vez más en la tribuna para recordar el fusilamiento de los estudiantes de Medicina. víctimas inocentes de las furias de los voluntarios. Con el primer aniversario de la muerte del Apóstol, en mayo del 96, el discurso estuvo dedicado a recordar su personalidad, su vida, su obra apostólica y la revolución que él había promovido.

Sanguily es el orador de los cubanos del exilio. Lo que éstos oyen son palabras de fuego. Mientras tanto, entre dolorosas precariedades, sus conflictos con Estrada Palma. Ninguno de los dos comprende al otro. Son dos seres distintos. De estas tristezas lo consuelan cartas de Antonio Maceo, henchidas de los más altos elogios. El héroe lo quiere a su lado. Y lo mismo desea Máximo Gómez.

Se insiste en que debe ir a la América del Sur y al fin el Delegado acepta enviarlo a Venezuela, pero la iniciativa no cuaja porque Julio, ya libre, quiere incorporarse a la guerra y el Delegado se opone porque si se ha conseguido su libertad, ha sido con la condición de que no retorne a la Isla. Dejarlo ir, es ignorar las gestiones de los americanos y hacerlos quedar mal con España. Pero estas desavenencias, que lo amargan, no impiden que siga con interés sumo la secuencia de los sucesos de la Isla. En ella tiene prominentes amigos con quienes sostiene constante intercambio epistolar.

Frente a la convocatoria de la Asamblea de la Yaya se llena de preocupaciones. Escribe fuertes y negativas palabras sobre los cubanos, tal como lo había hecho en algunos de los artículos escritos durante la Guerra del 68. Así es Sanguily: severo, explosivo, lapidario, sin dejar de ser también generoso, ecuánime y justo. En estos días, dentro del mes de noviembre del 97, habla una vez más. El discurso tiene por objeto, de acuerdo con los deseos de la Delegación, informar al exilio acerca de la situación de Cuba y de las significativas circunstancias exteriores que la rodean.

En relación con este punto el tribuno resalta dos afirmaciones del presidente Cleveland en su mensaje al Congreso. No se permitirá la intervención en Cuba de ninguna potencia extraña y se admite que se pueden producir hechos que obliguen al gobierno de Washington a intervenir.

Y así fue. La violenta reacción de los voluntarios españoles ante la concesión de la autonomía a la Isla obligó a Washington a mandar el "Maine" a La Habana. La misteriosa explosión de éste condujo a la Resolución Conjunta del Congreso y a la guerra. Ante el pronunciamiento producido en el Capitolio los cubanos no pueden quedar indiferentes. Convocan a un acto para agradecer a la nación americana las medidas tomadas en relación con la independencia de Cuba.

Una vez más Sanguily es el obligado tribuno. No hay orador que se le asemeje. Es único. Fue lo suyo una grandiosa sinfonía a través de la cual expuso la significación de los hechos que se han producido en Washington en tan pocos días. Nadie pudo decir tanto en agradecida exaltación de los Estados Unidos, el poderoso país vecino que ahora se ha decidido a rescatar a un débil y noble pueblo que ha vivido oprimido por un despotico gobierno colonial durante cuatro siglos.

Las fuerzas americanas han derrotado a las españolas con la colaboración de las cubanas. El Consejo de Gobierno, presidido por Bartolomé Masó, de acuerdo con la constitución de La Yaya, ha convocado la Asamblea de Representantes de la Revolución Cubana.

Manuel Sanguily ha sido electo por el Tercer Cuerpo del Ejército Libertador. Y de inmediato regresa a la Isla.

Electos ya sus delegados el Consejo de Gobierno es sustituido por la Asamblea de Representantes de la Revolución Cubana. Su primera reunión tiene lugar en Santa Cruz del Sur el 24 de octubre del 98. A los efectos de acercarla a La Habana, se le traslada a El Cano y va a seguir sus labores hasta su final en la Calzada del Cerro.

El primer asunto a tratar es el del licenciamiento del Ejército Libertador. Sanguily entrega a la mesa una moción sobre el tema y que, además de la suya, tiene las firmas de Juan Gualberto Gómez y José Antonio González Lanuza. Aprobada la iniciativa se acuerda nombrar una comisión que irá a Washington a plantear el caso al Presidente de los Estados Unidos y a esos efectos se piensa en la posibilidad de un empréstito.

Con Calixto García viajan Sanguily, Lanuza, José Miguel Gómez y José R. Villalón. McKinley los recibe con mucha gentileza aunque su gobierno no ha reconocido a la Asamblea. La ignora. Planteado el caso, el Presidente aclara que el empréstito es legalmente imposible pero que él puede gestionar una donación de tres millones de dólares, que es la cantidad indicada por Calixto. Más tarde se comprenderá que esa suma sería insuficiente y que se necesitaría no menos de diez millones.

Regresados los comisionados a La Habana y enterados de la proximidad del Generalísimo, Sanguily sugiere que se nombre una comisión para que se llegue hasta él y lo salude en nombre de la Asamblea. Y a esos efectos se designa a Juan Gualberto y Carlos Párraga. Y el 24 de febrero Máximo Gómez entra apoteósicamente en la capital.

Mientras tanto ha llegado a Cuba el señor C. M. Coen, quien, en representación de varios bancos, ofrece a la Asamblea un empréstito de veinte millones. Y para aclarar los detalles de la operación, Sanguily y Juan Gualberto se entrevistan con él. El primero califica el asunto de sospechoso y el segundo cree que debe descartarse esa oferta y buscarse otras vía.

En esta situación Sanguily propone que se le pregunte al Generalísimo su posición frente a la Asamblea. Y para averiguarlo se nombre una comisión de cinco. Lamentablemente Gómez reacciona acremente. Y para empeorar las tensiones entre el glorioso veterano y los asambleístas, éstos se enteran de que ha llegado a La Habana un enviado de McKinley, Robert Porter, a fin de que éste discuta con el dominicano lo del licenciamiento y no con la Asamblea, que es el legítimo órgano de la revolución.

Ante estos hechos, Sanguily somete a la Asamblea la supresión del cargo de General en Jefe ya que la guerra con España ha terminado. La iniciativa caldea los ánimos. No es posible permitirle a Gómez la hostilidad exhibida y que da base para no pocas perocupaciones en cuanto el futuro.

Juan Gualberto pide que los delegados que estuvieron con Gómez den su versión personal de la entrevista. Y así lo hacen Hevia, Cisneros, Lastra, Céspedes y Monteaguado. Todos coinciden en calificar de inelegante desdén el tenido por el guerrero hacia la Asamblea. Ante esta realidad, no faltan los que se solidarizan con la moción de Sanguily, a la que se ha sumado Juan Gualberto, pero otros piensan que no debe llegarse tan lejos. Y en medio de esta disparidad de criterios, Arístides Agüero plantea la destitución del Generalísimo.

Sanguily y Juan Gualberto, que dominan la Asamblea, se suman a esa drástica medida. Sometida a votación, tras los más fogosos discursos, sólo cuatro se oponen. Y no falta quien, en medio de las desbordadas pasiones, se ofrece para dirigir el piquete destinado a fusilar al dominicano.

La noticia de lo ocurrido provoca en la capital una tremenda explosión popular en contra de la Asamblea, especialmente en contra de Sanguily y Juan Gualberto, los dos más elocuentes líderes de la destitución Las multitudes queman sus efigies mientras exaltan y respaldan al Generalísimo. Con su innata grandeza Máximo Gómez, por medio del manifiesto que publica, acata y agradece el acuerdo de la Asamblea, porque lo libera de las responsabilidades a que lo obligaba el alto cargo. Lo mismo hacen los que votaron en contra de la destitución.

Ante estos pronunciamientos, la Asamblea no queda callada y también dirige al pueblo la respuesta que redactó Sanguily, a fin de explicar las razones que fueron tenidas en cuenta para adoptar tan grave decisión. Por iniciativa del mismo elocuente tribuno se acuerda enviar una comisión a Washington para aclarar que no se acepta la donación de los tres millones ofrecidos por McKinley porque esa suma no es suficiente. Fracasada esta gestión, el 4 de abril del 99 se disuelve la Asamblea, y desaparecida, la revolución pierde su último órgano representativo. Jurídicamente no existe.

Clausurada la Asamblea de Representantes de la Revolución Cubana, Sanguily es nombrado director del Instituto de Segunda Enseñanza de La Habana, cargo en el que permanecerá hasta el 19 de mayo de 1902, Siempre en orador, habla en el homenaje que se rinde a Mayía Rodríguez y Salvador Cisneros, en el Hotel Inglaterra. En el Club Calixto García para recordar a Antonio Maceo. En la Asociación de Maestros evoca a Luz Caballero. Y en el Teatro Nacional sobre Martí, con la presencia de doña Leonor. Paralelamente a su función académica, el prócer sigue las vivencias de cada día bajo el gobierno de Wood. A pesar de sus promesas, el ambiente está lleno de suspicacias. Pero en junio del 900 se despeja la incógnita. Se convoca a unas elecciones para elegir a los delegados a una Convención Constituyente que, además de redactar una constitución, tendrá que "acordar" las relaciones que habrán entre Cuba y los Estados Unidos.

En septiembre se celebran los comicios. Sanguily resulta electo por la provincia de La Habana. El 5 de noviembre se inauguran los trabajos. La solemne ceremonia ha sido presidida por Wood. Sanguily es el más brillante de los convencionales.Con su ejecutoria literaria tiene el privilegio de su incomparable verbo, respaldado por su vasta cultura y por todos los dones de su magnética personalidad. Interviene en todo. Y todo lo ilumina con su inteligencia.

Aprobada la totalidad del texto constitucional se discute su preámbulo. Dos delegados rechazan la invocación a Dios, pero Sanguily, que es un agnóstico, interviene y después de sus razonamientos quedan superadas todas las discrepancias. Y al entrarse en la discusión del articulado se llega a las relaciones del Estado y de la Iglesia. Una vez más, gracias a él, los convencionales arriban a las más sensatas decisiones.

El alcance del sufragio también provoca el más polémico debate, pero como siempre, él logra que se acuerde lo más acertado y conveniente para el país. Se plantea el problema de la tierra y la situación del campesino y de nuevo exhibe su habilidad de estadista.

Y, al fin, el 21 de febrero de 1901, se procede a la firma del histórico documento.

Pero no es todo. Falta lo más escabroso, lo de las relaciones con el poderoso vecino del norte. Wood invita a los que han sido comisionados para redactar la ponencia del caso. Son Juan Gualberto Gómez, Manuel R. Silva, Gonzalo de Quesada, Enrique Villuendas y Diego Tamayo.

El interventor los informa de la carta que ha recibido de Elihu Root con las condiciones que deben aparecer en el susodicho apéndice constitucional. Los comisionados quedan anonadados cuando se les habla de posibilidades de intervención y de bases navales, evidentemente limitadoras de la soberanía.

No obstante esta información la Comisión redacta su ponencia sin dejar de recoger, en alguna medida, los requerimientos exigidos. Pero de nada sirve ese documento si el general y doctor Wood informa que el texto aludido por el Secretario de la Guerra ya ha sido incorporado a una ley por medio de una enmienda presentada por el senador Orville Platt.

Sanguily demanda de los convencionales la disolución de la Convención como la más categórica protesta, pero su moción no prospera. Mientras tanto, Wood, el mismo Platt y hasta McKinley agotan todos los argumentos posibles para convencer a los cubanos que lo aprobado en Washington, en vez de mermar la soberanía de la nueva república, no hace más que garantizarla. Los Estados Unidos no tienen aspiración alguna sobre la Isla. Lo único que se desea es su progreso y su estabilidad.

Una comisión va a Washington y de regreso Domingo Méndez Capote declara que no duda de las buenas intenciones del gobierno americano. Asimismo aclara que mientras no se acepte la enmienda continuará la intervención.

Sanguily comprende que es mejor tener una república con apéndice que no tener república. Sobre esta base no le asusta la enmienda y se suma a los que la aceptan. Lograda la necesaria mayoría, el 12 de junio de 1901 se aprueba el texto americano con un voto particular de Juan Gualberto, el más tenaz opositor a lo que ha impuesto Washington, dudosa la Casa Blanca de la habilidad de los cubanos para el gobierno propio.

Resuelto esto, la Convención discute la Ley Electoral que pautará las futuras elecciones generales. Sanguily no cesa de intervenir en cada debate a través de dos meses. Por último se anuncia la celebración de los comicios. Serán el 24 de febrero de 1902. Don Manuel es electo senador por Matanzas. Y el 20 de mayo se inaugura la república con la toma de posesión de don Tomás Estrada Palma.

Con la inauguración de la República entra Manuel Sanguily en el Senado. Tiene cincuenta y cuatro años, pero el tiempo no ha mellado las aristas de su personalidad, que es la de un gladiador. En todo momento proyecta toda la fortaleza de su espíritu. El patriota que Cuba necesita en el Congreso.

Tal como ocurrió en la Convención Constituyente, interviene en todo. Reacciona siempre con una asombrosa agilidad. Su palabra es una catarata de elocuencia. Su prestancia, imponente. Los erguidos bigotes reflejan su temperamento.

Desde el primer asunto a discutir está en la palestra, acusando al Presidente de inconstitucionalidad en relación con las Secretarías. Se proyecta con total franqueza en cuanto al sueldo de los senadores y en cuanto a él entrega al Senado todo su tiempo. Participa en los debates sobre las relaciones de ambas cámaras y sobre la Guardia Rural, Defiende la libertad de prensa, Promueve la ley que hará posible el empréstito de treinta y cinco millones para el licenciamiento de los veteranos y otro de cuatro para el desarrollo de la agricultura. Quiere impedir la venta de las tierras a los extranjeros. Es sensible a las huelgas de los tabaqueros e interviene hasta lograr su justa solución.

Pero su más brillante e histórica actuación es cuando llega al Senado el Tratado de Reciprocidad de Cuba con los Estados Unidos, ya suscrito por los dos gobiernos. Sanguily lo objeta porque entiende que lo de la reciprocidad no es más que una falaz palabra. Por el ínfimo beneficio que se le da al azúcar, son muchas las ventajas que se le ofrecen a los productos americanos, en algunos casos en perjuicio de los cubanos.

Además de no ser equitativo, interfiere las futuras posibilidades comerciales de Cuba con los países de Europa. En consecuencia, el destino económico de la Isla va a quedar condicionado por el poderoso vecino del norte, tan ambicioso. Y del dominio económico, Estados Unidos podría pasar a la hegemonía social y al control político. Termina su discurso con el rechazo del Tratado, no sólo por causas crematísticas, sino por razones morales y hasta patrióticas. Todo el convenio está lleno de peligros para el porvenir de la Isla.

Después del insobornable prócer, hablan los defensores del tratado con tantas retóricas falacias que vuelve Sanguily al ruedo con más energía que en su primera intervención. Y cuando concluye le contesta otro coloso, Antonio Sánchez de Bustamente. Al cabo de dos largas sesiones, se llega a la votación. Se aprueba por dieciséis votos contra cinco. Pero como al llegar al Senado americano se hacen cambios, retorna al Senado cubano. Este nuevo trámite resulta más polémico que el primero. De nuevo se enfrentan el joven abogado internacionalista y el tribuno que peleó en la manigua. Y una vez más se aprueba el Tratado. Sanguily inspira un precioso soneto a Enrique Hernández Miyares, que ha quedado como una de las joyas de la poesía cubana.

Se opone al veto del Presidente sobre la restauración de la Lotería. Apoya el convenio sobre las carboneras. Solicita cincuenta mil pesos para Máximo Gómez. Interviene en los debates sobre los aranceles, los teléfonos, las haciendas comuneras, la venta de tierras cubanas, la inmigración, el tratado comercial con Italia, el traje que deben vestir los diplomáticos, la ayuda económica a los ayuntamientos... Y entreverados con los correspondientes argumentos, las más fuertes y melancólicas palabras sobre las muchas anomalías que observa en todos los aspectos de la República.

Cuando está sumergido en su patriótica labor senatorial, le cae encima una inesperada tragedia. El 21 de enero de 1905 muere su hijo Mario, un adolescente que era su orgullo por sus talentos y virtudes. El prócer, siempre tan vertical, se derrumba. Y con su dolor de padre, el drama que empieza a vivir la República con la actuación del Gabinete de Combate, empeñado en mantener a don Tomás en la presidencia.

Se le elige presidente del Senado. Y tan mal lo ven sus colegas que se aprueba un crédito de diez mil pesos a su favor para que viaje a Europa con su esposa y los dos hijos que le quedan. Visita Francia, Suiza y España. Le llega la noticia de la muerte de Máximo Gómez y cuando regresa, se encuentra con la controversial reelección de Estrada Palma.

Por un sentimiento de piedad, más que por un propósito de perdón, apoya la ley de amnistía que se ha presentado sobre delitos electorales. Distingue entre la nación y el gobierno. Hay que amar a la primera y no al segundo si no lo merece, En vano, por muy importantes razones patrióticas, defiende el Tratado con Inglaterra. Con dolor acepta la derrota..Ahora sufre la muerte de su hermano Julio. Y con ella coincide el comienzo del derrumbe de la República. Nunca está más grande ni más triste. Ante tanta miseria moral, mucho le duele su heroico corazón de mambí.

Lo que Manuel Sanguily presentía ha ocurrido. El Partido Liberal se ha alzado en armas en contra del Presidente como consecuencia del fraudulento proceso electoral de 1905, alentado por la consigna de reelegir a Estrada Palma.

Procedente de la Cámara llega al Senado un armamentista proyecto de ley. Sanguily, que lo preside, lo rechaza porque la hora no es para que los cubanos se maten, sino para que se abracen y olviden sus discordias. No debe hablarse de soldados y cañones sino de paz y fraternidad, que son las únicas fuerzas morales capaces de engendrar la armonia entre todos los hijos de Cuba y de evitar la intervención americana.

Como el Presidente se ha dirigido a Roosevelt para pedirle el envío de barcos de guerra como señal del apoyo americano a su gobierno frente al alzamiento liberal, el mandatario del Norte envía a dos de sus más altos funcionarios, William Taft y Robert Bacon, para que medien entre las dos partes en conflicto. Pero Estrada Palma, resentido ante el neutral comportamiento de los emisarios, notoriamente contrario a lo que él esperaba de la Casa Blanca, convoca al Congreso para que conozca de su renuncia y con ella la del vice, Viejo anexionista, quiere provocar la intervención.

Mientras los comisionados no dejan de hablar con las más importantes personalidades cubanas en pos de una solución, Roosevelt se dirige tenazmente a don Tomas para que retire su renuncia. Washington no quiere intervernir, pero Estrada Palma prefiere que se derrumbe la República antes de propiciar una reconciliación con los liberales.

Ratificadas las renuncias del Presidente y del Vice, debe el Congreso elegir a un sustituto, pero los legisladores del partido de don Tomán no asisten. No hay quórum. En consecuncia, ante un

Poder Ejecutivo acéfalo, Taft se hace cargo del gobierno. Ningún cubano luchó más que Sanguily por evitar el colapso de la República. Nadie se sintió más tristemente decepcionado que él.

Pocos días después Taft traspasa el gobierno a Magoon, y éste, dos años después, en 1908, conduce al país a unas irreprochables elecciones generales. Es elegido José Miguel Gómez, que asume la presidencia el 28 de enero de 1909. Sanguily permanece en el Senado hasta terminar su mandato en 1910. Entonces, el Presidente lo nombra Secretario de Estado. En esos momentos no hay cubano que pueda asumir esa función con más timbres que él. Es el símbolo de lo mejor de la República.

Con su genial manejo de la palabra, en el homenaje que se le rinde, ofrece el patético cuadro de la realidad cubana. Más que mermar la soberanía nacional, la Enmienda Platt la garantiza. El porvenir del país depende únicamente de sus hijos. Y ya en funciones, resuelve, con suprema habilidad, la reclamación tripartita de Francia, Inglaterra y Alemania por daños causados a ciudadanos suyos cuando la Guerra.

En Guantánamo se entrevista con Taft, ya presidente. Poco después arriba a La Habana el Secretario de Estado, Philander Knox. El gobierno le ofrece un banquete y Sanguily pronuncia uno de sus más gallardos y significativos discursos. No quedó tema de interés para ambos países que no enarbolara. Estados Unidos necesita de Cuba en la misma medida en que Cuba necesita de Estads Unidos.

Se produce el alzamiento de los de color. Washington anuncia el envío de barcos de guerra para proteger a sus ciudadanos y con olímpica energía Cuba rechaza esa pretensión americana. De inmediato se deja sin efecto la medida anunciada. Y demostradas sus enérgicas capacidades, el Presidente pone en sus manos dos secretarías más: Justicia y Gobernación. Y como titular de esta última, preside las elecciones de 1912, tan impecables como las que presidió Magoon. El candidato liberal, Alfredo Zayas, fue derrotado por el conservador, Mario G. Menocal.

Nombrado Inspector General de las Fuerzas Armadas, al ver que carece de ciertas facultades, renuncia. En cambio se le designa Director General de las Escuelas Militares, función que abandona en 1916 cuando Menocal produce el escandaloso "cambiazo", convirtiendo su derrota en reelección.

Fuera ya de la política, se dedica a organizar su inmensa papelería. En dos volúmenes, con un millar de páginas, publica sus Discursos y Conferencias. El resto lo editará el hijo que repite su nombre en doce gruesos tomos.

Si lo espantó la segunda administración de Menocal, más tristezas le produce el corrompido gobierno de Zayas. Sobre los cubanos tiene los más negativos pensamientos. La República está muy lejos de ser lo que él había soñado. Crecientemente enfermo, el 23 de enero de 1925 se cierra la luminosa órbita de la vida de quien tuvo todos los talentos y las más patrióticas virtudes. No hay ninguna otra figura que se le asemeje en su total personalidad.

Enrique José Varona (1849)

Nació en Camagüey en 1849, donde hizo sus estudios. Más que en planteles de enseñanza, aprendió por sí mismo. A los dieciocho años se conocían ya sus primeras producciones, después de haberse leído a los clásicos griegos, latinos y españoles.

En 1868 publicó sus *Anacreónticas*. Y al saber del levantamiento de los camagüeyanos en noviembre para secundar a Carlos Manuel de Céspedes, Enrique José tomó el camino de la manigua. Pero no tardará en revelar su incapacidad física para las acciones militares. Se le obliga a regresar a su hogar.

En el 78 publica el volumen *Poesías*. En el 79 aparece incluido en la colección *Arpas Amigas* con Francisco y Antonio Sellén, Esteban Borrero Echevarría, Diego Vicente Tejera, José Varela Zequeira y Luis Victoriano Betancourt. En ese mismo 79, edita *Paisajes*, en cuyos poemas aparece el sentimiento patrio ligado a la tierra nativa.

Arriba a La Habana. Colabora en la *Revista de Cuba*, de José Antonio Cortina. En su segundo volumen aparecen dos trabajos de Enrique José. Uno es *El personaje bíblico Caín en las literaturas modernas*, que revela muy vastas lecturas de la literatura europea. El otro es *La Psicología de Bain* el filósofo escocés. Y siguen apareciendo otros sin interrupción.

En 1880, en la Academia de Ciencias, ofrece su curso sobre Lógica. En el 81, el segundo, sobre Psicología. Y el tercero, en el 82, sobre Moral. Los tres cursos se conocen con el título de *Conferencias Filosóficas*. A cada uno de los tres correspondió un libro.

Los que tuvieron el privilegio de escucharlo quedaron asombrados ante la inmensa suma de conocimientos que había sido capaz de acumular en su cerebro aquél joven camagüeyano de tan apacible talante. Este justificado asombro creció notoriamente tras los siguientes ciclos. Aquello fue un acontecimiento insólito. Desde entonces el nombre de Enrique José Varona quedó definitivamente consagrado. Seguidor de Comte y aún más de Spencer había asimilado con claridad suma los principios del Positivismo en relación con la Lógica, la Psicología y la Moral. Toda una novedad. Un acontecimiento de la más alta cultura.

En 1883 publica *Estudios Literarios y Filosóficos*, con piezas publicadas en la *Revista de Cuba* entre el 77 y el 82. Entre ellas *La Metafísica en la Universidad*. Rebate las opiniones del profesor Teófilo Martínez Escobar. Si éste sigue a Krause, para emular la moda española, Varona, positivista, proclama el relativismo. El busca la explicación de todos los fenómenos en las ciencias.

Otros trabajos incluidos en la parte filosófica son *La moral en la evolución, La evolución psicológica, La Psicología en sus relaciones con la Filosofía, La Gracia, El Positivismo, Elogio de José de la Luz y Caballero, El Idealismo y el Realismo en el Arte...*

Positivista, rechaza la causa primera, la causa sin causa. No cree en el libre albedrío. Está convencido de la existencia del determinismo, siempre condicionado por factores biológicos, psicológicos, históricos y naturales. Si bajo este determinismo surge la voluntad personal, el hecho es un puro espejismo.

Partidario de los métodos experimentales, está afiliado al empirismo. No concibe lo sobrenatural. Le repugnan las vanas especulaciones de cuantos tratan de penetrar en los enigmas del Cosmos. No acepta lo que no pueda explicarse científicamente. Exhibe una racional concepción del mundo. Este no es más que una lógica correlación de fuerzas. Seguidor de Comte, Spencer, Locke y Darwin rechaza el Idealismo de Hegel, la Metafísica de Krause, el Intuicionismo del entonces joven Bergson.

En la parte literaria repite *El personaje bíblico de Caín en las literaturas modernas* e incluye *Ojeada sobre el movimiento intelectual de América* y artículos de crítica literaria y unos otros en torno a cuestiones filosóficas. En 1887, otro volumen, *Seis Conferencias: El poeta anónimo de Polonia, Sobre Cervantes, Ideas sobre la educación de la mujer, Víctor Hugo, poeta satírico y Dos teorías sobre el amor*.

En el 91, un volumen más con, *Artículos y Discursos, El bandolerismo en Cuba* y estudios dedicados a Tristán de Jesús Medina, Plácido, Ramón Vélez Herrera, José Silverio Jorrín, el Conde Pozos Dulces, Rafael María Merchán, Aniceto Valdivia...

Con la muerte de José Antonio Cortina desaparece la *Revista de Cuba* y Varona, que ha estado tan identificado con la publicación, la continúa con la *Revista Cubana*. Aparte de algunas de las firmas que aparecieron anteriormente, las hay nuevas: Aurelio Mitjans, Francisco y Antonio Sellén, Esteban Borrero Echeverría, Diego Vicente Tejera, Domingo Figuerola Caneda, José de Armas y Cárdenas (Justo de Lara), Juan Miguel Dihigo, Alfredo Zayas, Rafael María Merchán, Aniceto Valdivia (Conde Kostia), Julián del Casal, Rubén Darío, Rafael Montoro, Raimundo Cabrera, José Silverio Jorrín y muchos más. Se mantuvo al mismo nivel intelectual. Y si aquélla alcanzó dieciséis tomos, ésta, que llegó hasta el inicio de la guerra de Martí, publicó veintiuno.

Paralelamente a toda esta producción literaria, completada con las constantes actividades intelectuales, Varona no se desentendía del problema de la Isla. El separatista del 68 se acogió al autonomismo como el único modo de servir a su patria. Electo diputado, viajó a España. De regreso en el 91 hizo escala en Nueva York y pudo conocer a Martí y hablar largamente con él. Fundado el Partido Revolucionario Cubano en abril del 92, Martí envió un emisario, Gerardo Castellanos y Lleonart, para visitar a los compatriotas que era necesario involucrar al movimiento. Entre ellos, Varona. Enrique José de inmediato se puso a las órdenes del Delegado.

Al estallar la revolución, Varona se dirigió a Estados Unidos, donde Estrada Palma le encargó la dirección de *Patria*, el órgano del Partido. Fue él quien redactó el documento "Cuba contra España", destinado a circular por los países hispanoamericanos. Disertó sobre "La política cubana y los Estados Unidos", sobre "El fracaso colonial de España" y sobre "Martí y su obra política".

Terminado el conflicto hispano-americano, el gobierno Interventor lo nombró Secretario de Instrucción, y llevó a cabo la reforma de toda la enseñanza, desde la primaria hasta la universitaria. Se le designó profesor de Sociología. Se mantuvo al margen de la política. No estuvo en la Convención Constituyente. No fue elegido al Senado. No estuvo en el gabinete de Tomás Estrada Palma. Se mantuvo en la Universidad, donde enseñará también Filosofía. Siguieron sus publicaciones: *La función social de la Universidad*, *El imperialismo a la luz de la Sociología* y *Mirando en torno*, con páginas inspiradas por el derrumbe de la República.

En 1907, aparte del *Elogio de Esteban Borrero Echevarría*, con motivo de su muerte, un delicioso volumen, *Desde mi Bel-*

vedere, con numerosos artículos sobre los más variados temas. Y con ellos, la evocación de grandes figuras de las letras extranjeras: Heine, Balzac, Poe, Baudelaire, D'Anunzio, Ruskin, Nietzsche, Ibsen...

Al llegar en 1912 la elección presidencial, el Partido Conservador postula por segunda vez a Mario G. Menocal, y éste se hace acompañar por Varona como candidato a la Vicepresidencia. Electos, el ilustre pensador asume la presidencia del Partido. Pero el patricio va a sufrir las más dolorosas frustraciones al observar la conducta del gobierno, muy distante de lo que él esperaba. Tan lleno está de amargura que, en 1916, al ingresar en la Academia Artes y Letras, en vez de pronunciar la disertación que todos esperaban, lanza una terrible filípica en contra del Poder Ejecutivo.

Al año siguiente, en 1917, *Violetas y Ortigas,* volumen en el que abundan críticas literarias sobre autores cubanos, españoles y extranjeros, con un contenido semejante al de *Desde mi Belvedere.* En el 18, colección de discursos bajo el título de *Por Cuba.* En el 19, *De la Colonia a la República.* En el 21 sorprendió con sus *Poemitas en Prosa.* En el 27 *Con el eslabón*, colección de aforismos.

En 1929 cumplía los ochenta años y con la más melancólica aflicción contemplaba como la República entraba en una crisis muy peligrosa. Cuando la protesta en contra de la reforma de la Constitución y de la prórroga de poderes comienza en la Universidad, los estudiantes van a su modesta casa en pos de apoyo moral, y lo da. Varona es en esos momentos un símbolo de la Cuba eterna.

Tras la caída de Machado, se produce la muerte de Varona, el 19 de noviembre de 1933, a los 84 años.

Rafael Montoro (1852)

Tan insignes coetáneos suyos como Manuel Sanguily y Enrique José Varona, que tuvieron el privilegio de escucharlo, lo tuvieron, respectivamente, como la cima de las eminencias de la palabra y como el alma y el verbo del autonomismo. Muy distinto a Figueroa, todo fuego, y a Cortina, todo pasión, cada discurso suyo tenía la armoniosa arquitectura de una catedral gótica.

Nació en La Habana en 1852. Estudió en Estados Unidos y en España. Su larga estancia en Madrid le permitió darse a conocer e inspirar la admiración a que obligaban la majestad de su persona y la sabiduría de su conversación y su elocuente oratoria. Su presencia en el Ateneo era un precioso regalo para cuantos pudieron oírlo. Alternaba la tribuna con la letra impresa. Publicaba muy enjundiosos artículos en la *Revista Contemporánea* y en la *Revista Europea*. Su saber no tenía límites. Las áreas de su cultura más sobresalientes eran la Filosofía, la Historia. las Ciencias Políticas, la Economía... La lectura de la literatura inglesa, especialmente la de sus grandes oradores y políticos, puede haber influido mucho en el estilo de su conducta dentro y fuera de la tribuna.

Estaba presente también dentro de la Asociación de Escritores y Artistas Españoles. En la misma promovió una escuela de oratoria, convencido de que no se puede ser un político ni un intelectual sin un eficaz dominio de la palabra. En todo momento exhibió la nitidez de sus ideas y la claridad de su expresión ambas con una serenidad que nada tenía de ibérica ni de tropical.

Cuantos le conocieron tuvieron que admirarle además sus excepcionales prendas personales. Era sencillo y sincero. Impresionaba su afable naturalidad. No podía descubrírsele asomo alguno de orgullo. Era demasiado grande para caer en una injustificada simulación.

Regresó a La Habana tras tantos años en España. Allá pasó toda la guerra de Céspedes. Su conocimiento de los españoles era absoluto. Conocía la tabla de sus valores y las claves de su conducta. No ignoraba las trastiendas de los políticos ni cuanto pudiera haber en la Península tanto de positivo como de negativo. Y con esta suma de vivencias comenzaba una nueva vida en su patria. Con sus veintiséis años tenía un destino que cumplir.

Tras el Pacto del Zanjón, sobre las bases de la nueva política española promovida por Arsenio Martínez Campos, por primera vez se fundan organizaciones políticas. La primera es el Partido Liberal que se convertirá prontamente en el Partido Autonomista, porque realmente las reformas que sus líderes planteaban configuran una autonomía.

Los autonomistas comenzarán una intensa campaña de divulgación de sus principios y de sus metas. Con esta difusión, la conquista de prosélitos. Sucesivos mítines en todo lugar disponible, desde un teatro hasta un parque. En algunas ocasiones, banquetes. Aunque José María Gálvez es el presidente y hay otras prominentes figuras. Montoro sobresale. Y con él, Figueroa y Cortina. Son los tres más jóvenes.

Al unísono escribe en *El Triunfo*, bajo la dirección de Ricardo del Monte. Dificultades con las autoridades españolas obligarán a publicar *El País*, al que sucederán otros. En todos ellos colabora Montoro. Si cada uno de los líderes es una cátedra, ninguna más erudita, ni más brillante que la suya. Es un coloso.

Cuando llega el momento de elegir diputados a las Cortes, Montoro es electo y se traslada a Madrid. El diputado cubano luce a la par de los más elocuentes y eruditos tribunos españoles.

Montoro, a pesar de su inmenso talento, cometió el error de creer en España y de sostener la tesis de que era posible realizar una revolución dentro del marco de la política española. No admitía la fatal necesidad de que se repitiera la guerra del 68, tal como realizarán los hombres del 95.

Deslumbró pero no convenció, ni logró derrumbar la resistencia española hasta que Antonio Maura, Ministro de Ultramar, elaboró un plan de reformas, que tanto combatió Martí. Caído Maura, como consecuencia de la mecánica parlamentaria, surgió otro proyecto, que aunque no era tan favorable como el otro, resultaba aceptable. Era el de Abarzuza, que llegó a ser aprobado.

Pero con esta aprobación surgió la guerra convocada por Martí. ¿Fue un error de los autonomistas no renunciar a su política ante la aparición del nuevo esfuerzo revolucionario? Se mantuvieron en su posición, ignorando lo que ocurría en la manigua. ¿No los conmovió el bélico acontecimiento de la invasión? Y a fines del 97 cuando España ve fracasada la criminal política de Weyler, anuncia el establecimiento de la autonomía. El gobierno autonómico queda instaurado el primero de enero del 98, bajo la presidencia de Gálvez. Montoro es secretario de Hacienda.

Los voluntarios protestan violentamente en contra de la autonomía. Son tan alarmantes los hechos que el Cónsul americano solicita un barco de la Marina. Llega el *Maine*, y pocos días después explota. La noticia estremece al pueblo de los Estados Unidos. La prensa informa exhaustivamente con los más encendidos tonos. El Congreso americano reconoce el derecho de Cuba a la independencia. McKinley declara la guerra y los autonomistas se sitúan al lado de la Metrópoli. Los americanos, con la decisiva colaboración cubana, derrotan a las fuerzas españolas. Su flota se hunde en Santiago. El primero de enero del 99 España abandona Cuba.

Cuando se inicia el proceso electoral, Montoro se incorpora al Partido Unión Democrática, que preside Eusebio Hernández, en correspondencia a la invitación que le han hecho el general Carlos García Vélez y el diplomático Arístides Agüero. Con la inauguración de la República no desaparece del escenario. Mantiene su vigencia hasta la presidencia de Zayas. Ministro Plenipotenciario en Inglaterra y Alemania con José Miguel Gómez, candidato a la vicepresidencia con Menocal en su primera aspiración presidencial, secretario de la Presidencia con éste en sus dos períodos y de estado con Zayas. Además miembro de la Delegación cubana a las Conferencias Panamericanas de Río de Janeiro y de Buenos Aires.

Paralelamente a esa trayectoria, su labor literaria, recogida en 1930 en cuatro grandes volúmenes. El primero, con sus discursos políticos y parlamentarios. El segundo y el tercero, con sus conferencias y ensayos filosóficos y literarios. El cuarto, con trabajos históricos, jurídicos y económicos.

En su juventud, antes de entrar en las actividades políticas, se sintió muy atraído por la Filosofía, de la que llegó a tener un vastísimo conocimiento. Su admiración hacia Hegel lo llevó a proclamarlo como el más grande de los filósofos, pero igualmente lo influyó el pensamiento de Kant. Escribió sobre éste y sobre el Neokantismo y su influencia en España. Un ensayo muy destacado suyo se refiere a lo publicado por José del Perojo sobre el *Movimiento Intelectual en Alemania*. Se ocupó tanto del misticismo como del panteísmo de pensadores germánicos.

Mucho escribió de críticas literarias sobre figuras clásicas, españolas, europeas y cubanas. En lo histórico, sobre Colón con motivo del IV Centenario del descubrimiento. En el nivel político, *Deberes de la Democracia e Higiene de la Política*.

Terminada su última función pública, permaneció en la casa de la calle Neptuno, que le había sido regalada por suscripción popular. Desde ella siguió con dolor el curso de los dramáticos sucesos que provocó la reelección de Machado. Con la caída de éste, el 12 de agosto de 1933, acabaron los días terrenales de Rafael Montoro.

Raimundo Cabrera (1852)

Nació en Güines el 9 de marzo de 1852 dentro de una humilde familia. A los doce años se le reveló con tanta fuerza su vocación literaria que empezó a escribir y entregar sus textos a los periódicos locales. Gratuitamente ingresó en el colegio "San Francisco de Asís", en La Habana, y en el 68, enterado del levantamiento encabezado por Céspedes, se lanzó a la manigua con dieciséis años. Apresado, sufrió la dolorosa experiencia de pasar de una cárcel a otra.

Libre, decidió ir a España y estudiar. Pero como no tenía dinero confesó su deseo a varias personas tan destacadas como pudientes y las mismas correspondieron positivamente al empeño de Raimundo. Graduado de abogado, regresó a Cuba y se dispuso a ejercer su profesión. Lo ayudaban su tan agradable estampa, su talento, su responsabilidad y su creciente prestigio.

Lo va a consagrar como patriota y escritor un libro,"Cuba y sus jueces" que publicó en 1883 para ripostar lo publicado por un periodista español de paso por la isla. Ante las falsedades de éste, el cubano las fue rechazando una a una hasta escribir la obra en cuyas páginas está vaciada la verdadera Cuba en todas sus áreas. El volumen tuvo tal éxito que las reediciones se sucedían una tras otra.

Este éxito editorial repercutió muy positivamente en su oficina de abogado y en su propia vida. Si al regresar a Cuba se integró al periodismo güinero, en 1897 se lanzó a publicar la revista "Cuba y América", que también circulaba en Nueva York y que duró hasta 1917. Ante la violencia de la política cubana con el famoso "cambiazo" de Menocal en contra de Zayas, tuvo que abandonar la isla y trasladarse a Estados Unidos.

Sin que fuera un político profesional estaba afiliado al Partido Liberal y fervorosamente patriota nada de la vida pública cubana le era indiferente. Otra actividad periodística suya fue la de "El Tiempo" que fundó en 1909 y que duró hasta 1912, paralelamente a la presidencia de José Miguel.

Aparte del periodismo, si con "Cuba y sus jueces" estrenó su carrera de escritor, la seguirá en el 87 con una suscinta biografía de

Luz Caballero. En el 89 con un pequeño volumen sobre Estados Unidos. En el 91, "Mis buenos tiempos". En el 92, "Cartas a Govín". En el 98, "Episodios de la guerra" y "Mi vida en la manigua". En 1906, "Cartas a Estévez y Romero". En 1912, "Desde mi sitio". En el 14, "Los partidos coloniales".

Y después de estos títulos tan personales, tres novelas. En el 16, "Sombras que pasan". En el 18, "Ideales". En el 19, "Sombras eternas". Escritas con la fluidez que exige el género y, sin que pueda decirse que son novelas históricas, sí admiten la calificación de políticas. En todas ellas están las experiencias que se han vivido en la vida pública de Cuba.

El patriota que es Cabrera se siente dolorosamente defraudado con los hechos y cohechos de los políticos. En 1920 publica "Mis malos tiempos", con la confesión de cuanto ha visto o sabido del panorama nacional.

En 1923 se le ofrece un grandioso homenaje. Y ese mismo año fallece el 21 de mayo. Si todo cuanto escribe es de una absoluta amenidad, en sus páginas están sus personales vivencias a lo largo de siete décadas. Pero sin restarle valor a su obras, lo más fundamental de él es la calidad de su persona y el ejemplo de su vida, toda integridad. Al cabo de tantos años de su muerte, ha quedado como una figura paradigmática para todas las generaciones.

Juan Gualberto Gómez (1854)

Evocar la vida de Juan Gualberto Gómez constituye una suprema lección de ciudadanía. Recorrer la trayectoria de su fecunda existencia equivale a una constelación de los valores morales. Asomarse a la limpidez de su conciencia, a la rectitud de su pensamiento, a la utilidad de su permanente quehacer significa calibrar las más puras calidades humanas.

Su recorrido vital fue una constante ascención. Nació libre de una madre esclava y cuando murió, en pobreza semejante a la de su nacimiento, era un prócer de la República.

Tuvo la vocación del patriotismo. La patria fue su quehacer y el civismo su oficio. Vivió siempre con sentido público, en constante actitud de servicio nacional. Por eso se sintió siempre político en cuanto esta actividad equivale a ser un trabajador de la nación. Fue político en los tiempos sombríos de la colonia y en los tiempos polémicos que se iniciaron con el cese de la dominación hispánica. Vivió siempre en contacto con las muchedumbres. Y para llegar a ellas se sirvió de su palabra, y se valió siempre del periodismo. Periodista fue Juan Gualberto desde los días inolvidables de París hasta los instantes en que su espíritu se cargó de rebeldía para condenar la deslealtad con que un cubano burló la Constitución.

La política y el periodismo fueron las dos grandes vertientes de su vida, los dos instrumentos con que cumplió su destino de ciudadano, las dos permanentes actividades que consumieron su generosa existencia.

En París se reveló su conciencia de patria y se evidenció su vocación de periodista. La lejanía de su tierra, las frivolidades de París, las perspectivas que Europa le brinda no son suficientes para borrar en él la imagen del pueblo infeliz en que ha nacido. El niño de Sabanilla del Encomendador, que estuvo en La Habana durante breve estancia, que no pertenece a las clases rectoras de la nación, que salió de Cuba sin conocer su historia ni sus prohombres, se transforma en Francia en un vehemente patriota.

Este es el Juan Gualberto de dieciocho años de edad, el Juan Gualberto de París. Desde ese momento, comienza una larga trayectoria ciudadana, una ejecutoria cívica que tramonta los cincuenta años, y cuando llega a su ancianidad muestra el ejemplo de una vida consumida sin una sola sombra.

En México, en plática con don Nicolás Azcárate, lo sorprende el Pacto del Zanjón. Ante la noticia de la paz, el reformista no puede expresar su júbilo porque contempla la tristeza que invade el rostro del joven patriota, y cuando el abogado ilustre habla del retorno a Cuba, el joven separatista dice que no puede volver a Cuba después del fracaso de los revolucionarios.

Azcárate lo decide, y vuelve a la patria, pero no para disfrutar de la paz. Hace periodismo y política. Escribe en *La Discusión* de Márquez Sterling y funda *La Fraternidad*, cuyo solo nombre constituye un símbolo y una consigna.

Defiende con ardor los principios del liberalismo y de la democracia, y trabaja sin resentimiento y sin odios por el ascenso de su raza. Ahora se inicia una militancia que no tendrá tregua, porque lo ejemplar en Juan Gualberto es esa ininterrumpida continuidad en la acción. Hay en casi todos los grandes servidores de la patria sus desoladores momentos de escepticismo, pero él fue un optimista sin quiebra. Vivió siempre inmerso en la lucha, con la voz alzada. Nunca se apagó su palabra ni nunca le dio reposo al pensamiento mientras Cuba reclamaba el servicio de los mejores ciudadanos.

Con Martí trabajó en intentos revolucionarios cuando el Pacto del Zanjón empezó a ser una desilusión y su militancia separatista desembocó en Ceuta. A las tierras africanas fue a padecer el dolor de patria. A aprender, con la pérdida de la libertad, que el destino del hombre está en ganarse el derecho a ser libre. El destierro acendró sus sentimientos de cubano y marcó la definitiva orientación de sus vida. Él será siempre un apóstol del derecho, un adalid de la justicia y un infatigable promotor que ofrendará sus mejores esfuerzos a favor de la independencia.

Labra le abre el camino en Madrid, pero Madrid no es para Juan Gualberto olvido de Cuba, ni frivolidad ni ambición personal. En España ve el mejor palenque para defender a su patria. Ocho años transcurren en la capital de la Metrópoli. Por sus talentos y virtudes asciende y triunfa. Pero no piensa en sí. Ya no tiene más preocupación que el cumplimiento de su destino. Cuba es su quehacer, su preocupación y su ideal. Para Cuba trabaja a través del periodismo, al lado de Labra cuando defiende las reformas y la abolición del Patronato. Para Cuba trabaja cuando colabora con los autonomistas, cuando rechaza el cargo que se le ofrece en el Ministerio de Ultramar y cuando publica *La Cuestión de Cuba*.

Cuando los grandes próceres se sienten decepcionados, cuando casi todos consideran inútil el esfuerzo, Juan Gualberto, el amigo de Martí, desde Madrid, con profunda visión de estadista, con sorprendente habilidad de político, con la certera perspicacia de quien comprende el signo de los tiempos y la realidad inesquivable de las circunstancias, sin renunciar a su ideales separatistas, labora con cuantos aspiran a adelantar en Cuba la implantación de medidas de progreso y bienestar.

Los separatistas lo atacan por considerarlo autonomista y los autonomistas le lanzan las saetas de la injuria y la calumnia. Pero él, siempre dueño de sí, se defiende con la suprema elegancia de quien dice la verdad sin ofender. Vive días de angustia que tienen categoría de genuino heroísmo civil. Pero, convencido de su apostolado, flota por encima de todas las circunstancias, para dar en 1890 la más sorprendente lección de patriotismo: abandona a Madrid y vuelve a Cuba a defender, desde las páginas de *La Fraternidad*, la independencia de su tierra.

El programa de La Fraternidad es uno de los documentos políticos más importantes de la historia de Cuba. El patriota, leal a sí mismo, quiere poner la acción en consonancia con su pensamiento, y con enorme sacrificio personal, abandona la capital española para entregarse riesgosamente a defnder la libertad de la patria. No importa que confiese hábilmente que trabajará por la independencia sin promover la revolución. La audacia termina en la cárcel y ocho meses de reclusión son inútiles para acallar la voz que vibra desde las páginas de su periódico.

Por eso es que Martí, al fundar en 1892 el Partido Revolucionario Cubano, piensa en él inmediatamente. Comienza un nuevo ciclo cívico. Se inicia la etapa de la conspiración. Ya Juan Gualberto no es el hombre que defiende la independencia sin promover la lucha armada. Ya es el revolucionario que agita y enciende voluntades para precipitar la guerra justa y necesaria. Él es el representante de Martí en Cuba, y como tal fue quien recibió la orden del levantamiento y fue uno de los alzados el 24 de febrero del 95.

Lo de Ibarra no significa para Juan Gualberto un hecho negativo. El desastre no pone una sola mancha sobre su patriotismo. Él fue al lugar escogido para la sublevación, y si los demás no acudieron, el fracaso constituye una victoria moral para quien estuvo presente en la cita.

Siempre después de Martí vino Ceuta. Como en 1879, en 1895 volvió a África. Pero entonces no retornó a Madrid. En la deportación estuvo mientras duró la guerra, y cuando ésta cesó volvió a Cuba para asumir la función de miembro de la Asamblea de Representantes de la Revolución Cubana.

Polémica y ardorosa fue la breve existencia de la Asamblea que comenzó sus sesiones en Santa Cruz del Sur y las concluyó en el Cerro. En ella trabajó Juan Gualberto a favor del licenciamiento del Ejército. Quiso el destino que conjuntamente con Manuel Sanguily y otros, desembocaran en la moción que demandó del Cuerpo la destitución de Máximo Gómez por haberse arrogado facultades legales que sólo correspondían a la Asamblea. Este hecho constituye uno de los momentos más discutidos de la historia cubana.

Juan Gualberto entró en la realización de sus mejores ensueños a través de aquellos momentos de transición entre la Colonia y la República. Periodista y político, dirigió *Patria* y promovió la organización del Partido Republicano. Desde las páginas del periódico vigiló los más auténticos intereses cubanos. Tuvo censuras valientes y serenas para el general Wood. Recorrió la isla en busca de voluntades para sus propósitos.

En la Asamblea Constituyente su presencia fue luminosa y aportó sus talentos y esfuerzos para que la Carta Magna de la nación fuera una perfecta ley de leyes. Pero cuando él se crece, cuando él simboliza las más corajudas rebeldías de su pueblo es en el momento en que la Asamblea entra a discutir la cuestión de las relaciones de Cuba con los Estados Unidos. Cuando éstos imponen la fórmula de la Enmienda Platt, cuando los espíritus más valientes vacilan y cuando Manuel Sanguily, después de haber propuesto la disolución del Cuerpo, transige, Juan Gualberto se yergue inconmovible. Él es el autor del voto que rechaza el apéndice

Juan Gualberto vive entonces días de amarga aflicción. Maltrecho por la derrota sufre el dolor de ver la sombra de la Enmienda Platt sobre el destino cubano. Pero su actitud representará siempre un ejemplo de honrosa terquedad patriótica y de romántico civismo.

Surge la República y él, que no tiene función pública, funda *La República Cubana*, el periódico a través del cual defenderá los intereses nacionales, aportará sus más certeras orientaciones, censurará los errores del Presidente y trabajará por el ascenso de su raza. Juan Gualberto permanece amarrado a su destino. Él no es más que un servidor de la nación. Y si grande fue durante los treinta años que corren desde París al logro de la independencia nacional, más grande fue Juan Gualberto en los treinta años que transcurren desde el 20 de mayo de 1902 hasta el instante de su acabamiento terrenal. Ahí está su grandeza. Trabajó en la colonia por la República con desinterés y limpieza, y en la República con pulcritud y desprendimiento se afanó por eliminar los residuos del pasado. Llegó a la República en la pobreza, y sin más riqueza que el honor abandonó la vida terrenal.

El revolucionario y el ciudadano tuvieron una pareja grandeza. Sin cansancio laboró por la independencia de Cuba y sin una evasión trabajó por el auge de la República. Fue hombre de partido pero no de partidarismo, porque por encima de todo interés sectario estaba para él la nación. Fundó el Partido Republicano, intervino en la integración del liberalismo, alentó la organización del Popular, pero jamás se sirvió de ellos para satisfacer apetencias personales. Pasó por ellos con probidad y honor.

Desde su periódico fue el más obstinado opositor de don Tomás Estrada Palma, pero su juicio brotó siempre con elegante serenidad. Y al producirse la crisis institucional, y al asumir los Estados Unidos de nuevo el rectorado del país, Juan Gualberto sirvió a la nación desde la Comisión Consultiva. Fue fecundo legislador, y en pragmáticas necesarias y trascendentes para la vida jurídica nacional quedó la marca de su inteligencia y de su patriotismo.

A la Cámara de Representantes llegó tardíamente porque, gran político, tuvo la ineptitud de lo electoral. Pero la derrota no puso mengua en el entusiasmo perenne con que aspiró a ser útil a su pueblo. Cuando en 1914 sale triunfante se sintió feliz, más que por el honor ganado, por la responsabilidad que asumía. De la Cámara pasará al Senado en el 16.

Con los años ascendía su prestigio, porque el pasado de Juan Gualberto era su mejor galardón. El patriota tenía categoría de prócer. Dejó de ser Juan Gualberto para comenzar a ser don Juan. Tan sencillo, tan modesto, tan cordial, era grande por mandato de la naturaleza. Por grande fue siempre sincero y leal. Fue honrado y la pobreza en que vivió es la prueba mayor de su honradez. Fue leal hasta el sacrificio. Por ser leal a su palabra, comprometida con los conservadores para obtener la postulación de Zayas, dejó a Zayas, cuando éste, burlando un compromiso, apoyó al candidato liberal.

Tiene setenta años en 1924. Lleva diez lustros de tarea ciudadana, sin una sola tregua. Medio siglo de lucha y de orientación, de siembra perenne de ideas y de ejemplos. Cuando tiene derecho a la quietud Juan Gualberto está presente en la actividad política nacional. Ha sido electo un nuevo Presidente y él ha salido del Senado. Para servir a la República, funda un periódico. Lo nombra *Patria*.

Nadie dice entonces expresiones más desnudas y certeras sobre la realidad cubana que don Juan. Con toda la autoridad histórica que le respalda, dice palabras de alarma cuando el nuevo Presidente no ha cumplido un mes de haber asumido el rectorado de la República. A través de *Patria* prosigue inalterablemente la ejecutoria que surgió a la sombra de Aguilera.

Cuando la alarma de don Juan desemboca en la desilusión que el primer magistrado pone en los espíritus cubanos, y el país se moviliza para rescatar el imperio de la Constitución, él, consecuente con su historia, dice de nuevo presente. Él no puede callar cuando la patria es agredida. Emite su protesta y se enrola en la lucha.

En vano se le organiza hábilmente un magno homenaje nacional para atenuar su oposición al gobierno. Quien ocupa la más alta función de la República coloca sobre el pecho del prócer la Gran

Cruz de Carlos Manuel de Céspedes. Aquello fue una apoteosis. Pero lo más grande de aquella fiesta fueron las palabras del anciano. "Juan Gualberto con Cruz es el mismo que Juan Gualberto sin Cruz".

En la última jornada de su civismo lo sorprendió la muerte el 5 de marzo de 1933. Su historia es una lección de un eterno valor moral.

Antonio Sánchez de Bustamente (1865)

Dentro del infausto episodio del fusilamiento de los ocho estudiantes de Medicina se recuerda al profesor que impidió tan dignamente que se llevaran a sus alumnos, ése era su padre.

El hijo, nacido en La Habana el 13 de abril de 1865, tenía entonces seis años. Estudio la secundaria en el Colegio de Belén y se graduó de bachiller en el 80.

En la Universidad de La Habana estudió todos los Derechos y a los veinte años ya estaba enseñando. En 1890 se le otorgó la Cátedra de Derecho Internacional Público y Privado.

En el 96 es diputado ante las Cortes. Y en la elección presidencial de 1901 se le hace senador por Pinar del Río, sin aspirarlo. El está fuera de la política y de los políticos.

Al lograr la absolución del representante Mariano Corona por matar a un colega fue tal el original espectáculo de su defensa que desde ese momento quedó consagrado como un insólito abogado.

En 1903 se discute en el Senado el Tratado de las Relaciones Comerciales de Cuba con Estados Unidos. Manuel Sanguily lo objeta y Bustamante lo defiende. Es un duelo verbal de dos colosos de la elocuencia. Aunque por una estrecha diferencia el joven senador salió victorioso.

En 1910 al fundarse la Academia de Artes y Letras se le nombra su presidente Y él funda la notable "Revista de Derecho Internacional". Bustamante representa a Cuba en el Tratado de Versalles y cuando la Liga de las Naciones crea el Tribunal de Justicia de la Haya en 1922 se le nombra uno de sus magistrados. Ya es internacionalmente conocido por cuanto ha publicado sobre los dos aspectos del Derecho Internacional.

En todas las reuniones Panamericanas se lamenta que no exista un Código de Derecho Privado y se piensa en él. Lo tiene escrito desde 1925 y lo presenta en la Sexta Conferencia celebrada en La Habana en 1928. Aprobado rige en gran parte de América.

Este evento, que contó con la presencia del presidente Coolidge coincidió con el proyecto de Machado de prorrogarse.

A esos efectos era necesario convocar a una Convención Constituyente que aprobaría o rechazaría lo que acordara el Congreso sobre el mensaje enviado por el Poder Ejecutivo.

Machado le pidió a Bustamante que presidiera la Asamblea y el ilustre internacionalista accedió ante el aura que en esos días rodeaba al presidente que, para mayor lustre, sería postulado por los tres partidos según el Cooperativismo inventado por el senador conservador Wifredo Fernández, muy admirado dentro de los mundos de la política y del periodismo.

Pero cuando el proyecto de Machado se hace realidad empieza la oposición sobre el ahora llamado dictador. Se le oponen el Directorio Estudiantil Universitario y el Movimiento Nacionalista promovido por Carlos Mendieta. Al cabo de cuatro años cae el gobierno y en la Universidad se empieza a expulsar a los profesores implicados con la tiranía. Uno de los acusados es Bustamante. César Celaya, auxiliar suyo, defiende al maestro de tan injusta condena y logra su rehabilitación

Don Antonio había publicado en 1931 los cinco volúmenes de su "Tratado de Derecho Internacional Publico" y en 1933 los cuatro del "Tratado de Derecho Internacional Privado".

Bustamante es más que un sabio internacionalista de prestigio mundial. Es un orador que brilla igualmente en las oratorias forense, política y académica. Y en las tres es un tribuno muy distinto a los más famosos por la elegante serenidad de su verbo. Por la exposición tan armoniosa que imprime a los temas. No hay retórica en ninguna de sus piezas, pero sí un aliento poético muy artístico. Todas revelan la vastedad y solidez de su cultura y con ella su sutil sensibilidad.

Dentro de lo académico, tanto lo literario como lo histórico. A parte de lo universal demuestra su cubanía. Con los pronunciados entre 1915 y 1923 publicó cinco volúmenes. Habló sobre Labra, Jesús Castellanos, Heredia, la Avellaneda, Luaces, Zenea, Cisneros, Máximo Gómez... Murió el 25 de agosto de 1951 a los ochenta y seis años.

José Antonio González Lanuza (1865)

Nació en la Habana. Después de sus estudios primarios y secundarios, se graduó de abogado. Y si siempre había sido un notable estudiante que no pasaba inadvertido por sus maestros, ahora deslumbra por su inteligencia, su cultura y su elocuencia. Ya le ha cuajado su carismática personalidad. Su conducta era siempre impoluta.

Desde que empezó a ejercer su carrera se impuso su fama como criminalista. No tarda en ser profesor de Derecho Penal. Entre sus defendidos está Juan Gualberto Gómez, acusado por las autoridades españolas de conspirador y revolucionario. Pero no tardó el propio Lanuza de ser juzgado, condenado y deportado a las cárceles que España tiene en África

Fue la consecuencia de sus actividades terroristas con Alfredo Zayas como respuesta a la criminal política de Weyler de "la concentración". Se ponían bombas con el cuidado de que no hubiera víctimas. Tras dos años, cuando España manda a Ramón Blanco para establecer la autonomía, recobra su libertad. Llega a Nueva York y es secretario de la Delegación del gobierno revolucionario, escabezada por Tomás Estrada Palma.

Y en el 98 es electo delegado a la Asamblea de Representantes de la Revolución. Él es de los que viajan a Washington con Calixto García para gestionar el empréstito que se necesita para el licenciamiento de los veteranos.

El gobernador Wood lo nombra Secretario de Justicia y de Instrucción Pública. Y cuando termina en el cargo, retorna a su cátedra de Derecho Penal. Vive el proceso electoral que lleva a don Tomás al palacio y tras esto sufre el drama de la reelección del presidente y el levantamiento de los liberales.

En 1906 es uno de los que van a Río de Janeiro para asistir a la Conferencia Interamerica y esto lo aleja de la situación de Cuba con la intervención que demandó el bayamés. Preside el Ateneo de La Habana del que fue uno de sus fundadores. Y si se nombra una Comisión encargada de revisar el Código Penal español del 1870 y además la Ley de Enjuiciamiento. Él está en ella como penalista y decano de la Facultad de Derecho de la Universidad. Ha seguido su su carrera de abogado superando la brillantez de sus primeros años dentro de la colonia.

Restablecida la normalidad política cubana con la elección de José Miguel Gómez, es electo Representante a la Cámara por el Partido Conservador. Será su presidente. Si ya era un elocuente orador forense ahora brilla con la mayor elocuencia parlamentaria. En favor o en contra interviene en todos los debates. Famoso fue cuando lo de la ley de divorcio que apoyó con la misma fuerza con que condenó la lotería.

Son históricos los debates entre Lanuza y el liberal Orestes Ferrara, un titán de la política, de la cultura y de la palabra. Fue uno de los que el 7 de diciembre evocaron en la Cámara a Antonio Maceo. En sus discursos, si demuestra la fluidez de su inspiración y el tan selecto léxico, sobresalen sus tan altos y atinados pensamientos. Igualmente cultiva la oratoria académica con los más variados temas: el ejercicio de abogacía, José María Heredia, el sufragio universal, Pedro González Llorente, la psicología de Rocinante, Tolstoi, Ana Negri, la niñez y la juventud del delincuente...

Aparte todas sus prendas intelectuales, José Antonio González Lanuza fue un cubano paradigmático por su honestidad y su patriotismo. Lamentablemente murió cuando estaba en la plenitud de su vida, en 1917, en medio de las tristezas que le produjeron el "cambiazo" de Menocal, convirtiendo la derrota en victoria, y el levantamiento de los liberales.

Ya Cuba no era lo que se había soñado. Ya en ese mismo año no eran pocos los eminentes cubanos que denunciaban los graves problemas que se padecían. Pero él se fue indemne de toda responsabilidad. Hasta la última generación republica muchos lo recordaban. Más que como penalista, como legislador. Y más que por su presencia en la Cámara, por su patriotismo con tantas virtudes.

Manuel Márquez Sterling **(1872)**

Nació en Lima en 1872. Su padre representaba al gobierno de Céspedes ante el del Perú. Y en el 78 con el término de la guerra de los 10 años la familia regresa a Camagüey. En el 87 se gradúa de bachiller e ingresa en la Universidad pero se siente más atraído por el periodismo que por la abogacía y la abandona. En el 94 está en México, conoce a Martí y con él funda una delegación del Partido Revolucionario Cubano.

Se incorpora al levantamiento con veintitrés años, pero el Consejo de gobierno lo manda a México, encargado de la propaganda que periodísticamente debe hacer en favor de la causa de los cubanos. En 1901, cuando la Constituyente manda una comisión para discutir con el Secretario de Estado la cuestión de la Enmienda Platt, él es uno de los periodistas que acompañan a los comisionados y va en representación de "El Mundo".

Desde sus primeros escritos el joven, además de revelar una apasionada vocación periodística, sorprende la singular calidad de su prosa. Y desde entonces durante toda su vida Márquez Sterling y Loret de Mola está presente en todos los episodios de la república. Al margen del periodismo, desde 1896 con veinticuatro comienza a publicar sucesivos folletos sobre los más variados temas. Y entre 1900 y 1907 edita los libros "Esbozos", "Tristes y Alegres", "Hombres de Pro", "Psicología profana", "Alrededor de nuestra psicología","Burla burlando".

Con el gobierno de José Miguel Gómez ingresa en la diplomacia y sirve al país en Argentina, Brasil. Perú, México. Está en éste cuando los sucesos de 1913. El presidente Madero ha sido derrocado y lo tienen preso con su vice. Informado el mandatario cubano se manda un barco de guerra para que traiga a La Habana a la familia. Pocos días después Huerta dispone que maten a los dos destacados presos y sobre todo lo ocurrido Márquez Sterling publicará en 1917 su libro "Los últimos días del presidente Madero". Una calle de la ciudad ostenta su ilustre nombre.

No quiere depender de las empresas periodísticas y en 1913 había fundado "El Heraldo de Cuba". Tres años después para reafirmar su independencia publica "La Nación". En éste, frente al alzamiento liberal, por la espúrea reelección de Menocal, acuñó la admonitoria frase que nunca se ha olvidado: "ante la intromisión ajena, la virtud doméstica".

En 1923 va a Chile con la delegación que el gobierno de Zayas manda a la Reunión Interamericana. Y con esa misma función asiste a la de La Habana en 1928. El país rechaza la prórroga de Machado y cae en una guerra civil. Márquez Sterling renuncia a la embajada de Washington para mediar entre el gobierno y la oposición. Habla con el presidente Machado y con los líderes de la oposición, pero nadie cede. Retorna a Estados Unidos y en Nueva York se reúne con los líderes que radican en esa ciudad. Esta gestión ha quedado documentada en su libro "Las conferencias de Shoreham".

En 1929 ha ingresado en la Academia de la Historia con un discurso en torno a la Heurística. Más tarde le ocurre lo mismo con la Academia de Artes y Letras. Tras la mediación de Welles, en la que intervino entre bambalinas el dictador, abandona la isla y los sectores oposicionistas nombran a Carlos Manuel de Céspedes y éste lo designa Ministro de Estado. Se producen el 4 de septiembre, la pentarquía y el gobierno de Grau. Este renuncia. Y él recibe la presidencia por un día y al cabo del mismo se la entrega a Carlos Mendieta.

Está de embajador en Washington y entre él y Cosme de la Torriente, Ministro de Estado, firman con sus homólogos la abrogación de la Enmienda Platt. Fue el día más feliz de su brillante trayectoria. Y dentro de ese mismo año fallece a los sesenta y dos años.

Su funeral fue tan oficial como solemne y multitudinario su acompañamiento. Era uno de los grandes de la república fuera de la veteranía y de la política. Periodista, escritor, diplomático, estadista. Un ejemplo puro y real de patriotismo.

Dentro de sus tres posteriores años se publicó su obra "El proceso de la Enmienda Platt". En el 37 la Dirección de Cultura publica una antología de sus artículos bajo el título de "Doctrina de la República". Y al crearse en el gobierno de Batista la Escuela de Periodismo se le puso su nombre. Aparte de todas sus funciones tenía la más vasta y sólida cultura. Tenía la armonía de la serenidad. Sencillo y humilde, no podía esconder su grandeza moral ni su tenaz cubanía.

Cosme de la Torriente (1872)

Nació en casa de tanta riqueza como abolengo el 27 de junio de 1872. Estudió la primera enseñanza con maestros que se trasladaban a la finca "La Isabel", en Macuriges, provincia de Matanzas, Cinco años de su vida transcurrieron mientras se desarrollaba la guerra iniciada en 1868. El niño creció oyendo hablar de Carlos Manuel de Céspedes, Antonio Maceo, Máximo Gómez, Ignacio Agramonte...

Cuando empiezan sus estudios les preguntaba a sus maestros sobre esos héroes. Y así se fue formando su conciencia histórica que mantendrá mientras viva. El interés por el inmediato pasado cubano le crece cuando asiste al Instituto de Segunda Enseñanza en Matanzas y cuando está en la Universidad de La Habana que le otorgará dos doctorados. El primero en Filosofía y Letras y el segundo mas tarde en Leyes.

Cuando se producen dos extemporáneos conatos de alzamientos que Martí reprueba, el joven Cosme viaja a Estados Unidos, donde se pone en contacto con compatriotas que le informan de todas las actividades que se desarrollan en torno al Apóstol. Cuando muerto éste se nombra a Tomás Estrada Palma para que lo sustituya en el puesto de delegado, Cosme está en la comisión que lo visita.

Ha decidido incorporarse a la guerra y se pone en contacto con Calixto García. Tras sucesivas frustraciones desembarca en la isla en marzo de 96, cuando ya Maceo ha llegado a Mantua y se encuentra peleando en la provincia de Pinar del Río. Por su juventud de veinticuatro años y su preparación académica es un patriota especial que interesa a los jefes. Y ellos le encargan importantes servicios.

Uno de ellos, bajo la jefatura de Mayía Rodríguez, estaba destinado a Maceo cuando éste ya está en la provincia de La Habana. En uno de los últimos días de este trágico diciembre pone en manos de Máximo Gómez los documentos relacionados con la muerte del Lugarteniente y de Panchito, su hijo.

Desempeña el cargo de auditor de la división de Remedios al mando de Francisco Carrillo y el Generalísimo le encarga la redacción de algunas leyes militares.

En septiembre del 97 es miembro de la Convención Constituyente de La Yaya y cuando termina su función tiene la alegría de incorporarse a las fuerzas de Calixto. Éste lo nombra ayudante-secretario. Y más tarde jefe del Estado Mayor de Las Tunas y del occidente de Holguín.

Desatada la guerra de Estados Unidos contra España, Calixto tiene una muy especial responsabilidad y Cosme no se separa de su lado. Está con él en Santa Cruz del Sur, cuando asume la presidencia de la Asamblea de Representantes de la Revolución Cubana. Lo acompaña en su viaje a Washington y sufre el dolor de verlo morir de una pulmonía.

Regresó a La Habana con el grado de coronel. Completó sus estudios de abogado hasta graduarse. Fue secretario del Gobierno provincial de La Habana y magistrado en las Audiencias de Matanzas y Santa Clara. El presidente Estrada Palma lo nombra Ministro Plenipotenciario en España y en Madrid supo reaccionar con toda cortesía ante una intemperancia de la Reina María Cristina. En Suiza le sorprenden las noticias de los sucesos de 1906 y que culminaron con el colapso de la república.

Con mucho dolor regresa a La Habana. Ingresa en el Partido Conservador y cuando Mario G. Menocal llega a la presidencia en 1913 lo nombra Secretario de Estado. Tras su brillante ejecutoria. Matanzas lo elige senador en las elecciones de 1916. Fundada la Liga de las Naciones en Ginebra, preside la prestigiosa delegación que manda Cuba.

Zayas eleva a embajada la representación de Cuba en Washington y quiere que Torriente sea el primer embajador. En esos momentos el ilustre cubano está en Ginebra presidiendo la Cuarta Asamblea de la Liga de la Naciones. Cuando regresa a La Habana renuncia a los años que le quedaban en el Senado y se dirige a Estados Unidos para tomar posesión del tan alto cargo que se le ha dado.

Uno de sus primeros triunfos fue el de la definitiva soberanía de Cuba sobre la Isla de Pinos. Pero cuando empiezan a producirse desavenencias en Cuba bajo la presidencia de Machado, renuncia y regresa a la isla donde le esperan cívicos deberes.

Machado quiere mantenerse en el poder. No sólo aspira a reelegirse sino que desea prorrogarse dos años más. A esos efectos envía un mensaje al Congreso para que convoque una Convención

Constituyente limitada a ratificar o rechazar lo que la Cámara y el Senado hayan aprobado en consonancia con la voluntad del naciente dictador. Y si esto fuera poco Wifredo Fernández inventa el "cooperativismo", a fin de que en vez de la lucha electoral de cada cuatro años los tres partidos postulen al mandatario.

Ante este proyecto se ha erguido la Federación de Estudiantes Universitarios y Carlos Mendieta ha organizado el Movimiento Nacionalista. Estas son las causas por las que Torriente renuncia la embajada de Cuba en Washington y regresa a La Habana.

De inmediato se solidariza con Mendieta que cuenta ya con tres coroneles de la Guerra y principalmente con Juan Gualberto Gómez. Al llegar Roosevelt a la presidencia, Torriente despliega sus contactos para que el hombre de la Casa Blanca se interese por el drama que se vive en la isla. Y es así como llega a La Habana Sumner Welles como embajador y enviado especial del mandatario americano.

El diplomático actúa con la más consumada diplomacia. Presenta sus credenciales y le pide a Machado autorización para las gestiones que proyecta tanto con los líderes del gobierno como los de la oposición. Y sin violencia alguna Machado sale de la isla.

Los más importantes sectores políticos en coordinación con el embajador forman un gobierno de concentración. Nombran presidente a Carlos Manuel de Céspedes, hijo del Padre de la Patria, con brillante carrera pública como diplomático y secretario de despacho. En Estado se designa a don Cosme.

Pero veinte días después la asonada del 4 de septiembre cambia el rumbo de la república. Después de tres meses de caos, los mismos sectores, con la colaboración de Welles, designan como presidente a Carlos Mendieta que restituye a Torriente en Estado. Y en esa función, que desarrolla con la cooperación de Manuel Márquez Sterling, embajador cubano en Washington, se abroga la Enmienda Platt, sin que este hecho provoque ninguna emotiva reacción en el pueblo.

A pesar de las violencias que no cesan Mendieta logra celebrar elecciones y electo Miguel Mariano Gómez, Torriente entrega a José Manuel Cortina la Secretaría de Estado. Funda y dirige la "Revista de La Habana". Sin más cargos oficiales, sigue siendo una personalidad nacional. Mientras, escribe sin cesar sobre temas cubanos e internacionales y está al tanto de lo que sucede en la isla: la destitución de

Miguel Mariano por querer rescatar el poder civil de las manos de Batista, Asume la presidencia el vicepresidente Federico Laredo Brú y la ejemplar Convención Constituyente de 1940.

Ante la Segunda Guerra el internacionalista observa todos los sucesos de Europa. En Cuba, Batista en palacio con un régimen semi-parlamentario. Los dos gobiernos auténticos le inquietan y comprende que los tiempos han cambiado. Con el golpe de estado de Batista se movilizará para mediar entre el gobierno y la oposición.

Visita y habla con Batista y promueve el Diálogo Cívico, pero todo fue en vano. Nadie cede y el gran patriota, muere en ese 56, a los ochenta y seis años con la tristeza de comprobar que los cubanos no querían entenderse. La muerte le evitó ver a su patria convertida en un país totalitario y satélite de la Unión Soviética.

IV

Figuras de la República

José Manuel Carbonell (1880)

José Manuel Carbonell nació el 3 de Julio de 1880 en el hogar encabezado por un patriota total: Néstor Leonelo Carbonell. Éste en 1888 había abandonado con su familia la isla. Después de una breve estancia en Cayo Hueso, se radica en Tampa. En 1891 Néstor Leonelo es el presidente del Club Ignacio Agramonte. Y fue Eligio, su hijo mayor, conocedor y admirador del apostolado de José Martí, el que propone que se le invite a Tampa con motivo de una conmemoración más del infausto 27 de Noviembre de 1871.

José Martí acepta. Llega a Tampa. En la noche del 26 pronuncia el discurso conocido con el título de "Con todos y para el bien de todos". Al día siguiente, en la fecha de la inmolación de los ocho estudiantes de Medicina, otra medular pieza, la titulada "Los pinos nuevos".

Lo que ha ocurrido en Tampa es cosa indescriptible. Néstor Leonelo, el padre ejemplar, y Eligio, el hijo que suscitó la presencia de Martí, viven momentos de histórica gloria. ¡Qué privilegio el de haber estado con el Apóstol!

Y allí, en medio de todo aquel glorioso alboroto de Tampa, de todo el emocionante apiñamiento que se produjo en el Liceo Cubano, hay un espigado niño de once años. Está todo vibrante de emoción. Sus ojos no se pierden un gesto, ni el más simple movimiento de José Martí. Cuando éste habla, todas las palabras, tan bellas como desusadas, llegan hasta su puro corazón. Es José Manuel Carbonell. El impacto que el Apóstol produce en el muchacho quedará para siempre en lo mejor de su espíritu y en lo más firme de su conciencia.

Pocas semanas después, en enero de 1892, volverá José Martí a Tampa. Ahora para que se aprueben las bases y los estatutos secretos del Partido Revolucionario Cubano, que se habían acordado en el Cayo. Tres veces más regresará Martí en el transcurso de 1892. Cuatro veces en el 93. Y dos en aquel febril año que para el Apóstol fue el 1894.

Jamás olvidará José Manuel los postreros momentos de la última visita de Martí. Los cubanos despedían al Apóstol. El adolescente, que no había aun cumplido los catorce años, porque eso fue el 26 de mayo de 1894, se arrojó a sus brazos para decirle adiós. El gran cubano lo acogió con paternal cariño y dejó en su frente un beso. El fuego y la luz de ese ósculo no se apagaron jamás en la frente del doctor Carbonell. Al fin, estalla la guerra. Pero tras del comienzo de Baire, la tragedia de Dos Ríos. La infausta noticia sacude a José Manuel. Su decisión es inapelable. Se lanzará a la manigua. Mientras tanto fundará un periódico, "El Expedicionario". Logró incorporarse a la revolución a principios de 1896, cuando aún estaba en los quince años.

Concluida la guerra, el Teniente José Manuel Carbonell, dentro del espectáculo de la ocupación americana, presencia los debates de la Asamblea del Cerro, la retirada de las fuerzas españolas y de los funcionarios de España, el licenciamiento del Ejército Libertador, los trabajos de la Asamblea Constituyente, el proceso de la Enmienda Platt, la celebración de elecciones generales y la inauguración de la República, el 20 de Mayo de 1902, con la toma de posesión del Presidente Tomás Estrada Palma y la instalación del Congreso.

Dos semanas después el joven Teniente del Ejército Libertador, periodista y poeta, va a hablar en el prestigioso Liceo de Guanabacoa. No puede tener otro tema que la personalidad, la vida y la obra del Apóstol. José Manuel queda consagrado esa noche como un mago de la palabra.

A los veintidós años, con su gallarda y briosa juventud, su personalidad está perfectamente cuajada. Tiene conciencia de su vocación intelectual. Escribe en "El Fígaro", la revista que desde el 1896 había fundado Manuel Serafín Pichardo con Ramón A. Catalá.

Ahora, surge una nueva revista, "Azul y Rojo", pero, José Manuel, quiere la suya. Y. es así como, en 1905, cuando tiene veinticinco años, surge "Letras", con la colaboración de su hermano Néstor.

A la nueva publicación se van a sumar los que ya habían estado con "Azul y Rojo" y se añadirán otros, como Félix Callejas.

Muy pronto habrá oportunidad para que "Letras" se destaque en el panorama nacional. En los Estados Unidos se ha suscitado un debate entre las Universidades de Oklahoma y Kansas en torno al destino de Cuba. La primera se produce en favor de la anexión. La segunda en contra.

Esta se dirige a Manuel Sanguily en pos de argumentos para defender su tesis. El gran tribuno responde mediante un documento de excepcional significación. "Letras" lo publica y organiza al prócer un magno banquete. De nuevo la palabra de José Manuel da pruebas de singular elocuencia. Sanguily pronuncia uno de sus grandes discursos. El acto es un vibrante y gallardísimo testimonio de lo mejor de la conciencia cubana en medio del eclipse de la República.

Pero la proteica personalidad de José Manuel, con sus juveniles arrestos, se proyecta por otras vertientes y es uno de los fundadores del Ateneo de La Habana.

¡Qué energías, qué entusiasmos los de José Manuel...! Poeta, siempre poeta, publica "Arpas Cubanas", con veintidós poetas. Doce de los viejos y diez de los nuevos, a razón de seis composiciones de cada uno.

En 1908, el poeta, en quien se hace conciencia el drama de Cuba, publica su canto a la patria titulado "La visión del águila".

Dos grandes de las letras hispano-americanas, el colombiano José M. Vargas Vila y el venezolano Rufino Blanco Fombona dijeron palabras de altos elogios para el cubano.

El año de 1910 va a ser un hito, tan señero como brillante, en la ya intensa y fecunda vida de José Manuel Carbonell, que ya tiene treinta años. Se crea la Academia de Artes y Letras, se le designa como uno de sus miembros y se le encarga la publicación de los "Anales" de la Corporación. Jesús Castellanos y Max Henríquez Ureña fundan la Sociedad de Conferencia y José Manuel será uno de sus oradores dentro de aquella alta pléyade de intelectuales que pasó por su prestigiosa tribuna.

Pero habrá ese mismo año de 1910 algo de más trascendental importancia. Es entonces cuando Carbonell va a comenzar su larga, fecunda y brillante carrera diplomática. El gobierno, siendo Secretario de Estado Manuel Sanguily, lo nombró Delegado Plenipotenciario de Cuba a la Cuarta Conferencia Panamericana convocada para Buenos Aires.

¡Qué cónclave internacional más adecuado para la elocuente palabra del joven tribuno cubano...! Aquello fue una apoteosis. Carbonell quedaba proyectado ya en nivel hemisférico. Empezaba a ser hombre de toda América. Al año siguiente viajó a Londres, como Secretario de la Embajada que el gobierno mandó para asistir a la coronación del Rey Jorge V. De regreso a Cuba, José Manuel sigue su vida múltiple. En 1912 diserta sobre Leopoldo Lugones, el gran poeta argentino, y en 1916 va a Manzanillo para hablar sobre Bartolomé Masó, que había muerto en 1907. Fue por entonces que al fin José Manuel pudo terminar su carrera de abogado. Instaló su bufete en el mismo local ocupado por la revista "Letras", en Obispo y Compostela.

En 1917, la fundación del Partido Nacionalista fue la ilusión de hombres que inconformes con la situación general del país querían buscar un nuevo destino. Pusieron sus ojos en la egregia figura de Manuel Sanguily. Entre los promotores de ese tercer partido estaban Manuel Márquez Sterling, director ya del periódico "La Nación", y José Manuel Carbonell, con sus erguidos y briosos treinta y siete años.
Se le nombra Presidente de la Sociedad Geográfica de Cuba. Es ahora cuando el poeta aprovecha una tregua dentro de su compleja y febril existencia para recoger su obra lírica: en 1922 "Mi libro de amor" y "Patria" y en 1923 "Penachos" y "Exhalaciones". Mientras tanto no puede tampoco sustraerse a la labor oratoria. En el 22, en la tribuna de La Academia de Artes y Letras con su discurso "Frente a la América imperialista, la América de Bolívar". Y en el 23, su disertación sobre Miguel Teurbe Tolón, poeta y conspirador.
Y con el 1924 el centenario de Ayacucho. En Lima se producen grandes celebraciones con proyecciones continentales. Cuba manda una embajada. Y en ella brilla Carbonell. El tribuno, que tiene ya fama hemisférica, es uno de los oradores.
Habla en el Museo Bolivariano. El discurso del cubano deslumbró. Las multitudes lo siguieron por calles y plazas hasta el hotel. Se repetía, por tanto, lo ocurrido en Buenos Aires, en 1910. El Gobierno aprovechó esta presencia de Carbonell en Lima para nombrarlo Plenipotenciario al Tercer Congreso Científico que entonces se celebraba en la Ciudad de los Virreyes.
Ahora el reconocimiento le viene indirectamente de España. Se crea la Academia Cubana de la Lengua y se le nombró correspondiente de la Española. Bien que lo merecía el pulido cultivador del idioma, el estilista del verso vibrante y de la tan opulenta prosa.

No tiene tregua el fervoroso evocador de las glorias patrias. Diserta en la Academia sobre Pedro Santicilia. Y en enero de 1925, Cuba se llena de crespones: ha muerto uno de sus colosos: Manuel Sanguily. Y es la voz de Carbonell la que tiene la justa medida para exaltar al adalid, al tribuno, al pensador. De Sanguily, pasa a hablar de Leopoldo Turla. Y del poeta del "Laúd del Desterrado" salta insólitamente a disertar sobre Beethoven con motivo del centenario de su muerte.

1927: la República cumple su primer cuarto de siglo. El aniversario se conmemora de muy diversas maneras. No podía faltar el verbo de quien ya era presidente de la Academia de Artes y Letras. El tribuno diserta en el "Teatro Nacional" al día siguiente de la fecha. Y poeta, al fin, habla sobre los nobles bardos cubanos que a través del siglo XIX le cantaron a Cuba y que con el verso trabajaron en favor de la independencia. Este mismo año y en este mismo lugar hablará en el magno homenaje que se rinde a Antonio Sánchez de Bustamante:

El de 1928 es otro año de especial significación en la trayectoria de José Manuel. Se celebra en La Habana, por primera vez, una Conferencia Internacional Panamericana, la Sexta. El Gobierno nombra una brillante delegación: Bustamante, Martínez Ortiz, Ferrara, Márquez Sterling, García Vélez, y con ellos, Carbonell.

Publica una obra magna, la "Evolución de la cultura cubana". Sólo un erudito lleno de pasión por Cuba pudo llevar a cabo esa panorámica exposición de nuestra literatura, de nuestro arte, de nuestras ciencias en dieciocho grandes volúmenes: seis de poesía, cinco de prosa, cinco de oratoria, uno de arte y otro más de ciencia. ¡Qué tremendo esfuerzo, qué paciencia investigadora y recopiladora, qué amor a la patria!

Y aún le quedará tiempo para evocar en una disertación al poeta Pedro Ángel Castellón, del "Laúd del Desterrado". Y siempre girando en torno a la poesía y al glorioso y patriótico pasado, su magistral evocación sobre Juan Clemente Zenea.

Al fin, cae el gobierno de Machado el 12 de agosto del 33. El Presidente Carlos Manuel de Céspedes le ofrece el gobierno Provincial de La Habana, pero lo rehusa. Nunca ha querido cargos políticos. Jamás llegó al Congreso, ni lo aspiró. Tampoco estuvo en Gabinete alguno, y cuántos méritos tenía para ello. Aceptó más tarde una permanente posición diplomática: Embajador en el Brasil. En Buenos Aires asiste a la Conferencia Comercial Panamericana y al año siguiente, 1936, a la Conferencia Interamericana de Consolidación de la Paz, que inaugura el Presidente Roosevelt. En tanto que en Río de Janeiro atiende a una Conferencia Internacional de la Cruz Roja y a otra Interamericana de Higiene Mental.

Y al margen de la diplomacia, el historiador, para la magna "Historia de América" que dirige en Buenos Aires Ricardo Levene, Carbonell escribe dos capítulos sobre su patria. El primero: "La lucha por la independencia de Cuba, desde 1810 hasta 1898". Y el segundo: "Cuba independiente: la ocupación americana y la primera República". De Brasil pasa a México, donde pronuncia un significativo discurso: "Cuba y sus luchas por la independencia en el siglo XX".

En 1939 es el centenario de Heredia, muerto en México. Llega al país el joven escultor Sergio López Mesa y el Embajador cubano moviliza todas sus fuerzas para lograr la erección de un hermosísimo monumento al grandioso poeta del "Teocali de Cholula" y del "Niágara". Fue Decano del Cuerpo Diplomático. Se le nombró miembro de la Academia Mexicana de la Lengua, del Ateneo, de la Sociedad de Geografía. Asistió al XXVII Congreso Internacional Americanista. Habló en la Mesa Redonda Panamericana. Y sobre la Fraternidad Americana.

En el Primer Congreso Demográfico levantó su verbo en nombre de todas las delegaciones de América. Tal era su prestigio de tribuno. Se sentó en el Primer Congreso de Educación Pública. A través de los largos años que estuvo en México su presencia fue siempre un acontecimiento y su actuación un espectáculo.

Pero, en 1944, cesó. Regresó a Cuba. Y volverá a México en 1952 para representar a su país en el traspaso de poderes del Licenciado Miguel Alemán al Licenciado Adolfo Ruiz Cortines. En este mismo año de 1952, el doctor Carbonell ocupa un asiento en el Consejo Consultivo.

Y en el hemiciclo de la Cámara de Representantes, al producirse el centenario del nacimiento del Apóstol, fue su autorizada palabra la encargada de evocarlo y fue el título de su disertación "El José Martí que yo conocí". Este mismo año de 1953 disertó en el

Ateneo sobre los orígenes de la institución. En 1956 se le designó Asesor Técnico del Ministerio de Relaciones Exteriores.

Y en 1958 ingresa en la Academia de la Historia de Cuba. José Maria Chacón y Calvo pronuncia el discurso encargado de recibirlo. El venerable académico, testimonio vivo del glorioso pasado de Cuba, evoca al periodista y poeta que fue compañero suyo en "El Expedicionario" de Tampa y que murió en los campos de Cuba peleando por la libertad: Carlos Alberto Boissier.

Y luego, 1959 el derrumbe definitivo de la República, con la desaparición de las instituciones y de los valores por los que él había luchado toda la vida... Y el doctor Carbonell salió de Cuba, vía México que le ofrece asilo a través de muy altos personeros. José Manuel ama a México, pero no tiene relaciones oficiales con el México que mantiene las más intimas identificaciones con el gobierno de La Habana.

Llegó a Miami, como un desterrado más. Está todo lleno de inmensas tristezas y de nostalgias infinitas.

Murió en el centenario de la Revolución de Yara pero no llegó al 10 de Octubre. El 20 de marzo de 1968 se fue hacia la eternidad. Iba a cumplir ochenta y ocho años, verticales como espigas.

La obra de José Manuel es el reflejo exacto de su personalidad. Era un hombre absolutamente bueno, químicamente puro. Era, por vocación y por destino un romántico, un idealista, un soñador. Tenía que serlo por poeta.

Vivió escribiendo versos, tallando prosa, de pie sobre la tribuna. La abundancia de la palabra le venía de la abundancia del corazón.

Un corazón lleno de ternuras y pasiones. Era un extravertido. Vivía permanentemente desbordado. Como si hubiera tenido el pecho de cristal podía vérsele todo lo que tenía dentro.

Por positivo, era optimista. Y por optimista, positivo. Era de los que crean. No era de los que destruyen.

Su vida era siempre un acto de fe. El futuro fue siempre para él una ilusión. Amaba, y había que amarlo inexorablemente. Era cálido, efusivo, amoroso. Caballero de supremas cortesías y de exquisitas gentilezas.

Hombre forjado en luz. La gallarda cabeza siempre erguida. El rostro invariablemente lleno de una sonrisa que era permanente aurora. La mirada aquilina, y paradójicamente henchida de dulzuras.

La voz, pura música, rebosante de suavidades infinitas y de embrujadoras cadencias. El pecho levantado bajo la presión del generoso corazón que se le quería salir. Las manos extendidas para dar. El paso firme, como de quien está seguro de sí. Los hombros hechos para llevar majestuosamente el manto de su egregia dignidad. Era la dignidad de su patriotismo sin mancha. La patria estaba en la raíz de su estirpe. Creció bebiendo patria. A la patria le sirvió en la emigración y en la guerra.

A la república la sirvió con sus talentos y con su hombría de bien. No hay un solo momento en la vida de este hombre en que la patria haya estado ausente de su corazón. El patriotismo era su filosofía y su religión.

José Manuel Cortina (1880)

Aunque sea cierto que el hombre no es el arquitecto de su destino, hay quienes, como consecuencia de sus muy singulares y variados atributos, pueden dirigir, siempre ascendentemente, el rumbo de sus vidas.

Tal es el caso de José Manuel Cortina nacido, en la mayor humildad, en 1880, San Diego de Núñez, un insignificante pueblesito de la provincia de Pinar del Río. Nada de su mundo externo lo favorecía para salir de sus limitaciones y ganar un lugar en la Cuba de las dos últimas décadas del siglo XIX, cuando la isla era una colonia de España y los cubanos, después de perder una guerra de diez años, no tenían otro asidero que el Partido Autonomista, fundado por personajes de los más altos niveles sociales e intelectuales.

¿Cómo fue posible que un adolescente que actuaba como lector de tabaquería llegara a ser una de las más brillantes figuras de la república con resonancias internacionales? ¿Qué estudios pudo hacer en el lugar nativo? ¿Cómo pudo graduarse de bachiller? Posiblemente por la libre, fuera de las aulas del Instituto de Pinar del Río. ¿Y cómo logró ingresar en la Universidad hasta graduarse de abogado?

Aparte de su tan agradable figura y de su notorio talento no tuvo más arma que la palabra. José Manuel había nacido con el genio de la tribuna. Era un orador nato. La oratoria era su vocación. Tanto en el Instituto como en la Universidad fascinaba a sus compañeros. No importaba el tema. Todos eran desarrollados con una sorprendente elocuencia hasta merecer los elogios de Máximo Gómez.

Pero, graduado, ¿cuál es el rumbo de su vida? Seguramente en La Habana, cuando ya España se ha retirado de la isla y ésta se encuentra bajo la provisional protección de Estados Unidos. Al formarse los partidos, se incorpora a la política. Vive la elección de Estrada Palma. La reelección y el levantamiento de los liberales fueron el escenario que necesitaba para entrar en la historia.

Pero el liberalismo tiene dos líderes: el Mayor General José Miguel Gómez y el abogado, historiador y poeta Alfredo Zayas. Cuando ambos pugnan por la candidatura presidencial en 1908, y ya reputado tribuno, se suma al último. Pero el postulado fue el primero y en esas elecciones José Manuel sale electo como representante. En la Cámara, además de diestro político se hace admirar como orador a la altura de Ferrara y de González Lanuza. De inmediato se revela su sensibilidad y sus inquietudes sociales cuando presenta una proposición de ley sobre los accidentes que se producen en el trabajo. Fue el escogido para evocar a Antonio Maceo en 1909 con motivo del aniversario de su muerte.

En los comicios de 1912 Zayas es el candidato por el Partido Liberal y Cortina como fervoroso zayista se incorpora a la campaña, al servicio de la cual pone toda la fuerza de su elocuente palabra. Pero el triunfador es Menocal, que cuatro años más tarde promueve su reelección en 1916. Y como se duda de la pureza de esos comicios, el propio presidente nombra una Comisión Electoral presidida por Manuel Sanguily y en ella está Cortina.

Pero cuando los periódicos informan del triunfo de Zayas, se produce el escándalo del "Cambiazo", que Cortina denuncia en la Cámara y en todas las tribunas disponibles. El está en la residencia de José Miguel cuando éste organiza el levantamiento de 1916 y en el que no participa Zayas.

Frente a las elecciones de 1920, el tenaz licenciado quiere aspirar de nuevo, pero se encuentra con que José Miguel se va a lanzar como candidato. No hay otra solución que salirse del Partido Liberal y fundar el Partido Popular. Ante la precariedad del mismo a Cortina y a Juan Gualberto Gómez se les ocurre la más peregrina de las fórmulas: que Menocal en vez de postular a un conservador postule a Zayas.

Y a esos efectos le escriben una larga y muy sustanciosa carta al presidente. A Menocal le parece algo descabellado, pero los proponentes le piden una cita para insistir en las ventajas que para él significa lo planteado.

Muy sagaces y elocuentes deben a haber estado don Juan y José Manuel para que el caudillo de Las Tunas accediera.

Se integró entre el Partido Conservador y el Partido Popular la Liga Nacional. Ganó José Miguel sin duda alguna, pero el que entró en el nuevo palacio fue Zayas. Y a lo largo del tan conflictivo gobierno de don Alfredo el doctor Cortina ocupó la Secretaria de la

Presidencia con más facultades que las del cargo. Era una especie de primer ministro. Es que ya estaba pensando en el parlamentarismo.

Dentro de los enfrentamientos de Zayas con Crowder, Cortina, por su cargo y por ser quien es, juega un principal papel, que sube de peso cuando hay que rechazar con notoria energía el mensaje de un funcionario de Washington. El caso se solucionó cuando el cubano lo puso en las manos del hombre de la Casa Blanca. Y en 1923 Cortina está en la delegación que, encabezada por Cosme de la Torriente, fue enviada a la Liga de las Naciones. Allí se lució el orador cubano.

Llegan las elecciones del 24 y Zayas, incumpliendo lo pactado con Menocal, apoya a Machado. En esa ocasión Cortina es electo senador. En el Senado, con cuarenta y cinco años, brilla con los mismos fulgores que había proyectado en la Cámara. A las experiencias de entonces se le habían sumado las obtenidas en la Secretaría de la Presidencia.

Machado no sólo quiere reelegirse, sino prorrogarse y a esos efectos apela al Congreso al que plantea la reforma de la Constitución. Pasa abrumadoramente por la Cámara, pero en el Senado hay dos votos en contra: uno de ellos es el de Cortina. Con esta reacción él queda definido frente al presidente. Aprobado el proyecto con todos sus cambios pasa a la Convención Constituyente del 28, cuya función se concretaría a aprobar o rechazar. Y se aprobó bajo la presidencia de Antonio Sánchez de Bustamante.

Machado es postulado, bajo el Cooperativismo de Wifredo Fernández, por los tres partidos y sigue en palacio. Sanciona una ley de Cortina por la que se crea la Comisión del Tabaco. Y ante una sociedad dividida y enconada trata de busca la paz. Primero con Antonio González de Mendoza. Después con Manuel Márquez Sterling. Cuando Sumner Welles llega a La Habana él es uno de los primeros entrevistados por el embajador.

Machado se desploma y se produce el caos hasta que Mendieta logra celebrar las elecciones del 10 de enero del 36 que ponen en palacio al doctor Miguel Mariano Gómez. Cortina es nombrado Secretario de Estado. Pero el presidente choca con Batista y es destituido por el Senado el 24 de diciembre.

Lamentablemente Cortina estaba en Buenos Aires asistiendo a la Conferencia de la Paz, que inauguró Roosevelt. También estaban allá dos de sus más fieles amigos del mandatario: Ramón Zaydin y

Carlos Márquez Sterling. De haber estado Cortina en La Habana es posible no se hubiera producido la destitución.

Federico Laredo Bru promueve la celebración de una Convención Constituyente, que se inauguró el 9 de febrero del 40. Cortina es electo y se le designa líder de los partidos del gobierno. Estos se acrecentarán cuando Menocal abandona a Grau y pacta con Batista. Este hecho repercute en la presidencia de la asamblea que será ocupada, para salvarla, por Carlos Márquez Sterling.

Cortina se lució desde el primer día con su discurso y su apóstrofe ante unas voces que salían de los balcones. Como presidente de la Comisión Coordinadora hizo posible que todo llegara a la Asamblea listo para la votación. Intervino con tanta sabiduría y lucidez en todos los temas, Aparte de su talento tenía mucha experiencia. Nadie sabía más que él.

Con las elecciones generales el coronel Batista se convirtió en presidente y Cortina fue nombrado de nuevo Ministro de Estado. Nadie mejor que él. Fue su última función pública, sin que cesara de ser la radiante personalidad de siempre. Una vez más demostró que era el orador de cuatro décadas.

No era sólo el dominio de la palabra. El orador era un pensador con una infinita y múltiple cultura. Dominaba todos los temas: los políticos, los económicos, los sociales, los jurídicos, los literarios, los filosóficos... Lo cubano, lo continental, lo internacional. Todo le interesaba y de todo sabía. Al conocimiento hay que añadir el arte con que lo decía. Pero por encima de todo estaba Cuba. La Cuba de ese momento y la Cuba del futuro. Creía en los cubanos. Por eso lo taladraron los últimos hechos que vivió en la isla antes de abandonarla con el corazón desgarrado.

Esa no era la Cuba del Martí que él había evocado en una de sus más grandiosas piezas. No era la del Sanguily que él conoció. Se radica en Miami y aquí trasciende a la inmortalidad en 1970, a los noventa años. Desaparecido, nos quedan el ejemplo de su vida y el legado de sus discursos. La suma de todos constituye una inmensa cantera de ideas. En todas ellas vibra la pasión con que sirvió a la patria sin tregua ni cansancio, siempre con una inmensa fe en el ascendente destino de la república.

Fernando Ortiz (1881)

La vida de Fernando Ortiz es fundamentalmente la historia de sus libros. Más sociólogo que literato, pocos de éstos han escrito una prosa tan fluida y sustanciosa como la suya. Entre todos sus temas predomina el del afrocubano. El lo inició en Cuba y nadie lo ha superado.

Nació en la Habana el 16 de julio de 1881. Pasó sus primeros catorce años en la isla de Menorca, donde había nacido su madre. Cuando regresa a Cuba se ve dentro de la guerra del 95 evocada por Martí. Y a los tres años se produce el bélico conflicto de Estados Unidos con España. Ante el mismo su familia deja la isla para regresar con el primer año del nuevo siglo. En esa fecha cumple los veinte años. Ya está graduado de abogado

En 1903 la república lo nombra cónsul itinerante en Europa y ejerce sus funciones en la Coruña, Marsella y Paris, donde es secretario de la legación. Va a Italia y estudia Criminología y traba amistad con César Lombroso y Enrique Ferri, maestros de la materia.

En 1905 está en Cuba y es nombrado fiscal de la Audiencia de La Habana. Ingresa en la Sociedad Económica de Amigos del País y resucita la "Revista Bimestre" que había fundado José Antonio Saco. En 1909 es profesor en la facultad de Derecho Público de la Universidad.

Desde 1917 está en la Cámara de Representantes durante diez años. Entre otras múltiples e importantes actividades en 1926 funda la Sociedad Hispano Cubana de Cultura y con "La Moderana Poesía" empieza a publicar la Colección de Libros Cubanos. Todos tan fundamentales para la cultura como agotados. El mismo escribe todas las correspondientes introducciones.

Ante el drama que se vive en Cuba tras la reelección del presidente Gerardo Machado, el doctor Ortiz abandona la isla y se instala en Washington. No regresa hasta que se produce la caída del dictador sin presumir que seguirán días muy difíciles para el país.

A lo largo de estos años Ortiz no cesa de escribir y a partir de 1906,cuando tiene veinticinco años, publica el primer libro sobre el tema que no abandonará nunca: el negro antillano. Criminalista, publica el "Hampa antillana: los negros brujos". Y seguirá con "Las rebeliones de los afrocubanos", "La africanía de la música folklórica de Cuba". "El engaño de las razas", "Hampa cubana: los negros esclavos", "Glosario de afronegrismos", "Los bailes y el teatro en el folklore cubano", "Los instrumentos de la música cubana", con cinco volúmenes.

Fuera de lo afrocubano, a partir de 1913 ha publicado "Entre cubanos: una psicología tropical", "La reconquista de América", "José Antonio Saco y sus ideas cubanas" "Contrapunteo del tabaco y el azúcar", "Las cuatro culturas indias", "El huracán: su mitología y sus símbolos", "La zambomba: su carácter social y su etiología", "La tragedia de los ñáñigos", "La transculturación blanca de los tambores negros".

Son muchas las disertaciones pronunciadas: "Bases para la organización internacional de la solidaridad de los estados" 1917, "La crisis cubana: sus causas y sus remedios" 1919, "Las fases de la evolución religiosa" 1919, "La paz de Versalles" 1920, "La decadencia cubana" 1924, "La fiesta afrocubana del Día de Reyes Magos" 1926, "Las relaciones económicas de Cuba con Estados Unidos" 1927, "Los factores humanos de la cubanidad" 1941, "Por una escuela cubana en Cuba" 1941.

A estas listas hay que añadir cuanto escribió y publicó del mundo jurídico y sobre asuntos ocasionales como Italia, Cataluña y otros. Sin los títulos de sus libros y sus disertaciones no es posible conocer la vida y la personalidad de Ortiz. Entre tantos hay dos temas fundamentales: Cuba y el negro. Don Fernando, fallecido en La Habana el 10 de abril de 1969, nunca se desentendió del destino del país.

Sus obras trascendieron a Europa y academias científicas de España, Francia e Italia lo incorporaron a su seno. Vivía internacionalmente. Por su trayectoria y por cuanto produjo don Fernando es un cubano excepcional. Nadie se le iguala. Era realmente un sabio. Él descubrió al negro y al mulato y los enseñó en su presente y para la posteridad. Si era un hombre de ciencia que no presumía de literato era un extraordinario prosista con tanta fluidez como humor. Este le sirve para no pocas graciosas picardías que hace en sus textos, cosa semejante a las metáforas de Ortega y Gasset. Admirador de éste quiso traerlo a La Habana para que ocupara la tribuna de la Sociedad Hispano Cubana de Cultura, pero José María Chacón y Calvo no lo logró.

Promotor de todas las causas culturales, desaparecida la colección de libros cubanos empieza a publicar la revista "Ultra", con el propósito de hacer llegar al pueblo los más interesantes temas, ésos que no incluye la prensa. Como científico dentro de la Etnografía, no obstante su erudición, Ortiz no escribe para eruditos, sino para todos con la claridad necesaria. En vez de tratados, que pudo escribir por su sabiduría, prefirió el ensayo con un tono muy personal.

Triunfador sobre el tiempo, a pesar de su voluminosa producción se le veía en no pocos actos culturales. Siempre asistía a las cenas del PEN Club. Robusto y fuerte, a pesar de su jerarquía, era un hombre siempre accesible. Nunca cayó en la petulancia este gran señor de la cultura y del patriotismo.

Mario Guiral Moreno (1882)

Mario Guiral Moreno es una de las figuras más notables de las letras y del pensamiento de Cuba. Al producirse la Guerra del 95 su familia abandona La Habana y se traslada a México. De regreso al país, en 1902 se gradúa de bachiller y cuatro años más tarde recibe en la Universidad los títulos de ingeniero eléctrico y de ingeniero civil. Y empieza a ejercer sus profesiones.

Pero detrás de estas capacidades, hay algo de una vocación literaria en lo más profundo de su conciencia porque cuando Carlos de Velasco, con otros jóvenes funda la revista "Cuba Contemporánea" en 1913, él está con ellos en esta aventura con sus muy juveniles treinta años.

La revista se funda para servir a la república, que mucho lo necesita. Todos están transidos de patriotismo, conscientes de que la república no ha comenzado bien como lo prueba la sórdida y violenta reelección de Tomás Estrada Palma y la presencia de los americanos a pedido del primero de los gobiernos cubanos. La república había quedado acéfala, sin un poder ejecutivo. En vano Roosevelt quiso evitarlo.

En ese 1913, bajo la presidencia de José Miguel Gómez, se han celebrado elecciones absolutamente correctas, porque no en vano Manuel Sanguily estaba al frente de tres secretarías; Estado, Justicia y Gobernación. Y resultó electo Mario García Menocal, que para reelegirse dio el espectacular "cambiazo" provocando el alzamiento de los liberales.

Ante esta realidad se publicaba "Cuba Contemporánea", en cuyas páginas aparecían artículos de los más renombrados y patrióticos escritores, solidarizados con Velasco. La revista aspiraba a exponer todos los problemas políticos, sociales, económicos y culturales del país. Se deseaba superar a las precedentes que fueron la "Revista de Cuba" de José Antonio Cortina y la "Revista Cubana" de Enrique José Varona, muy intelectuales.

Sin que hubiera discriminación de temas puramente literarios, se quería ser lo más prácticamente posible a fin de ayudar a los gobernantes en sus funciones y de ilustrar a lo cubanos, haciéndolos más conscientes de los problemas del país. Al cabo de siete años, en 1920, falleció Velasco y Guiral Moreno asumió la dirección.

La situación del país estaba peor que cuando se había comenzado. Se estaba en los finales años de Menocal con la quiebra de los bancos dentro del caos económico en el que se debatía el pueblo Y cuando Alfredo Zayas llega a palacio, sobre la crisis que deja el caudillo conservador comienza la escandalosa corrupción que encabeza el presidente y que va a provocar la intromisión de Crowder con sus notas en favor del pueblo según Orestes Ferrara con su imponente autoridad.

Mucho tiene que hacer "Cuba Contemporánea" en cada uno de sus números. Aparte del propio Guiral Moreno son muchos los colaboradores que denuncian la crisis de valores que sufre Cuba. Y en esta situación llega la presidencia de Gerardo Machado, que de entrada superó mucho de los males presentes y que en sus primeros años promovió felices iniciativas.

Pero, en 1927, cuando se cumple el primer cuarto de siglo de la república, el mandatario promueve una convención constituyente a fin prolongar su estancia en palacio. Ante esta situación empieza a resquebrajarse la paz. La Federación Estudiantil Universitaria se lanza al ruedo y Carlos Mendieta funda su Movimiento Nacionalista.

Mario Guiral Moreno no pudo más y "Cuba Contemporánea" dejó de publicarse al cabo de catorce años. Amargamente entristecido, vivió la lucha contra Machado, el 4 de septiembre, la pentarquía, la presidencia del médico Ramón Grau San Martín, todo dentro de la más grave crisis económica.

Como ya no se publica "Cuba Contemporánea" y Guiral Moreno no puede quedarse callado, escribe en cuantos periódicos y revistas le ofrecen sus páginas y así vive el gobierno de Mendieta, la destitución de Miguel Mariano Gómez y la Convención Constituyente de 1940.

Se acoge a la tranquilidad de la paz que se vive para ofrecer una serie de sucesivas disertaciones. Las ofrece con la autoridad intelectual que le da su condición de miembro de la Academia de Artes y letras y además porque nunca le había sido ajena la tribuna. En 1914 disertó sobre la problemática cubana y en 1917 sobre la reforma de la constitución para establecer un régimen parlamentario.

En la décadas de los cuarenta diserta sobre Arquitectura y urbanismo, sobre el Vanguardismo, sobre la coexistencia de los conocimientos científicos y la vocación literaria, sobre el famoso compositor Eduardo Sánchez de Fuentes, sobre Mario García Kohly, sobre José Isaac Corral, a quien califica de sabio. Pero entre estos y otros temas, para explicarse muchas de las cosas que ocurrían en la isla, afrontó la personalidad de los cubanos. Los diagnosticó de "malcriados y descorteses".

Guiral Moreno nunca se desentendió del destino cubano y mucho lo atormentaron los gobiernos auténticos, el golpe del 10 de marzo y por último el falaz triunfo de la revolución. Era lo que nunca podía suponerse. Abandonó la Isla tan pronto pudo, llegó a la Florida, se radicó en Fort Lauderdale y allí falleció en 1964. Había sido uno de los pocos cubanos que habían trabajado, con mucho sentido práctico, en defensa de la república y por la felicidad del pueblo.

Néstor Carbonell (1883)

Fue el tercero de los hijos de Néstor Leonelo Carbonell que conocieron a Martí. Entre sus ocho y once años pudo ver repetidas veces al genial cubano que le bastó ir a Tampa y saltar a Cayo Hueso para organizar a los cubanos y producir el comienzo de la guerra del 95.

Néstor no lo olvidó jamás. Decía que llevaba en su frente el primer beso que el apóstol le había dado. Y como escuchó sus discursos y sus conversaciones con su padre, tampoco dejó de resonarle en su sconciencia la magia de su voz a pesar de sus pocos años de entonces y de los mucho sque habían pasado.

Por razón de su edad no pudo hacer lo que hizo su hermano José Manuel que, con dieciséis años, se incorporó a la guerra. Pero él no quedará a la zaga de su hermano y desde muy joven ya es uno de la dinastía cultural de los Carbonell.

Pero son distintos aunque tengan semejantes vocaciones. José Manuel es más inquieto que Néstor, caracterizado por una suave y bondadosa serenidad. Si al primero lo atrae la política y la poesía, al segundo le satisface el periodismo y la historia. Y ambos se desarrollarán en la diplomacia. Y si coinciden el culto a Martí, la prosa de éste influye notoriamente en la de Néstor.

Néstor nació en Guira de Melena, provincia de La Habana en 1883. Establecida la república, la familia se instala en Habana, Néstor, ya bachiller se doctora en Derecho Público. Sabe que no nació para la abogacía. Le atrae el periodismo que ejerce profesionalmente en "El Mundo" y dirige "La Prensa", el tan popular diario de aquellos días.

Entre él y José Manuel fundan y publica la revista "Letras" en 1905 y la denominada "Don Pepe", que no es otro que Luz Caballero, cuyas enseñanzas se quieren difundir entre los cubanos.

En 1919 él y Emeterio Santovenia publican tres monografías sobre "Carlos Manuel de Céspedes", "La Asamblea de Guáimaro" y "El Municipio de La Habana". Otras producciones de Néstor son "Los protomártires de la independencia de Cuba", "Resonancias del pasado" y fundamentalmente "Próceres", con treinta y seis semblanzas de cubanos muy representativos. Escribe el libro en 1919 sin incluir en el mismo a los que aún viven, pero no lo publica hasta 1928 manteniendo a los mismos del texto original. Todas son figuras de los ochocientos, aunque algunos hayan nacido en los últimos años de los setecientos como Arango y Parreño, Varela y Saco. A éstos siguen desde Heredia hasta Martí pasando por las grandes figuras del 68 y del 95.

El libro venía a llenar un vacío. Era necesario mostrar a los cubanos lo que fueron e hicieron los que con tanto sacrificio conquistaron la independencia que hizo posible la instauracióm de la república. Agotada esa edición, la "Editorial Cubana", fundada por el doctor Luis J. Botifoll, tuvo el acierto de reeditarla primorosamente con una exhaustiva introducción del doctor Néstor Carbonell Cortina, nieto de José Manuel.

Desde 1911 empieza a ocupar sucesivas tribunas para disertar sobre Martí y su obra, empeñado en que el pueblo cubano lo conociera, porque realmente no se le conocía. Obsesionado por el deseo funda en 1918 la "Editorial Cuba" para publica todo lo de Martí. Y en 1920 terminó con ocho volúmenes.

En 1928 actúa como secretario de la Conferencia Interamericana, celebrada en La Habana y publica la historia de todas las celebradas. Entra en la diplomacia y como ministro o embajador representa a Cuba en Argentina, Chile. Perú y Colombia. Dada su alta jerarquía intelectual no pudo Cuba estar mejor representada.

Sin poder desentenderse de Martí, de él les habló a los argentinos, chilenos, peruanos y colombianos desde todas las tribunas, desde las académicas hasta las más modestas.

En la misma Cuba, siempre interesado por todo lo cubano, evocó a figuras tan representativas como Fernando Figueredo y Socarrás, Ramón Leocadio Bonachea y el Marqués de Santa Lucía. Por sus prestigios literarios, el doctor Néstor Carbonell ingresó en la Academia de Artes y Letras. Y cuando lo hizo en la Academia de la Historia de Cuba habló sobre Tampa, cuna del Partido Revolucionario Cubano.

Después haberse pasado tantos años desde la tribuna y la prensa difundiendo la personalidad, la vida y el pensamiento del Apóstol publicó en dos volúmenes la originalísima obra titulada "Martí:

Carne y Espíritu" En sus páginas, no escribe Carbonell. Es Martí quien habla.

En la década de los cincuenta aún estaba en su país como subsecretario de Estado. Era una institución. Con la desaparición de la república, Néstor se quedó en La Habana sin que tuviera alguna conexión con el régimen. En 1966, con setenta y tres años, acabó su vida tan ejemplar.

Si la dinastía de los Carbonell está instalada en la historia, no se puede escribir la misma sin ellos, porque Néstor Leonelo y sus hijos estaban con Martí en todas las visitas del Apóstol a la Florida.

Agustín Acosta (1886)

Se celebra en Miami el Día del Poeta, y en esta ocasión con la presencia de Agustín Acosta, recientemente llegado de la Isla. Con él se ha desterrado la bandera. Si algo habla muy en alto del espíritu de un pueblo es ese de que entre sus tradicionales celebraciones y fiestas se incluya este homenaje a la poesía.

¿Qué es un poeta? Para Platón era un ser ungido de divinidad. Y desarrollando la idea del filósofo, Rubén los llamó "torres de Dios, pararrayos celestes". El poeta es un mago, un auténtico brujo de la palabra, un taumaturgo del pensamiento. El verdadero poeta es un descubridor, un adivinador, un inventor, un anunciador, un intérprete de los misteriosos signos del Cosmos. Un poema es un acto de creación. Y quien lo crea es un "pequeño dios" dijo Vicente Huidobro.

El poeta es el que dice la palabra nueva. Con las mismas voces con que habla el pueblo, es capaz de hacer un verso que es un milagro de música y de sentido. Más allá de los horizontes físicos, crea imágenes, símbolos, mundos... Es como un prestidigitador de les sensaciones. En todo gran poeta hay un genio, y la genialidad es una multitudinaria coexistencia de saberes e intuiciones.

En la antigüedad, el poeta era el sacerdote que poseía todos los secretos de la Tierra y el Cielo Es poeta el que pitagóricamente es capaz de captar la silenciosa música de las esferas celestes.

Un poeta verdadero es siempre la condensación de un pueblo. Por intelectual que sea su poesía, olerá a su tierra y tendrá las vibraciones de su tiempo. Un poeta así es el Poeta Nacional de Cuba. Lo es por mandato de Dios. El verso le brotó ágil, terso y musical desde la adolescencia. Y él vivió el parto en estado de trance. Era algo inefable, sin intervención de la voluntad, ni del pensamiento. Al escribirlo, la mano era movida por una misteriosa fuerza. Era la magia.

A través de su larga trayectoria el poeta ha dejado un milagroso reguero de auténtica creaciones líricas. De un lado, los descubrimientos. De otra parte, las invenciones. Ha mirado hacia fuera y nos ha enseñado a ver imágenes viejas iluminadas por una luz nueva. Y se ha mirado hacia adentro, y nos ha dado un repertorio infinito de señales esotéricas. Se recorren sus versos y es como un viaje por países desconocidos, bajo un cielo con constelaciones insospechadas.

Gran poeta, hombre total, caballero pleno y cubano sin tacha. Así es Agustín Acosta, juglar de su tierra, señor del pensamiento, de la palabra fina, el de la imagen brillante, el de la estrofa que parece brotar de manos de un orfebre.

Por modernista, fue lujoso y cromático. Fue encontrando sus oros interiores y sus versos adquirieron serenidades y honduras no comunes. Y todo dentro de una creciente sencillez que no amenguaba la elegancia, sino que la acrecía.

El poeta fue minero que trabajó en su propia mina. La mina de su ser, consciente de que el infinito no sólo está en el espacio sino en el hombre. Cuando se es capaz de remontar la línea de la conciencia, y se entra en el reino interior, se descubre la escala mágica que conduce a todos los secretos. En último término está Dios.

¿Quién es Agustín Acosta? Es el Poeta Nacional de Cuba, por decisión del Congreso, adoptada el 19 de abril de 1955. Nacido en 1886 abandonó la tierra el 11 de marzo de 1979. Cuando en 1915 publicó su primer libro, "Ala", título tremendamente significativo, toda la gente que seguía el curso de la vida literaria cubana reaccionó con el más emocionado entusiasmo. El poeta, que ya venía triunfando a través de concursos y juegos florales, fue el ganador en el de la décima a la bandera cubana convocada por "El Figaro". Quedaba definitivamente consagrado. Una sola de sus composiciones, la dedicada a Martí, era más que suficiente para consagrarlo.

Se graduará en la Universidad de La Habana en 1918, tres años después de la publicación de "Ala", a los treinta y dos años. La base económica que le proporciona su bufete de abogado y notario le permite contraer matrimonio en 1923 con Isabel Schweyer. Al unísono, en honor de ella, publica "Hermanita". El poeta modernista de "Ala", discípulo fiel de Rubén Darío, ha evolucionado en su estética, y deja atrás la suntuosidad lírica de su primer libro. Su verso asume una impresionante sencillez.

Mientras tanto, sensible a la problemática cubana, especialmente en su aspecto económico, tan supeditado entonces a los Estados Unidos, escribe "La Zafra", que publica en 1926. Si el poeta había revelado su amor a Cuba, a través de tantas composiciones dedicadas a la Isla, a sus paisajes, a sus provincias, a sus costumbres, a sus héroes, ahora llega más lejos para ofrecer un poema que es una insólita denuncia. Estremece los ánimos. Sin demagogia alguna, sin definirse por ello como adicto a ninguna ideología extraña, dentro del más puro nacionalismo, él fue capaz de encarar un tema que la política oficial no se sentía inclinada a tocar. Y él fue capaz de convertirlo en poesía.

Ya por ese entonces, está en palacio el presidente Machado. Al correr el tiempo, consumada la prórroga de poderes con la reforma constitucional, el poeta deviene en político. Un político revolucionario que es capaz de dirigir una carta al dictador para denunciarle la situación del país y sugerirle su renuncia. Agustín da con sus huesos en la cárcel. Y al producirse el derrumbe del gobierno, se le nombra gobernador de Matanzas. Al renunciar el historiador Emeterio Santovenia la Secretaria de la Presidencia, Mendieta estando ya en Palacio, designa a Agustín, en 1934. Y cuando el presidente renuncia, él lo sigue.

Se celebran elecciones en enero de 1936. Agustín Acosta es electo senador. Ese mismo año publica "Los camellos distantes", el más voluminoso de sus libros. No es sólo un nuevo libro, sino que es un libro nuevo, distinto a los tres anteriores. Ya el poeta no es el modernista de "Ala". No es el intimista de "Hermanita". No es el protestante social de "La Zafra". Exhibe una temática más amplia. Es sensible a más motivos. Ha ganado en profundidad, en sabiduría expresiva. Hay quienes al cabo de los años consideran a este volumen como el mejor de los suyos.

En 1940 Acosta sigue en el Senado. Era el primero en llegar. Y se sentaba en uno de los amplios sillones del ancho corredor circular que rodeaba al hemiciclo. Si otros habían llegado tan temprano como él, se le encontraba conversando con ellos. Tenía cincuenta y seis años. Era realmente un hombre varonilmente apuesto. La piel muy blanca, los ojos claros, muy distinguidamente vestido, una voz fuerte y sonora, los modales muy exquisitos. De él emanaba una serenidad llena de luz.

En 1941 publica su quinto libro, "Últimos Instantes". Es un volumen de deliciosos sonetos en los que el poeta recuerda el final de Rubén Darío y con él a tres personajes de su poema Era un aire suave: la Marquesa Eulalia, el. Vizconde rubio de los desafíos y el Abate joven de los madrigales.

En el Senado propuso que así como la Cámara de Representantes dedicaba una sesión conjunta y solemne el 7 de de diciembre en honor a Antonio Maceo se hiciera lo mismo con José Martí. Y el 28 de enero de 1937 inauguró el programa con un discurso suyo que es una de las piezas más serias y perfectas de cuanto se ha escrito sobre el Apóstol.

Y en 1943, un libro más, "Las islas desoladas", acaso lo más subjetivo y profundo de cuanto hasta entonces había publicado. Crecientemente la poesía de Agustín gira en torno a su mundo interior. Por lo demás, ha alcanzado la máxima sencillez. El poeta se ha despojado de toda ornamentación.

En 1944 cesa de senador. En 1948 muere "Hermanita", tras un cuarto de siglo de matrimonio. Y en 1951 se casa con la señora Consuelo Díaz Carrasco, que lo acompañará hasta el último instante de su vida terrena.Y en 1957 Agustín sorprende con su poema "Jesús" que reconstruye la vida de Cristo desde su nacimiento hasta su muerte, con una excepcional calidad poética, a pesar de lo traicionero que es el género.

En 1978 en el exilio, un lustro después, publicó dos libros: "El Apóstol y su isla" y "Trigo de Luna". Ya era un hombre que estaba muy lejos del nivel terreno. Se movía por las más altas esferas. Por encima del conocimiento, había entrado en el cosmos de las esencias.

Emeterio Santovenia (1889)

Nació el 23 de mayo de 1889, de padre asturiano y madre cubana, dentro del ámbito rural de una finca, en la juisdicción del municipio de Mantua, en la provincia de Pinar del Río.

Y cuando Antonio Maceo llega a Mantua, culminando la hazaña de la Invasión, su padre, identificado con la causa de los patriotas, acude al ayuntamiento donde está el héroe. Es este ambiente de patriotismo cubano el que forma al pequeño Emeterio.

Y al celebrarse el 20 de mayo de 1902 un acto para festejar la proclamación de la república, Emeterio, con trece años, fue uno de los oradores. Con dieciséis años recibió su licencia de maestro, y ejerció como tal hasta que se dirigió a La Habana donde, además de trabajar en la contabilidad de un almacén de víveres, empezó a escribir artículos que el "Diario de la Marina" le publicaba por muchos años, casi todos relacionados con los problemas de Vuelta Abajo.

Bachiller en el Instituto de Pinar del Río, se graduó de abogado. Consigue una notaría en San Cristóbal y de ésta salta a una de La Habana en 1921.

Y dos años después ingresa en la Academia de la Historia como académico de número, pues ya era correspondiente como consecuencia de todo lo que había publicado en materia historiográfica.

Se involucra en la campaña de Miguel Mariano Gómez para Alcalde de la Habana, movilizando mediante un manifiesto a los notarios de la capital, que era una manera de estar en contra del Presidente Machado.

En el 27 se publica un documento en contra de la reforma de la constitución y de la prórroga de poderes que ha redactado Juan Gualberto Gómez y que con él firman Enrique José Varona, Carlos Mendieta, Cosme de la Torriente y otros prohombres de la Guerra de Independencia y de la república. Y él es uno de los firmantes.

En el 28 se reúne en La Habana la Quinta Conferencia Panamericana y él es el secretario de la Sección de Cooperación Intelectual. Este hecho lo relaciona con muy importantes figuras del continente.

En 1930 viaja a Europa con Elisa, su esposa. Recorren varias regiones de España, las principales ciudades de Italia. Francia, Suiza y Bélgica.

En la lucha contra Machado está en permanente comunicación con Carlos Mendieta, el fundador de la Unión Nacionalista. Y cuando el coronel, en enero del 34, llega a Palacio, lo nombra Secretario de la Presidencia. Pero cuando el ABC se retira del gabinete por la agresión que se le hizo al desfile abecedario con muchos muertos, Santovenia se identifica con Joaquín Martínez Sáenz y también deja el cargo. Al producirse la Huelga de Marzo de 1935, como líder del ABC se dirige a Estados Unidos, donde realizará investigaciones históricas para algunos de sus futuros libros. Regresado a La Habana, con Fancisco Ichaso empieza a publicar la revista "Isla" para luchar en contra del régimen bifronte que existe en Cuba.

Y al unísono, con Gonzalo de Quesada, Félix Lizaso y Pánfilo D. Camacho funda la "Editorial Trópico" para publicar las Obras Completas de Martí, hazaña que, mes tras mes, culminó al cabo de una década con la publicación de setenta y dos volúmenes.

Entre un volumen y otro de Martí se publicaron libros de autores contemporáneos como el "Agramonte" de Márquez Sterling, el "Máximo Gómez" de Benigno Souza, el "Maceo" de Griñan Peralda, el "Arango y Parreño" de Ponte Domíguez, el "Varona" de Vitier, el "Betancourt Cisneros" de Córdova, el "Heredia" de Esténger, el "Estrada Palma" de Camacho y otras biografías más, pero también se publicaron otros géneros como historia, ensayo, novela, cuento y crítica.

Dentro del ensayo obras de Ichaso, Lizaso, Vitier, Mañach, Suárez Solís y otros. Nunca se había logrado tal hazaña, pero Santovenia lo pudo.

Después de los difíciles años que corren del 33 al 38 se contempla una Convención Constituyente, Santovenia participa en las reuniones preliminares en representación del ABC y se deja postular como candidato por Pinar del Rio, sabiendo que el partido no va a lograr factor.

Efectivamente, no es electo pero sigue tan activo en el ABC que en las elecciones de 1940 se le elige senador. Tiene cincuenta y un años. Es ya una personalidad dentro de la intelectualidad y un prestigioso hombre público. Resulta el más fecundo de los senadores. En el 42 es electo presidente de la Academia de la Historia a la que le da un enérgico impulso. Lo será hasta el 58 con el final de la república. En el 43 es Ministro de Estado, cargo que deja un año después para reelegirse como senador en 1944. Sigue en el Senado con la eficiencia de siempre hasta 1948. Por iniciativa suya se construyeron el Archivo Nacional, la Biblioteca Nacional, la Casa de los Tribunales o Palacio de Justicia, el Ministerio de Comunicaciones. Tuvo que ver con el Palacio de Bellas Artes y con la Plaza Cívica.

Fue él quien propuso al Congreso la ley sobre el centenario de Maceo, sobre las universidades privadas, sobre la liberación del libro con la prohibición de toda carga fiscal. sobre el cincuentenario de la muerte de Martí, vetada por el Presidente de entonces.

Fuera del Senado va a Buenos Aires para asistir a un Congreso del Notariado Hispano. Con él va el doctor Orlando Mora. .Muy conocido entre los historiadores argentinos, recibe muchos reconocimientos. El presidente Perón lo recibe en larga audiencia privada.

En el 50, ante la proximidad del cincuentenario de la República, con Ramiro Guerra, Juan J. Remos y José Manuel Pérez Cabrera concibe una colosal "Historia de la Nación Cubana". Con participación de los necesarios colaboradores. La obra, en diez volúmenes, queda felizmente publicada.

En el 52 se le designa presidente del Banco Agrícola e Industrial, cargo que mantiene hasta el colapso de la república. En el 53 preside el Comité del Centenario de José Martí. Acontecimiento que le propicia el conocimiento de las más altas personalidades literarias de América y España.

En el 57 se le organiza un magno homenaje por el cincuentenario de su carrera historiográfica. A esos efectos se publican tres gruesos volúmenes. El primero con trabajos sobre él procedentes de importantes intelectuales. El segundo con una antología de textos suyos y el tercero con todos sus discursos académicos. El alcalde de Mantua y el gobernador de Pinar del Río aprovechan el aniversario para rendirle sendos homenajes declarándolo "Hijo Eminente" de su pueblo natal y de su provincia.

Tras el colapso de la república viaja a México con Zoila. su segunda esposa. Se radica en Hialeah. Su salud es muy precaria desde hace muchos años. Y el 18 de noviembre del 1968, con setenta y nueve años fallece en el "Pan American Hospital" de Miami. El "Diario las Américas" honró al prócer desaparecido con muy laudatorios artículos e informaciones.

En cuanto a su producción historiográfica, sus primeras publicaciones, desde 1910, cuando tenía veintiún años, estuvieron dedicadas a once temas vueltabajeros, entre los que sobresalen las semblanzas bográficas de Tranquilino Sandalio de Noda, Cirilo Villaverde y José Victoriano Betancourt.

Aunque en el año 19 se evade de su provincia y en colaboración con Néstor Carbonell y Rivero aborda los temas de Carlos Manuel de Céspedes, Guáimaro y el Municipio de La Habana, al ingresar como correspondiente en la Academia de la Historia de Cuba lo hace con la "Historia de Mantua" y cuando se le exalta a académico de número evoca a "Vuelta Abajo en la independencia".

Y cuando al cabo de no pocos años, se ha desentendido del tema pinareño recibe una carta del "Fondo de Cultura Económica" de México en la que le piden un libro sobre Pinar del Río.

Concluida la etapa vueltabajera, Santovenia se proyecta sobre la historia nacional de Cuba. En el 27 publica "Del pasado glorioso". En el 28 "Huellas de Gloria" y "El Libro conmemorativo de la inauguración de la Plaza del Maine". En el 30 "Los Presidentes de Cuba Libre". En el 33 "Vida Constitucional de Cuba". En el 39 el primer volumen de su "Historia de Cuba", cuyo segundo volumen se publica en el 43, pero al no publicar los siguientes, la obra sólo queda apenas iniciada. En el 46 "Un día como hoy", con 366 fechas históricas. En el 56 "Armonías y conflictos en torno a Cuba". En el 55 "Personajes y paisajes de Cirilo Villaverde", que fue su discurso de ingreso en la Academia de Artes y Letras. Y en el 66, en Miami, con la colaboración de Raúl Shelton "Cuba y su Historia", en tres hermosos volúmenes

Martí fue un tema constante en la vasta producción de Santovenia. Empieza por hacer tres paralelos. En el 34, "Martí y

Bolívar". En el 36 "Martí y Mazzini". Y en el 38 "Sarmiento y Martí". En el 43 "Política de Martí". En el 44 "Marti legislador". En el 48 "Lincoln en Martí" y "Martí, hombre de estado".

Dentro de la temática cubana y en nivel biográfico, en el 43 "Raíz y Altura de Antonio Maceo".En el 56 "Vidas Humanas" y "Relieves y Perfiles de Calixto Garcia".En el 57 "Niños Cubanos" y en 1967, ya en el exilio, "Fundadores de la Nación Cubana" con cincuenta primorosas semblanzas de notables cubanos.

En cuanto a temas extranjeros, en el 29 "Eloy Alfaro y Cuba". En el 33 "Prim, el caudillo estadista". En el 35 "Bolívar y las Antillas Hispanas". En el 36 "El Presidente Polk y Cuba". En el 42 "Vida de Alfaro". En el 48 su biografía de "Lincoln". En el 49 "Sarmiento y su americanismo" y en el 56 "La Argentina que mis ojos han visto".

Aparte de sus libros está su veintena de discursos en la Academia de la Historia de Cuba. Entre ellos aparecen los dedicados a: José Manuel Mestre, Bartolomé Masó, Máximo Gómez, Federido de Córdova. Jorge Mañach, Cosme de la Torriente, Rafael Morales y González (Moralitos), Francisco de Paula Coronado y Alvaro, Gonzalo de Quesada, Miguel Figueroa y José Martí.

Los hubo sobre temas: "Cuba en 1826", "Reforma y Revolución en Cuba", "Sarmiento en Cuba", "Cuarenta años en la vida de la Academia".

Y sobre personajes extranjeros: el cubanizado Leandro González Alcorta, John A. Rawlins, James Knox Polk, Leoncio Prado, William Rugus King y Gustavo Pittaluga.

Más alla de todo esto, hay muchos pequeños libros y folletos con trabajos suyos: "Luis Victoriano Betancourt" "Victor Hugo y Cuba", "Escobedo, el ciego que vio claro", "El espíritu francés y la nación cubana", "Sarmiento y sus amigos cubanos", "Anacleto Bermúdez, el abogado de los pobres", "Bases para el reordenamiento de la República de Cuba"

De su labor periodística, en 1951 publicó "Desde mi cigarral", una colección de artículos publicados en el periódico "Información". Lo último publicado en Cuba fue el 59, un pequeño y sustancioso libro titulado "Valores".

No sé que haya otra producción historiográfica que supere ésta de Santovenia. Fue, desde muy joven, un incesante investigador. Con materia investigada, se disponía a escribir.

Su obra ha trascendido a todo el hemisferio y ha recibido reconocimientos de casi todos los países americanos, con inclusión de los Estados Unidos. Era miembro de no pocas academias e instituciones. Le otorgaron numerosas condecoraciones.

Pero él no se envanecía por nada. Era demasiado inteligente para envanecerse. Toda su existencia la llevó a cabo con la obsesión de servir a Cuba. Si mereció la consagración que ganó en los últimos años de la república, no merece el silencio que se tiene para él despues de su muerte.

Las aristas de su personalidad son la serenidad, el trabajo, la honestidad, la sencillez y la pulcritud.

José Ignacio Rivero (1895)

Cuando los patriotas de Oriente estaban esperando la orden del alzamiento, en La Habana, el 3 de febrero de 1895 le nacía un hijo más a Nicolás Rivero, director del "Diario de la Marina", fundado en 1832. Lo bautizan con el nombre de José Ignacio, pero siempre se le llamará Pepín. Hace sus estudios en el Colegio de Belén al que estará vinculado durante toda su vida. Los jesuitas le enseñaron todo lo académico y además lo formaron moral y espiritualmente.

Bachiller, ingresa en la Escuela de Derecho y se gradúa de abogado, pero él no será otra cosa que periodista. Un periodista con ideas. Un idealista decidido a influir en la sociedad para superar sus errores y orientarla por la ruta del bien y de la justicia.

Desde su graduación en 1917 él venía escribiendo con un seudónimo. No le había llegado su hora. Pero en 1919, cuando tiene veinticuatro años, muere su padre y él asume la jefatura de la empresa y la dirección del periódico. Esta ha pasado de un español a un cubano todo cubanía. Y el 4 de marzo se publican sus primeras "Impresiones", siempre tan breves como contundentes.

Denuncia la desaparición en Rusia de toda propiedad privada. La perdieron los ricos y los pobres. Enfatiza la necesaria vigencia en Cuba de los valores morales. Expone las adecuadas relaciones del capital y el trabajo.

Llama la atención de la presencia del español Marcelino Domingo que ha pronunciado una conferencia sobre la Rusia comunista. Denuncia la impunidad de los delitos. Comenta la huelga de los universitarios en los tiempos de Zayas. Es un periodista distinto con una nueva sensibilidad, un nuevo estilo y un nuevo mensaje. Pepín actúa como un sincero idealista cubano, que conoce absolutamente la realidad del país. Desde muy joven le preocupó el destino de la república. Sabe lo que hay que enmendar y lo comunica como periodista, fuera de la política. Es el más activo de los ciudadanos, pero no un político. No tiene partido. Su partido es Cuba. Reflexiona y hace reflexionar. Tiene legiones de lectores y admiradores. Pero no le faltan los que apelan a los más especiosos argumentos en contra suya. Son los rojizos.

A quien es cubano por su alma tan cubana lo acusan de español y de capitalista cuando defiende al trabajador y a los del "Diario" les paga como ninguna otra empresa. Por ser quien es tiene las más altas y exclusivas relaciones. Se le respeta y se cuida de representar con dignidad la institución que encabeza. Sobre lo que ya había hecho su padre, él hace más. Se observa en la calidad del periódico, en los destacados intelectuales que son sus columnistas, en la seriedad y discreción de cuanto se informa. Él está en la entraña de su empresa y actúa como uno de los más brillantes protagonistas de la sociedad. Observa, capta, analiza y comenta el asco de la política, la pérdida de la fe, la crisis profesional, la ignorancia de Cuba que hay en el extranjero, las relaciones con Estados Unidos.

Lleva seis años como timonel del decano de la prensa cubana cuando llega a palacio Gerardo Machado. Y se pregunta por qué los dependientes de los comercios son extranjeros y, además, no hay mujeres. Alude a la necesaria honestidad del periodista. Los años de Machado pasan, la prórroga estremece al país. En diciembre de 1930 son muchas las tensiones. Comenta los choques de los estudiantes con la policía.

Y ante los peligros que se viven, escribe una carta pública a Machado. Tiene treinta y cinco años y lleva una década a la cabeza del "Diario". Tiene la autoridad moral necesaria para dirigirse al mandatario y ratificarle lo que un íntimo amigo de éste le dijo en palacio. El presidente tiene que saber toda la realidad del país. Se está al borde de un abismo.

Cuando llega el embajador Welles como mediador, el doctor Rivero es de los primeros que fueron oídos. Cuando se va Machado y Cuba tiene la traza de un manicomio, el diplomático se cita con él para despedirse y le dijo que su experiencia en La Habana era la más difícil de cuantas misiones ha tenido en muchos años. –Realmente los cubanos son incontrolables e imprevisibles...

Cuba se había hundido en un absurdo marasmo fuera de toda lógica y cuando a mediados de 1935 los ánimos se apaciguan es él y Oscar Zayas los que ponen de acuerdo a Miguel Mariano Gómez, Mario G. Menocal, Carlos Mendieta y el Coronel Batista para que se celebren las elecciones de enero del 36. En esos momentos Pepín es todo un líder. Se leen sus "Impresiones" para saber lo que él piensa. Es el más contundente adversario de los comunistas.

En su trayectoria hay que destacar tres etapas. La primera comienza en el 19 y termina en el 33. Su tema es la problemática de la nación. La segunda comprende el caos que empieza con el 4 de septiembre y acaba en el 36 con Miguel Mariano. La última puede fijarse en el 37 cuando los comunistas se lanzan a una más estratégica y febril actividad y él moviliza toda su elocuencia para denunciar sus actividades y sus metas.

Las "Impresiones" están repletas de humor, de gracia, de ironías y sarcasmos. No solo los vapulea sino que pretende convencer a sus lectores de todos los niveles que los comunistas son un peligro del que hay que defender a Cuba. No todos lo comprenden porque es mucha la propaganda soviética y los cubanos son muy confiados y no siempre son prudentes.

En el 43 el doctor Rivero empezó a tener problemas con el corazón y el primero de abril del 44, a los cuarenta y nueve años, falleció el tenaz paladín de cuanto pudiera oponerse al marxismo. La noticia conmovió a cuantos lo leían y creían en él. Muchos miles de cubanos pasaron por el "Diario de Marina". Una enorme multitud lo acompañó hasta su mausoleo.

El doctor José Manuel Cortina pronunció uno de sus grandes discursos. Fue un real y exacto panegírico porque el que nos dejaba era un cubano sin par. Para desgracia de Cuba la profecía que hizo se cumplió tres lustros después. Y cuando en el 82 se cumplió el sesquicentenario del "Diario", Guillermo Martínez Márquez declaró que "Pepín tenía razón."

Lo de Pepín Rivero fue una singular cruzada. Escribió con el más castizo lenguaje sin el retoricismo de Juan Montalvo y con una realidad más vasta y compleja que la que tuvo Mariano José de Larra. Escribió las verdades que nunca nadie dijo.

Arturo Alfonso Roselló (1896)

No como cubano, sino como periodista yo no puedo quedarme callado ante la noticia de la muerte de Arturo Alfonso Roselló, en Miami. Pocos días antes me había sorprendido el querido y muy admirado amigo con el envío de dos novelas suyas, acabadas de editar en Madrid: "El pantano en la cima" y "Tres dimensiones". Con el periodismo, la novela y la poesía.

Había nacido en 1896. Fue un periodista de esos que se entregan totalmente a la profesión. Comenzó al lado de Manuel Márquez Sterling, en el "Heraldo de Cuba". Dicen que fue su discípulo predilecto. Y a partir de ese momento no tendrá otro quehacer, porque hasta el poeta que había en él se quedó en un solo libro, "En nombre de la noche" publicado en 1925. De reportero llegó a director del propio diario en que se había iniciado, "El Mundo", el periódico que nació con la República.

Pero su importancia no procede de esa fervorosa fidelidad con que se entregó al oficio. Ni tampoco de la alta calidad de su trabajo periodístico, llevado a cabo por medio de una prosa de singulares primores, entre los que sobresalían la exactitud y la claridad con que el periodista expresaba siempre su pensamiento. Le admiraba ese estilo suyo en el que se aliaban con tanta armonía la belleza de la forma, la sustancia de su texto y el mensaje que tenía todo lo que escribió. Jamás escribió por escribir. No es posible encontrar en la montaña que debe formar su producción un solo trabajo frívolo. Fue siempre el hombre preocupado por los más serios problemas de Cuba, y el periodismo fue para él la mejor manera de plantearlos y de buscar soluciones que orientaran a la ciudadanía.

Un periodista puede tomar los más diversos rumbos, pero él no vaciló en su decisión. Su quehacer periodístico tenía que desenvolverse y se desenvolvió siempre sin más objetivo ni más consigna que el propio destino de la República, a través de toda su compleja problemática.

No fue un escritor político, sino un periodista en el que predominaba lo que tenía que ver con los avatares del país. No importaba que el problema fuera social o económico. Él tenía la suficiente cultura para abordar siempre las más intrincadas cuestiones con tanta objetividad como serenidad.

Estas son dos de las características de la obra periodística de Roselló. Aunque se sentía protagonista de la vida cubana, no asumió jamás militancia política alguna. Por encima de todos los intereses expuso siempre todos los temas con una impresionante exactitud.

Él escribió siempre con la serenidad que era necesaria en un pueblo que era a veces demasiado indiferente y en otras ocasiones excesivamente apasionado.

Más allá de esta serenidad de Roselló, tan ostensible como caracterizadora de su carácter, había un insólito y egregio repertorio de virtudes. En primer término su honestidad, la limpieza moral con que ejerció el periodismo en un pueblo en el que coincidían la corrupción y la calumnia.

Nadie pudo jamás calumniar a Roselló, porque vivió siempre con una austeridad total. Entregado apasionadamente a su trabajo, detrás del cual no había un objetivo financiero. Vivió con la suprema nobleza de quien sólo necesita ganar lo necesario para vivir, sin importarle las riquezas, ni los lujos, ni las vanidades.

Cuba fue su pasión y la sirvió con sacrificio de todo interés personal y de todo egoísmo.

Defendió siempre todas las buenas causas, pero, por otra parte, no dejó nunca de promover la tradición, los valores permanentes del país, la continuidad histórica que es el mejor y más sólido fundamento de toda nacionalidad.

¡Cuánto tiene que haber sufrido Roselló ante el derrumbamiento de la República, ante la destrucción de la nación, ante el aniquilamiento de todo aquello en lo que él había creído y a favor de lo cual había trabajado tantas décadas...!

Cuando se haga la historia del periodismo cubano a través de la República, el nombre de Alfonso Roselló quedará en la primera línea por muchas razones: por su capacidad profesional, por la honestidad con que ejerció su oficio y por la apasionada sinceridad con que defendió siempre lo mejor de Cuba.

Juan J. Remos (1896)

Por toda la trayectoria de su vida, por la índole de los libros que ha escrito, por su pensamiento, por su actitud invariable frente al destino nacional, entre los cubanos que nos quedan de lo que fue nuestra República, Juan J. Remos es uno de los más altos paradigmas.

Pocos jóvenes cubanos llegaron tan pronto y con tanto prestigio a la conquista de una cátedra como él, cuando en Cuba eso de ser profesor era una cosa seria.

Remos fue por muchos años el más brillante valor de la juventud literaria cubana. Constituía un alto ejemplo de lo que era el talento cubano asistido por la virtud, el esfuerzo intelectual serio y el ideal. Impulsó numerosos empeños culturales y fue el eje de no pocas actividades enderezadas a afirmar el rancio abolengo literario de nuestro pasado.

Al producirse la Revolución del 33, el destino de Remos sufrió un profundo cambio. El profesor del Instituto de Segunda Enseñanza de La Habana devino en personalidad áulica de la situación en que desembocaron los acontecimientos. Y sin que pueda precisar el orden, ni la ubicación exacta en el tiempo, el joven profesor, que ya exhibía un magnífico saldo literario, con libros definitivamente fundamentales en nuestra cultura, fue Ministro de Defensa, Educación y Relaciones Exteriores

Esto fue la prueba de fuego para el hombre que hasta entonces, al margen de los negocios políticos, se había consagrado al profesorado. Un profesorado que iba mucho más allá que el rutinario cumplimiento de los deberes académicos, Remos tenía alma de mentor, de genuino maestro.

Pero el maestro tenía además condiciones de estadista, atributos de hombre de gobierno. Y en las alturas del poder, a través de esos cargos y como Consejero de Estado, Remos probó una vez, más que su saber era mucho más que literario, que su vocación rebasaba el profesorado y que, por encima de todo, era un cubano de ley, de tanta virtud como talento, con una innegable sensibilidad para afrontar el destino nacional y con una extraordinaria capacidad para trabajar en favor de los intereses públicos.

El poder embriaga o corrompe a los que no tienen derecho al mismo. Pero éste no fue el caso de Remos que estuvo en los más altos niveles oficiales de la nación y cuando retornó, al cabo de una década a su cátedra, tenía limpias las manos e impoluta la conciencia.

Cuando volvió a la cátedra abandonada se reencontró con lo más genuino de sí mismo, su más entrañable vocación.

Pasados los años, una nueva orientación en el destino de la República reclamó la presencia del profesor, ya aureolado por los más altos prestigios, para que una vez más le prestara sus valiosos servicios. Remos no pudo negarse. Abandonó de nuevo la cátedra para asumir la altísima función de Embajador de Cuba ante la UNESCO. Más tarde abandonó este puesto para ser Embajador de nuestro país en España.

Muchos han ocupado esos puestos ministeriales que ocupó Remos, pero Remos es lo que es, no por haber desempeñado tales cargos. Al contrario, él llevó a esas funciones los altísimos prestigios intelectuales y ciudadanos de su límpida y luminosa existencia.

Esto es lo que hay que reconocer en él, que dondequiera que ha estado ha servido a la República con su talento, con sus fecundos y luminosos pensamientos, con sus virtudes, con su carácter, con su conducta invariablemente ejemplar.

Pero, por encima de sus menesteres profesorales, de sus funciones públicas, de su producción literaria, de su aleccionador periodismo, y hasta de sus singulares valores humanos, Juan J. Remos es el historiador de las letras cubanas, por la sencilla razón de que a través de la reconstrucción de nuestro proceso literario el maestro ha trabajado con la misma sustancia de la patria.

Cuando todo se olvide, la "Historia de la Literatura Cubana" de Remos, con tres volúmenes, quedará en el tiempo y en el espacio como el más alto testimonio del alma cubana, desde los más lejanos tiempos de la colonia hasta los días más brillantes de la República.

Murió el 21 de septiembre de 1969 en Miami.

Pero Remos fue más grande después del trágico vuelco de nuestro destino. Él pudo, por razón de sus años, marginarse de la lucha. Sin embargo, ha sido uno de los más intensos y férvidos luchadores a través de sus artículos en el "Diario Las Américas" y de sus discursos. Remos peleó como un soldado, sin vacilación, sin cansancio, sin decaimiento, con un coraje, con una fe, con un optimismo que de veras asombraban a cuantos tuvimos oportunidad de oírlo.

Pertenecía a las tres Academias: la de Histora de Cuba, la de Bellas Artes y la correspondiente de la Lengua Española en La Habana. Fue uno de los cuatro que organizaron con ellos mismos y algunos colaboradores la Historia de la Nación Cubana: Santovenia, Guerra, Remos y Pérez Cabrera.

Otras obras suyas fueron "Doce ensayos", "Micrófono" y ensayos o monografías sobre temas literarios, históricos y musicales. Le fascinaba la ópera y poseía una magnífica voz de barítono. Era un humanista del Renacimiento.

Lo último que publicó fue "Panorama de las letras cubanas en este siglo". Trascendido internacionalmente son incontables las condecoraciones que recibió.

Jorge Mañach (1898)

Al cabo de cien años de su nacimiento podríamos plantearnos si Jorge Mañach era un escritor con inclinaciones políticas o un político con aficiones literarias.

Lo cierto es que, en grado eminente, era lo uno y lo otro, dentro de una perfecta armonía, que se le hacía crecientemente más difícil de mantener frente a los tantos encontronazos que depara la vida pública

Estamos ante dos proyecciones de una misma personalidad, que nunca se mantuvo estática, que siempre estuvo en permanente acción. Además de escritor eminente, fue un promotor de la cultura. Y más allá del político fue un idealista que dedicó su vida a señalar los males del país y a indicar las posibles soluciones.

Pero, ¿qué es lo primero que surge en Mañach, el intelectual o el ciudadano? Y conste que cualquiera de los dos siempre estuvo comprometido con el destino de Cuba. Desde Europa él viene enviando colaboraciones al "Diario de la Marina", pero igualmente es cierto que, regresado desde París a La Habana en 1922, con motivo de la muerte de su padre, despues de haber vivido en España, Estados Unidos y Francia donde ha realizado sus estudios, lo vemos al año siguiente involucrado en la Protesta de los Trece.

Este hecho fue la más notoria expresión de la inconformidad que vivia la juventud intelectual de aquellos días dentro de la tan corrupta e infecunda presidencia de Alfredo Zayas.

Aparte de este hecho colectivo, al año siguiente nos encontramos con una reacción absolutamente personal del doctor Mañach que revela sus principios éticos.

Ya graduado en Derecho desde el 24, es abogado de oficio en la Audiencia de La Habana y en relación con un caso que tiene bajo su responsabilidad, recibe un mensaje de Palacio. El hecho era muy común por aquellos tiempos y no faltaban los que se acomodaran a esta situación. Pero él, sin pensarlo dos veces, renuncia el cargo.

Mientras tanto, Mañach lleva a cabo dos empeños que hasta ahora han sido considerados, por sus resultados, como hechos vinculados a su carrera literaria, pero en los cuales yo veo las más profundas raíces, no del escritor, sino del ciudadano.

Como Mañach ha vivido tantos años fuera de Cuba y no conoce la Isla, decide viajar por la misma. Con las deliciosas crónicas que escribe publica su primer libro "Glosario", en 1924. Después, se dedica a explorar la capital y las donosas páginas que escribe aparecen después en su segundo libro, "Estampas de San Cristóbal de La Habana", de 1925.

¿Pura literatura? Absolutamente no. Son testimonios de su inquietud ciudadana. Aunque no tuviera acaso conciencia de su objetivo, al evocarse ahora, en perspectiva, su ejecutoria literaria hay que llegar a la conclusión de que el joven escritor comprende que lo pimero que él debe hacer con vista a su futuro es conocer la Isla con inclusión de la capital, y con ella a los cubanos. Los de las provincias, tan distintos entre sí, son diferentes a los habaneros.

De 1925 es también su disertación sobre "La crisis de la alta cultura en Cuba". Si el tema parece de notoria índole literario, lo cierto es que responde a sus primeras inquietudes ciudadanas.

Por debajo de la crisis cultural que él denuncia, si la literatura es un área de suma importancia en la vida de un pueblo, él capta y expone un hecho que demuestra, más que una crisis de la cultura, una crisis del país. Para él Cuba está estancada, aún enquistada en el pasado. A pesar de la república el espíritu de la colonia aún está vivo y en vigor.

Pero yendo más lejos, en el 28 pronuncia su disertación sobre "el choteo". Es cierto que estamos ante un penetrante ensayo sobre la psicología del cubano y la sociología del pueblo, pero por enncima de la psicología y de la sociología lo que él detecta en Cuba y denuncia es un fenómeno político. Es nuestra frivolidad cívica.

Es nuestra irresponsabilidad frente a las cosas públicas. Es nuestro hábito de no darle importancia a nada y de tirarlo todo a relajo. No duda de que estas actitudes, que pueden brotar de un fondo de morboso escepticismo, son las que corroen los frágiles cimientos del país.

Ante estas apreciaciones hay que llegar a la conclusión de que desde sus primeras manifestaciones intelectuales, Mañach se nos presenta como un ciudadano transido de preocupantes inquietudes cubanas. Un testimonio más de su fervorosa cubanía es su ensayo sobre la pintura en Cuba desde sus comienzos hasta 1900, que publica en el 24, el mismo año del "Glosario"

Paralelamente a todas estas y otras actividades intelectuales, Mañach hace periodismo en las páginas de "El País", que le parece más propicio que el "Diario de la Marina" para exponer sus críticas observaciones sobre las feas realidades que no pueden escapar a su aquilina mirada. Sus artículos, a pesar de su empaque intelectual y de su primor literario, están destinados a glosar los hechos más sobresalientes de la vida cotidiana de Cuba.

En el fondo de cada uno de sus trabajos se adivina su cubanía. El no es de los acomodado a las circunstacias, sino que vive una permanente preocupación por el destino de la Isla,. Lo alienta el irrenunciable empeño de contribuir a la superación de las limitaciones y fallas que se observan por todas partes. En la administración pública, en la política, en las costumbres en general, en los más variados niveles de la cultura. Nada cubano le es ajeno. Y si no es bueno, le duele.

Entre todos sus afanes está el de movilizar a su generación. Con ella sería posible conectar a Cuba con las corrientes culturales que en esos momentos se producen en Europa. La Europa que ha nacido después de la Guerra del 14 La Europa de la Vanguardia. Una Vanguardia que hacia el 28 va a desembocar en el Surrealismo.

Y como él viene de esa Europa y su presencia en La Habana es una novedad, en torno a él se va formando lo que él mismo llamó el Grupo Minorista. Son los menos, algo minúsculo, pero constituyen una élite intelectual ávida de involucrarse con los revolucionarios cambios estéticoas que se producen más allá del Atlántico.

Y del seno de Grupo Minorista brota la idea de fundar la "revista de avance" que tendrá por título "el año" de su publicación. Con Mañach comienzan Juan Marinello, Fancisco Ichaso y Alejo Carpentier.

Y en medio de todo esto, empieza a perturbarse la vida cubana con motivo de los propósitos de reelección y prórroga que alienta el presidente Machado. A este objetivo se añade la aparición del Cooperativismo de Wifredo Fernández.

Consumados los hechos en el 29 con la toma de posesión del presidente para un período de seis años, se caldean los ánimos en la Universidad. Con la protesta de los estudiantes aparece el movimiento encabezado por Carlos Mendieta y dentro del cual aparecen figuras como Juan Gualberto Gómez, Cosme de la Torriente, Rodolfo Méndez Peñate..Más tarde se sumarán a la oposición Mario García Menocal y Miguel Mariano Gómez.

Con el fracaso del alzamiento de Pinar del Río y de los hechos de Gibara en 1931, aparece un movimiento celular y subterráneo que será conocido por ABC, encabezado por el abogado y economista Joaquín Martínez Sáenz.

Al margen de la violencia de algunas de sus actividades públicas, el ABC publica un Manifiesto-Programa que es el más importante documento que se había escrito en Cuba sobre la problemática cubana. En su redacción, aparte de Martínez Sáenz, intervienen Jorge Mañach, Francisco Ichaso y Juan Andrés Lliteras.

Y dentro de la conmoción que sufre el país, a Mañach se le ocurre la fundación, en 1932 de la Universidad del Aire. El está convencido de que las causas de la crisis cubana son muy profundas. La mayoría sólo ve la superficie, mientras él ve en el subsuelo la falta de una adecuada educación política y con ésta la carencia de un alto espíritu cívico.

Con este peregrino proyecto él aspira a instruir, ilustrar y educar al pueblo cubano, que, no obstante todos sus adelantos materiales no ha avanzado en cuanto al necesario comportamiento cívico. No satisfecho con esta novedosa empresa radial, empieza a publicar el periódico "Acción", destinado a promover la renovación integral de Cuba. Aparte de lo que se le ve, está lo que no se percibe.

Y tras la caída de Machado, el ABC está en el efímero gabinete de Carlos Manuel de Céspedes. Pero el 4 de septiembre, se derrumba el gobierno y el ABC condena la Pentarquía y se opone al presidente Grau.

En el mismo año de la caída de Machado, el 1933, se produce uno de los hechos más impotantes de la vida de Mañach. La Editorial Espasa-Calpe, de España, publica su biografía de Martí. Realmente es la primera de su categoría que se publicó sobre el Apóstol y sin duda alguna la que más ha circulado por haber merecido hasta ahora el favor del público como ninguna otra. A la información histórica se suma el primoroso estilo del autor.

Esta biografía de Martí es más que eso. Más que un libro de nuestra historia, dedicado al más egregio de los cubanos. Esta obra tiene un objetivo notoriamente político. El autor ha esgrimido la figura del Apóstol para presentarlo a los cubanos como el más perfecto ejemplo de patriotismo. El aspiró a que no quedara cubano sin conocer quien había sido el mártir de Dos Ríos. Sólo con ese conocimiento sería posible lograr algún día que los hijos de Cuba mejoran su nivel cívico.

Con el arribo de Carlos Mendieta a la presidencia, los abecedarios vuelven a Palacio y Mañach asume la Secretaría de Instrucción Pública. Es entonces que crea la Direción de Cultura, que tan beneficioso papel ejerció durante los años que le quedaron a la república.

Pero, atacado un desfile abecedario que se producía en el Paseo del Prado, el ABC se retira del gobierno. Crecientemente se complicaba la vida cubana hasta que la violencia explotó con la huelga del mes de marzo del 35.

Los líderes del ABC, sin garantías, abandonaron el país. Mañach llegó a Nueva York y empezó a enseñar en la Universidad de Columbia sin romper la comunicación con los demás líderes.

No volverá a Cuba hasta que fue llamado a intervenir en la formación del ABC como partido político a fin de que participara en las elecciones que se celebrarían para elegir en 1939 a los delegados a una Convención Constituyente, Electo, se le designa para que en la sesión inaugural hable en nombre de todos los partidos de la oposición.

En este mismo año 39 la "Editorial Trópico", que fundó y preside Santovenia, publica su libro "Pasado vigente". Es una colección de artículos suyos. todos de índole política. En ellos se perciben sus angustias cubanas al comprobar que a pesar de la llamada revolución que dio al traste con la dictadura, todo lo que se quiso superar sigue vigente.

Su presencia en la Constituyente y su constante intervención en los debates demostraron, con sus quilates intelectuales y la elocuencia de palabra, su apasionada cubanía.

Mientras tanto se reanudó la publicación de "Acción", clausurado desde la huelga de marzo del 35. Con su postulación para senador, la vida de Mañach asume una nueva proyección. Le fue necesario descender a la lucha electoral y hablar en la tribuna política del ABC a través de las principales ciudades de Oriente.

Electo senador, no cabe duda alguna que él es en el Senado la más alta figura de la intelectualidad cubana, a pesar de la presencia del ilustre historiador Emeterio Santovena. Si Mañach no alcanza el record de éste en cuanto a iniciativas destinadas a convertirse en leyes, él no sólo fue el líder paralamentario del ABC, sino que es uno de los más constantes y elocuentes oradores que prestigian a la Alta Cámara.

Ante un ataque propinado por un colega a su partido, Mañach se luce con una enérgica y sólida refutación que quedó para la historia bajo el título de "Defensa del ABC".

Por encima de este alegato, su más alta pieza oratoria de entonces fue la dedicada a Martí en una sesión conjunta del Congreso con motivo de un aniversario del nacimiento del Apóstol. Con académica elocuencia expuso las ideas políticas y sociales del Apóstol, tan ignoradas por la mayoria de los legisladores pesentes.Mañach sigue con la obsesión de lograr que los cubanos, a fuerza de conocer la vida y el pensamiento de Martí, sean mejores ciudadanos de lo que han sido desde 1902 hasta entonces.

Un hito en su vida y su obra fue su ingreso en 1943 en la Academia de la Historia. Se creerá que este hecho sólo pertenece a su trayectoria intelectual y que nada tiene que ver con el ciudadano. Pero no es así. Cuando el ensayista que es él diserta sobre "La nación y su proceso histórico", más que el historiador el que habla es el ciudadano que viene padeciendo la triste realidad de que Cuba no sea una nación, específicamente por la ausencia de la inexorable ley de la solidaridad entre todos sus diversos elementos humanos hasta cuajar en una sólida y armoniosa alma colectiva.

Con este excepcional aporte al real conocimiento de Cuba Mañach alcanza su más alto nivel como escritor, como cubano y como político. Esa nación que nos falta, según había repetido antes de disertar en la Academia en no pocas tribunas, era para él un doloroso aguijón que llevaba clavado en lo más cubano de su alma.

En 1944 va a ofrecer otra prueba de su apasionada cubanía. Ingresa en la Academia Nacional de Artes y Letras con otro tema cubano: "El estilo en Cuba y su proceso histórico". Es en esta erudita disertación en donde precisa y define las sucesivas etapas de su patria: La Habana, el país, la isla, la patria, la república.

¿Cómo podríamos explicar este tan vehemente fervor cubano que se percibe en su obra, en su conducta, en todo él, si es un nativo que ha vivido tantos años en el extranjero por razón de sus estudios según la decisión de su padre, que nada tenía de cubano?

No todos son triunfos para Mañach. También hay reveces. Cuando el país se prepara par celebrar elecciones generales en 1944, el ABC lo sacrifica y no lo postula. Se cede a la aspiración de otro abecedario.

No cabe duda de que los intereses políticos pueden desembocar en injusticias. Sacrificado, Mañach, se le compensa con el nombramiento de Ministro de Relaciones Exteriores, sustituyendo a Santovenia, que seguirá en el Senado.

El cargo le durará sólo hasta octubre, unos seis meses. Y Mañach, que es profesor de Historia de la Filosofía de la Universidad de La Habana, que con el español habla el inglés y el francés a la pefección, que conoce a Estados Unidos, España y Francia, resulta un canciller excepcional con cuya presencia se honra el gabinete del presidente Batista.

Dos años después, en 1946, se convocan elecciones parciales. Mañach es postulado a representante por la provincia de La Habana. Frente a él está un hábil político, que es, además, un poderoso agricultor, dentro del área de la piña. Al llegar los comicios, la inteligencia, la cultura, el patriotismo, representados por el más eminente de los intelectuales cubanos, son derrotados por el candidato que es su antípoda. Y esto no ocurre en Pinar del Río, sino en la provincia que encabeza la capital.

No hay que ser muy especulativo para suponer los pensamientos que tienen que haberle rondado al biógrafo de Martí. Todavía en Cuba no hay un pueblo con la debida cultura política. En consecuencia, no hay conciencia cívica. Los habaneros de entonces repitieron los mismos vicios políticos que habían gravitado sobre la Isla desde don Tomás.

Por estos mismos días, a mediados del 46, funda el PEN Club de Cuba, cuya matriz radica en Londres y que existe en las más importantes ciudades del mundo. Jorge logró reunir en sus filas a poetas, novelistas, ensayistas, historiadores, lo más granado de la instelectualidad cubana . Nunca dejó de ser un animador de los más altos valores culturales. Mucho le complace estimular a los jóvenes.

Volvió al periodismo, que había tenido marginado durante los años en que ejerció funciones públicas. Regresó al "Diario de la Marina" y empezó en "Bohemia". Fue en esta revista donde más se esforzará por encararse a los problemas de la política cubana. En vano censuraba y condenaba. Inútilmente aspiraba a orientar, a hacer ciudadanos honestos y responsables.

En esta situación se produce la disolución del ABC y se decide su incorporación al partido que ha fundado Eduardo Chibás. Aunque en la Ortodoxia se juntaron muy destacadas personalidades de la política cubana, muchos procedentes del Autentisismo, estamos ante un hecho que no resulta fácil de entender, porque lo cierto es que entre el frustrado aspirante a la presidencia y esos nuevos correligionarios no había identificación alguna. Y sí entre los ortodoxos y los políticos de carrera existen profundas diferencias, ¿qué podría decirse de Mañach, un "scholar". graduado en Harvard y en la Sorbona?

Aparte de sus colaboraciones periodísticas mencionadas y de su cátedra, había ingresado en la CMQ. En consecuencia restableció la Universidad del Aire, presidía el televisado programa "Ante la Prensa" y escribía los editoriales de la empresa.

Mientras tanto no desatiende su labor de escritor. Publica "Historia y Estilo" con sus dos disertaciones académicas. En Buenos Aires se publica su ensayo "Examen del Quijotismo". Le sigue su único libro filosófico: "Para una filosofía de la vida"

Y ante la proximidad del centenario de Martí, la Universidad de La Habana lo invita a dar un curso sobre el Apóstol, que se publicará con el título de "El espíritu de Martí"

Ya dentro de la década de los cincuenta, con el gobierno de la Cordialidad en Palacio, Mañach publica un largo artículo que revela toda la oscura tristeza que le colmaba el alma viendo que Cuba estaba cada día más lejos de sus ideales. El que haya leído esta patética página del eminente cubano no podía extrañarse de lo que ocurrió en marzo del 52.

Con el nuevo gobierno que empezó en esta fecha, se asaltó una de las actividades de la Universidad del Aires. Si lo deprimió el golpe de estado, no menos le dolía el drama interno de la Ortodoxia, ya desaparecido Chibás. Desertó del Partido del Pueblo Cubano y fundó el Movimiento de la Nación Cubana. Fue una ilusión que se desvanecía ante la irracional violencia que se había desatado en la Isla hasta culminar en el foco guerrillero de la Sierra Maestra

No cabe en La Habana y se va a Madrid, sin renunciar a la inexplicable fe que tiene frente a las promesas que ha hecho al pueblo el guerrillero que llegó en el "Gramma". ¿Cómo es posible que un hombre de sus saberes se deje engañar?

Cuando se produce el triunfo de la Sierra Maestra Mañach regresa a La Habana. Se incorpora a la CMQ y a "Bohemia", pero no al "Diario de la Marina", que se ha enfrentado con la falaz revolución. Preside de nuevo el programa "Ante la Prensa". Se publica su libro "Visitas españolas" con los textos de entrevistas que hizo a notorias personalidades.

Aunque lo espantan casi todos los hechos del gobierno, no deja de creer en su caudillo. Cree que los errores que se cometen son el producto de una juventud sin experiencias. Pero poco a poco lo va comprendiendo todo. El alma se le llena de desolaciones. A pesar de su adhesión al gobierno revolucionario, se le expulsa de la Universidad.

Al fin, comprende que no cabe en su patria, que Cuba es un manicomio encabezado por un peligrosísimo demagogo. Abandona la Isla y llega a Puerto Rico. La Universidad lo acoge y lo honra. Cumple con ella trabajando en su libro "Teoría de la Frontera". Terminada la obra, muere el 25 de junio de 1961, a los sesenta y tres años, víctima de un cáncer.

Carlos Márquez Sterling (1898)

Nació en Camagüey, la tierra de Ignacio Agramonte. El 8 de septiembre, el día de la Caridad del Cobre. En 1898, el último año de la dominación española sobre Cuba. De la mano diplomática de don Manuel, el tío que devino en padre, vive en las capitales de Argentina, Brasil, Perú, México, Estados Unidos y va haciendo sus estudios sucesivamente.

A los veinte años se gradúa de abogado en La Habana y se incorpora al bufete de Orestes Ferrara. Paralelamente hace periodismo en "El Heraldo de Cuba". Es electo representante a la Cámara en las elecciones de enero de 1936, las primeras que se celebran después de las últimas celebradas por Machado en el 28. Está en el Partido de Miguel Mariano Gómez.

Con José Manuel Cortina, Secretario de Estado, se halla en Buenos Aires asistiendo a la Conferencia de la Paz inaugurada por Roosevelt. Mientras tanto el 24 de diciembre el Senado destituye al presidente Miguel Mariano Gómez, por querer reconquistar los fueros que le corresponden y que están en poder del coronel Batista. El hecho lo impacta dolorosamente.

Es nombrado profesor de la Escuela de Comercio de la Universidad de La Habana, donde enseñará Economía Política y las Doctrinas Sociales. En esos días la "Editorial Trópico" publica su biografía de Ignacio Agramonte.

En 1939 es electo delegado a la Convención Constituyente y no tarda en presidirla. Es el más espectacular hecho de su trayectoria política. El presidente Batista lo nombra Ministro del Trabajo. Luego lo pasa a Educación y no vacila en renunciar al ver algo que le disgusta.

Ingresa en la Academia de la Historia de Cuba y más tarde en la de Artes y Letras. Publica las biografías de Tomás Estrada Palma y de José Martí. Fuera de la política, de la literatura y de la cátedra está en su bufete.

Ante el golpe de estado del 52 funda el Partido del Pueblo Libre. Si la oposición está por la violencia, él está por la vía electoral y como candidato a la presidencia se presenta a las elecciones del 58. Pocas semanas después Batista abandonó la isla y se desmantela la república. Nada queda de las democráticas instituciones. En la isla se ha impuesto un régimen totalitario bajo la tutela de la Unión Soviética. Washington ha roto todos los vínculos con La Habana.

Márquez Sterling se yergue ante el dictador hasta que abandona su residencia y se instala en Nueva York. Enseña en una universidad. Colabora en el "Diario las Américas" y promueve un movimiento patriótico para luchar en contra del régimen comunista de La Habana. Para esto apela a todos los medios posibles. Y el historiador publica una voluminosa "Historia de Cuba", que empieza con Colón y termina con Castro.

Se traslada a Miami donde está el mayor exilio cubano. Sigue en el periodismo. Otra cátedra. Otros libros; "La onda corta" sobre la historia de Rusia. "Ediciones Universal" le edita la "Historia de Estados Unidos" y la biografía de Manuel Márquez Sterling, una de las grandes figuras de la república. En México le publican otra biografía de Martí, más sencilla que la anterior. No son pocos los libros pendientes de publicar.

La presencia de Carlos en Miami era un acontecimiento. Era uno de los más destacados protagonistas de la república. Y aquí se proyectó patrióticamente. Tan cordial y sencillo con tanta historia, tanta cultura y tanto patriotismo, se le escuchaba con deleite y respeto.

Se sabía la historia de la república al detalle. Cuando escribía sobre algunas de las figuras de la política más que el historiador descollaba el psicólogo.

Pero el tiempo no perdona y el 3 de mayo del 91, a los 92 años acabó su vida terrena. El legado que ha dejado es el de una ejemplar existencia. Junto al elocuente orador hay que poner al fascinante conversador. En su memoria guardaba miles de nombres, de hechos, de anécdotas, de experiencias. Era el testimonio de que había vivido intensamente.

Guillermo Martínez Márquez (1900)

Nació en La Habana el 6 de narzo de 1900. Estudió la primaria en La Salle y la secundaria en Belén. Había venido al mundo con la vocación del periodismo. Era un adolescente cuando escribe para sus condiscípulos "La juventud" y después "Nosotros". Bachiller a los diecisiete años se matricula en la Universidad en dos carreras: Derecho Civil, que deja trunca, y Derecho Público, con el que logra el doctorado. Realmente él no había nacido para abogado sino para periodista.

Se estrena profesionalmente en la revista "Don Pepe", que había fundado Néstor Carbonell. Este mismo lo tiene en "Letras". Su mayor éxito en esta inicial etapa fue la de entrevistar a Ramón del Valle Inclán, de paso por La Habana. Fue el mismo Carbonell quien lo entra en el diarismo habanero cuando, como director de "La Prensa", le encarga las páginas sociales.

Demostrado su talento periodístico se le encarga que cubra las sesiones del Senado. Guillermo disfruta este trabajo que le da la oportunidad de conocer a senadores tan ilustres como Juan Gualberto Gómez. Y muy pronto ingresa en "El Heraldo de Cuba", que había fundado Manuel Márquez Sterling. Corren los años de Zayas.

Tanto se luce el veinteañero periodista que entra en "El País", pasa a "El Sol" y llega a "El Mundo" como jefe de información. Tanto permanece en este diario que vive los difíciles años de Machado. Se censura la prensa o se dispone el cierre del periódico por razones políticas y cuando esto sucede Guillermo convence a sus compañeros a unirse y publicar "Ahora", con el cuidado de no chocar con el gobierno. Y se le ocurre la publicación del "Almanaque del Mundo" al que sostuvo por varios años.

Paralelamente a su periodismo, escribe cuentos, ensayos, teatro. Publicaba en las mejores revistas:"Social", "Bohemia". "Chic", de la que fue Jefe de Información.

Mientras tanto la vida pública cubana se complica con la dictadura de Machado. El 4 de septiembre, la pentarquía, los gobiernos de Grau San Martín, Mendieta... Cuba ha caído en un caos.

Las pasiones se desbordan. No hay noche habanera sin bombas. No hay seguridad para nadie y menos para un periodista como él que por medio de su periódico, "Ahora", comenta la situación del país. Desea servir las buenas causas y condenar todo lo que aún queda de un pasado que quiere superarse.

Y al producirse la huelga de marzo abandona el país y se radica por año y medio en Tampa. Se ha incorporado al Autenticismo. Muy amigo de Miguel Mariano Gómez le alegra su elección y le duele que Batista lo haya destituido por querer rescatar los fueros del Poder Ejecutivo.

El doctor Grau le confiesa que desea la legalización del partido con vistas a una normalización de la política cubana y logra tener una entrevista con Batista que resulta tan positiva que el presidente Laredo Bru promueve el regreso de los líderes exiliados y la elección de delegados para una Convención Constituyente.

Ya había vuelto al periodismo. Colabora en "Bohemia". Trabaja en "El Crisol" hasta que Alfredo Hornedo en el 42 lo nombra director de "El País". Crea el día del médico. Ingresa en la Sociedad Interamericana de Prensa a cuyos congresos irá cada año. Esto lo obliga a viajar a sucesivos países. Es ya una personalidad continental y en Cuba una figura nacional. Preside la SIP.

Los presidentes se suceden. Con cada uno, una realidad distinta. Pero él es el mismo periodista de siempre, tan ponderado en todos sus pronunciamientos. Cuba ha perdido la otrora placidez que se había ganado. Los dos gobiernos auténticos resultaron muy controversiales. Los demagogos perturbaron la vida nacional a través de la radio y se produce el golpe de estado. El país se divide entre los que están con la Sierra Maestra y los que están con el gobierno. El primero de enero del 59 Batista abandona el país y empieza el desmantelamiento de la república.

Desaparecen todos los periódicos y el doctor Guillermo Martínez Márquez se radica en Miami. Escribe en el "Diario Las Américas". Es el mismo de Cuba y acrece su proyección hemisférica. Ya lleva más de tres décadas de exilio. No ha olvidado a Cuba y la ha servido cada día. Son muchos sus años. Ya cuenta noventa y seis. Se le ha quebrado la salud y ya no se le ve. Así acabó su tiempo. Era un gran señor. Elegante en todo.

Lydia Cabrera (1900)

Lydia Cabrera ha dedicado veinte años en Cuba a la investigación de la cultura negra. Es una gran dama. Todo en ella revela su abolengo. Téngase presente que es hija del doctor Raimundo Cabrera, el autor de "Cuba y sus jueces" y uno de los próceres con que contó Cuba para el trance de su fundación y para los primeros esfuerzos de la República. La define su sencillez. Y la caracteriza una permanente actitud de inteligente vivacidad.

Con cinco mil dólares que había ahorrado se fue a París. Lydia confiesa que ha sido siempre muy independiente. Quería tener una vida propia. Además, deseaba contar con una plataforma económica. Tenía la obsesión de emprender en La Habana un negocio de decoración interior. Decidió invertir en Francia todo su dinero en la compra de objetos artísticos y de antigüedades que podría después revender. Así fue. Hizo una fortuna con esa inicial inversión cuando ella era aún muy joven.

Las actividades comerciales de la señorita Cabrera fueron más lejos. Con todo el dinero ganado se le ocurrió montar en La Habana una fábrica de muebles. Llegó a tener veinticinco obreros.Y cuando se vio con una buena fortuna, "le dio una patada" al negocio y se marchó a París. Era el año 1926. Ella había nacido con el siglo.

En París permaneció hasta 1939,con frecuentes viajes a Cuba. Su padre había muerto en 1923. Y fue entonces que empezó a descubrir a Cuba, después de la experiencia de haber vivido tantos años fuera de la Isla. Y más que a Cuba, el mundo inexplorado y fántastico de los negros que se conservaba en toda su ancestral pureza. En la isla se hablan aún los dialectos africanos.

Ese mundo de los negros no era nada extraño para Lydia. En primer término algo había llegado a ella a través de los propios criadosdel hogar paterno. Pero fundamentalmente por razón del noviazgo primero y del matrimonio después del doctor Fernando Ortiz, el eminentísimo cubano, con su hermana Esther. Fue éste el primero que empezó a dedicar atención a la cultura negra.

Si Lydia se había ido de Cuba en 1926 y regresó en 1939, ella estuvo ausente de la Isla durante todo el proceso revolucionario contra Machado. −Yo conocí una generación de cubanos muy buena pero cuando volví a mi país me encontré que no era el mismo de antes. Había cambiado profundamente. Y para mal... Por eso estoy convencida de que ha sido la ignorancia política la que nos ha traído hasta aquí.

Fue para mí una tremenda sorpresa que la hija de Raimundo Cabrera dijera: −En Cuba no se nos enseñaba Historia de Cuba. Yo descubrí a Cuba desde afuera. Y conste que no estoy produciéndome con patrióticos sentimentalismos. Ya no pensaba volver porque me sentía muy bien en Francia, aunque sin olvidar la patria.

Lydia Cabrera es la cubana que más sabe de las culturas negras de Cuba. Recuerda que "Cuentos negros de Cuba", publicados en París, en 1936, los había escrito para Teresa de la Parra, la novelista venezolana de "Memorias de Mamá Blanca". Con esas folklóricas narraciones cubanas ella aspiraba a entretener a la ilustre y bella enferma, desaparecida en la plenitud de su talento y de su vida.

Pero hubo otra causa. Era el auge que tuvo en París el arte procedente de las más exóticas tierras, tanto del África como de los países orientales. Si en Europa se daba importancia a esas manifestaciones primitivas de culturas tan ajenas a la europea, ¿por qué no hacer lo mismo con las culturas negras de Cuba?

Y cuando volvió a Cuba, Lydia decidió a ganarse la confianza de los viejos criados y empieza a tener sus más discretas revelaciones. −Porque entonces todo esto era algo muy tapado, verdaderamente tabú, y no es como ahora...

Mientras más fue conociendo más valor poético le fue encontrando a todo lo negro. Y en esto trabajó hasta que tuvo que salir de Cuba convencida de que había caído en poder de los comunistas. −La decisión fue irnos. Y en junio de 1960 llegamos a Nueva York. Dios fue bueno conmigo, porque hizo que yo llenara un baúl con todos mis papeles. Y que llenara otro con cosas que luego pudimos vender para vivir...

De Nueva York a la Florida. Y veinte años después, Lydia sigue en Coral Gables. Ella confiesa que aquí no se siente espiritualmente bien y que vive pensando siempre en Cuba.

Y Lydia, en oscilaciones de su amenísima charla, vuelve a lo negro. Aclara que todos los negros no eran iguales. Había varias culturas: lo lucumí, lo congo, lo arará... Trabajó por dos décadas, sin treguas. Pero aún quedó mucho por hacer.

Trabajó sobre lo vivo. En diálogo con los negros. Dice que Matanzas era la Roma de los lucumí. Añade que está escribiendo un libro sobre el folklore de los animales. Menciona al majá, a la jicotea, al aura tiñosa. Explica el simbolismo de cada uno de ellos. Señala las diferencias que tienen entre sí todas las culturas. Los congos se dedican más al culto de los antepasados. Los lucumíes tienen una mitología semejante a la griega.

Ella compuso un vocabulario con doscientas voces lucumíes. Las sometió en la Sorbona a un estudiante lucumí y pudo comprobar que la lengua se conservaba exactamente en Cuba, con la persistencia de algunos arcaísmos.

Ella pudo comprobar que la cultura ñáñiga persistía en la isla con sus valores originales. Así aparece en su libro "La Sociedad Secreta de los Ñáñigos".

Lydia hace un alto elogio de las leyes esclavistas de España, más humanas que las de los Estados Unidos. Tiene pendiente de publicar un libro sobre la curandería de varias culturas negras. Cuba era un país inédito, dice con melancolía.

Joaquín Martínez Sáenz (1900)

En cualquier sociedad hay por lo menos dos clases de ciudadanos: los que nacen con vocación pública y los que carecen de ella. A Joaquín Martínez Sáenz se le reveló, tras no pocos síntomas, en 1931 frente a la lucha contra la dictadura de Gerardo Machado. Frustrados un levantamiento en Pinar del Río y la expedición que llegó a Gibara comprendió que le había llegado el momento de entrar en acción.

Ya en las páginas de la "Revista de Oriente", desde Santiago de Cuba, había publicado una serie de artículos en relación con la problemática cubana. Había nacido en Güira de Melena el 15 de noviembre del 1900. Estudió su bachillerato en el prestigioso "Candle College" y se había graduado en Derecho Civil y en Derecho Público. Como abogado trabajó en uno de los más conocidos bufetes, el de Rosales y Lavedán, que lo situó en sus oficinas de Camagüey y Oriente.

Con Jorge Mañach, Francisco Ichaso y Juan Andrés Lliteras funda una organización secreta que actúa violentamente contra la dictadura desde 1931 hasta la caída de Machado.

Antes de que se den sus nombres circula un Manifiesto-Programa que es el documento más importante que se había conocido hasta entonces. Algo nuevo sobre una Cuba nueva con nuevas ideas y nuevos procedimientos.

Objetivamente, y en una magnífica prosa sin ningún tropical retoricismo, se exponen las causas políticas, sociales y económicas de la crisis que sufre la república y se dan las correspondientes soluciones. Como el grupo, que crece por día. funciona a base de células, agentes de la policía lo bautizan con el nombre de ABC. Y en ABC se quedó.

Con ese nombre resonó en toda la isla cuando el 12 de agosto de 1933 se produce el derrumbe del gobierno. Martínez Sáenz es Secretario de Hacienda con Carlos Manuel de Céspedes y tras el 4 de septiembre y el caos con Carlos Mendieta al que abandona el ABC al producirse un ataque a un pacífico desfile abecedario que se desarrollaba en el Paseo del Prado con muertos y heridos. Fue entonces que escribió "La Revolución de Roosevelt".

Es uno de los promotores de la lucha que se comienza en contra de los poderes políticos que ha asumido el coronel Fulgencio Batista desde el Campamento de Columbia, el llamado "Anti-Estado". Tras la huelga de 1935 se suma al exilio de Miami y en 1938 regresa bajo la invitación que el presidente Federico Laredo Bru hace a los líderes ausentes a fin de celebrar una Convención Constituyente. La Asociación ABC se convierte en partido político y participa en las elecciones convocadas para elegir a los delegados.

Martínez Sáenz sale electo y se destaca en la Convención por sus brillantes aportes, especialmente en las cuestiones económicas, de las que es un eficaz experto. Es electo Representante a la Cámara en 1942, Ministro de Agricultura en 1943 y Senador en 1944. En el Senado promueve la creación del Banco Nacional, que es un mandato de la Constitución. El tuvo mucho que ver con el mismo. En la Asamblea nadie sabía más que él de asuntos bancarios.

En un 28 de enero, fecha del natalicio del Apóstol, el presidente del Senado lo designa para el correspondiente panegírico. Toma muy en serio el encargo, agota el estudio del ilustre cubano y el brillante texto se convierte en un libro titulado "El inadaptado sublime".

Después de muy altos cargos como eminente economista, en el 52 es presidente del Banco Nacional bajo el respaldo de las más prestigiosas organizaciones bancarias y económicas. Nadie dudaba de que él era el hombre para el cargo, teniendo como vice al doctor Pedro López Dorticós y a Emeterio Santovenia como presidente del Banco de Fomento Agrícola e Industrial. Los tres habían sido líderes del ABC.

Batista estuvo tan acertado que Leví Marrero ha podido declarar que esos últimos años de la república fueron los más prósperos de todos los tiempos. Se superaron todos los niveles. Se trabajó en pos de la independencia económica de Cuba. Bajo su presidencia se formaron los organismos que eran necesarios para hacer lo que no se había hecho en los cincuenta años.

Todas las áreas de la producción, tanto las agrarias con la ganadería, como las industriales con las minas, se desarrollaron espléndidamente hasta enriquecer al país. Lo hecho en La Habana repercutió en el extranjero, mientras que era ignorado por los cubanos involucrados en la revolución. Se exportó como nunca y el peso cubano reafirmó sólidamente su igualdad con el dólar.

Al producirse el derrumbe de la república Martínez Sáenz fue detenido en su oficina. Quedó preso por varios años. Sufrió un dramático deterioro físico que no le impidió escribir un libro, publicado más tarde en Buenos Aires, sobre lo que se había hecho en el Banco Nacional bajo su presidencia. Ante el seguro peligro de que muriera, el dictador autorizó que lo liberaran. Alguien lo montó en un auto y le dio un largo recorrido por la capital. El confesó que le bastaron los aires habaneros para recobrar su ánimo perdido.

Está en España con un alto cargo bancario. Pero Cuba lo atrae y viene a Miami, donde además de sus actividades bancarias trabaja por Cuba, Está absolutamente seguro que de que su patria será liberada inexorablemente. Con esta ilusión lo sorprende la muerte el 27 de abril de 1974.

Ante su desaparición fueron muchas las voces, muy autorizadas, que se levantaron para reconocerle sus virtudes patrióticas, su talento, su cultura económica. Era un carácter dotado de una singular honestidad a lo largo de su vida.

Poseía una personalidad avasalladora. Gracias a la misma nunca se le pudo ignorar. Ni como ministro, ni como legislador, ni como economista.

Y en la intimidad de los amigos era sencillo, sincero, afable, optimista. Fue uno de nuestros más grandes y mejores hombres. Cuba siempre pudo contar con él. No es posible olvidarlo. Su ejemplo debe de ser proclamado para inspiración de aquéllos que no lo conocieron.

Francisco Ichaso (1900)

Nació el 10 de octubre de 1900, en Cienfuegos. El misterio del tiempo y de sus imprevisibles episodios no nos permite saber por qué el hijo del ilustre periodista español León Ichaso tenía que nacer en la fecha del Grito de La Demajagua. El espíritu de Céspedes marcó la ruta de su tan cívica y patriótica vida.

Al servicio de Cuba estuvo Ichaso como periodista, escritor y político hasta morir el 27 de octubre del 62, en México a donde había llegado como consecuencia del derrumbe de la república. En esos días él había seguido paso a paso la dramática crisis de los cohetes que Moscú estaba instalando en Cuba como base para un posible ataque a Estados Unidos.

Graduado de bachiller, ingresa en la facultad de Derecho y se gradúa de abogado, profesión que marginó ante las presiones de su verdadera vocación, pero la que a veces reaparecía en situaciones que lo exigían.

El tan inteligente hijo seguía la carrera de su padre, don León, y como éste, siempre en el "Diario de la Marina". Armado de una vastísima cultura asumió la crítica de cine, teatro y bellas artes, dándole un nuevo y altísimo rango a estos temas. Y con este rumbo lo literario. Esta variedad temática estaba respaldada por la versatilidad de su personalidad.

Y con lo intelectual, la vida pública sin merma de lo literario. Con veintitrés años fue uno de los Trece que en la Academia de Ciencias interrumpieron un acto presidido por uno de los Secretarios del gabinete de Zayas, a quien acusaban de corrupción.

Situado en la vanguardia de la juventud de los veinte se une a Jorge Mañach, Juan Marinello y Félix Lizaso para publicar la muy novedosa "Revista de Avance" que, más allá de las costas cubanas, registra la cultura que en ese tiempo se está produciendo en Europa y el resto de Hispanoamérica. Con ellos queda establecido el histórico grupo de los Minoristas.

En la lucha contra la dictadura de Machado participa en un movimiento subterráneo que, por su organización celular, la policía lo bautiza con el nombre de ABC y así quedó. En 1931 publica un Manifiesto-Programa, que es el primer documento que se redacta para analizar la realidad cubana en relación con la política, la sociedad y la economía. Y con los diagnósticos se dan los remedios.

Sus redactores son Joaquín Martínez Sáenz, Jorge Mañach, Francisco Ichaso y Juan Andrés Lliteras. Con esta destacada intervención en la vida pública, el periodista se convierte en un destacado líder político que interviene como tal en los años que transcurren desde la caída de Machado hasta la Constituyente del 40.

Como consecuencia de la huelga de marzo del 35, Batista se ha convertido en el "hombre fuerte" y en el campamento de Columbia ha organizado un aparato de gobierno que pugna con lo que existe en La Habana. Ante ese "anti-estado", Santovenia e Ichaso fundan la revista "Isla".

Por querer desarmar esa situación y recobrar los fueros perdidos por la presidencia fue que el Congreso, manipulado por el Coronel, destituyó a Miguel Mariano Gómez el 24 de diciembre de 1936. Reemplazado por el vice, Federico Laredo Brú logra tranquilizar al país y convocar a una elección para elegir a los futuros delegados.

Ichaso es de los elegidos por el ABC, convertido en partido político, y a través de los debates ratifica la elocuencia que ha mostrado en las actividades abecedarias. Era un orador de nuevo estilo. Y cuando se celebran en el 40 elecciones generales, Ichaso es electo Representante a la Cámara, donde una vez más se distingue de los típicos políticos por su estilo.

En el 43 Batista invita a los partidos de oposición a formar un gabinete de unidad nacional. El ABC acepta. Santovenia asume el Ministerio de Estado y nombra a Ichaso Director de Cultura. Se crea la Escuela de Periodismo y él es uno de los profesores. Sin dejar el "Diario de la Marina", escribe en "Bohemia". Coopera con Mañach en la Universidad del Aire. En el Canal 6 de CMQ funda el programa "Cuba al día".

Y sin abandonar su inicial función de cronista de cine y arte, ahora semanalmente escribe sobre los candentes problemas de la política cubana sin mengua literaria. En 1935 había publicado "Lope de Vega, poeta de la vida cotidiana" y poco después la "Editorial Trópico" le editaba su libro "Defensa del hombre". El título del libro corresponde a uno de sus ensayos. Hay otro destinado a desmitificar a Martí, tal como había hecho Mañach con su famosa biografía.

    Con esta obra probó Ichaso que detrás del periodista había un pensador. Era sencillo y cordial. Muy reconocido por sus virtudes y talentos. Fue una de las joyas de la república.

Herminio Portell Vilá (1901)

Al llegar a los ochenta el doctor Herminio Portell Vílá confesó que el tiempo transcurrido, tan largamente, no había puesto mengua alguna en su mente, ni en su corazón, ni en su voluntad. Una voluntad, un corazón y una mente que están al servicio de Cuba. Ochenta años verticales como espigas. Nació el 27 de junio de 1901.

Hay algo que no es posible ignorar y que hay que reconocer con todo el énfasis que demanda la más elemental justicia. El doctor Portell ha sido un tenaz vocero de la noble causa que es la reconquista de Cuba para devolverla al cauce democrático de su historia. Ha sido un implacable acusador del despótico régimen que se ha impuesto a la Isla y que es una dependencia de Moscú. Ha sido un exhaustivo informador de la penetración del comunismo en todo nuestro continente poniendo, además, muy especial interés en revelar la complicidad de Castro con los designios de Rusia en las tierras de América.

A través de las páginas del "Diario las Américas" el doctor Portell escribe tan breve como contundentemente. Él es un especialista en asuntos del Hemisferio. Él es un erudito historiador. Sabe tanto de Cuba como de Estados Unidos. Tiene los siglos en sus manos. No hay área de la política del Nuevo Mundo que él no conozca en detalle, con todos sus pelos y señales. Esta vastísima erudición, iluminada por sus muchas experiencias de escritor, de profesor, de hombre público le han permitido estar en las mejores condiciones para erigirse en el formidable gladiador que es en la lucha contra el comunismo y la defensa de la libertad.

El periodista, en función diaria, informa, advierte, aconseja incita. Toda la dolorosa historia de estos dramáticos años que empezaron con el desplome de la República se encuentra en estos artículos de don Herminio, en los que no hay palabra de más ni retórica inútil. El lenguaje adquiere toda la desnudez y toda la aspereza necesaria para convencer, para disuadir, para hacer que las conciencias de los que están insensibles a la tragedia sean capaces de reaccionar.

Ciertamente yo veo en este hombre como la concreción de la conciencia de una época que se está jugando su destino. O se vence al comunismo y se retiene el señorío de la libertad en el Mundo, o el Mundo consumará una trágica regresión histórica, porque el Marxismo no es otra cosa que la negación de la persona humana, en todas sus dimensiones, para exaltar el monstruo de un Estado totalitario que después de destruir al individuo no es capaz de servir tampoco a la sociedad.

Los ejemplos, con sus experiencias, están a la vista de todos. Desde Rusia hasta Cuba, uno de los países más prósperos, ricos y felices de América y hoy convertido en ruinas en todos los órdenes. Al margen de estos dos polos, la realidad de los países satélites, el contraste de las dos Alemanias y ese ignominioso Muro de Berlín, que ahora cumple veinte años, y que es la prueba más categórica de que nadie quiere vivir dentro de un sistema comunista. Sólo creen en el Comunismo los ingenuos que viven en los ricos países capitalistas o los que, víctimas de un incipiente y torpe capitalismo, viven en países cuyos gobernantes, por egoísmo y por incapacidad, no han sabido desarrollar sus correspondientes economías y promover el progreso social con toda la justicia que demandan el liberalismo, la democracia y el Cristianismo.

Pero Portell Vilá no sólo actúa dentro del periodismo. Eminentísimo profesor, ha dado disertaciones por centenares, en las más diversas tribunas. Especialmente dentro de las universidades americanas, donde hay tanta juventud desorientada. Las ha ofrecido en agrupaciones de importancia suma dentro de la sociedad americana. Él es un prominente miembro del American Security Council. Él ha intervenido eficazmente en las trasmisiones de "La Voz de las Américas". Sus. nexos con los Estados Unidos son tan lejanos como profundos. Él publicó en 1938 en cuatro volúmenes su "Historia de Cuba en sus relaciones con Estados Unidos y España". Para escribirla consumó todas las investigaciones necesarias. Para ello disfrutó de cuatro becas otorgadas por la Guggenheim Foundation. Ha enseñado en muy prestigiosos establecimientos universitarios. Ha sido consultor de la "Foreign Policy Association".

Pero estas relaciones con los Estados Unidos no le impidieron enfrentarse con Washington, cuando fue Embajador de Cuba ante la Séptima Conferencia Internacional Americana, en Montevideo, en

1933, en días de profundo revuelo en Cuba. Había caído el Presidente Machado y estaba en el poder un gobierno revolucionario dispuesto a luchar en contra de todo vestigio de intromisión americana en la Isla. El entonces joven historiador cubano intervino en la redacción del documento sobre "No Intervención" que fue aprobado.

Portell fue en ese momento un alto servidor de la república. Eso fue siempre. Mi primer contacto con él, teniendo yo menos de veinte años, fue a través de su biografía de Carlos Manuel de Céspedes, el Padre de la Patria, publicada en Madrid, en 1931. Ya era un renombrado historiador. Anteriormente había publicado, en 1928, su "Historia de Cárdenas", donde nació en 1901. En 1930, en tres volúmenes, dio a la estampa su obra "Narciso López y su época". Y aparte de la "Historia" ya mencionada y de numerosas monografías había trabajado en la obra que se frustró porque, al salir de Cuba, perdió todo cuanto en relación con el tema había logrado acopiar desde 1931.

Sin embargo, no se dio por vencido, porque este hombre no se deja derrotar por el destino. Ya en Washington promovió las gestiones necesarias para que se le ayudara en la reconstrucción de lo que había quedado en poder de los comunistas cubanos. Increíblemente no logró la colaboración que necesitaba. Los Estados Unidos escamotea la presencia de España en la emancipación americana.

Ante esta situación don Herminio se conformó con algo más modesto. Sólo en español. Y así fue como a mediados de 1978 Juan Manuel Salvat publicó "Los otros extranjeros en la Revolución Norteamericana".

Luis Casero (1902)

Al margen del sentido festivo que tradicionalmente se le da a los cumpleaños es posible hacer una valoración más seria y profunda. La más notoria esencia de la vida es el tiempo. Históricamente el hombre está constituido por esa incógnita cuota de años que recibe al nacer. Y la suma total de sus días es la única materia prima de la que dispone para construir su existencia, que es algo más que un simple estar en el mundo. Vivir implica una misión, el cumplimiento de un programa que a su vez comporta una tabla de valores. Luis Casero Guillén ha cumplido a través de noventa años su condición de hombre pleno, toda una jerarquía espiritual tan pocas veces lograda.

Frente a la crisis cubana no son pocos los que, con un exceso de sentido crítico, demasiado generalizador, ofrecen la más negativa visión de nuestro pueblo. Le niegan al cubano toda virtud, a nuestra sociedad toda elevación moral y a la república los más elementales atributos cívicos. Para rechazar esa tan descalabrada imagen de nuestra identidad basta con esgrimir el incontrovertible ejemplo de Luis Casero, nacido en hogar muy humilde, en el que para mayor infortunio faltó prematuramente el padre. Sus estudios fueron los rudimentarios de una escuela pública, pero él supo añadir el producto de sus abundantes y muy buenas lecturas.

A los catorce años, su primer trabajo regular en una empresa de muelles y almacenamiento. Por la ejemplaridad de su conducta y por el esmerado y eficaz cumplimiento de sus deberes, gana la estima del empresario en tal medida que merece el nombramiento de administrador y posteriormente el regalo de un buen número de acciones. Paralelamente a esta actividad, cuando Luis sólo cuenta veinte años, promueve la organización de la Juventud Nacionalista para trabajar por la exaltación de los valores patrios y para denunciar los pecados de la administración pública que se padecía a principios de la década de los veinte. Transido de inquietudes culturales, funda el "Grupo Humboldt", enderezado a investigaciones geográficas e históricas. Por primera vez se tuvo la altura exacta del Turquino y se logró localizar el lugar del arribo de Cristóbal Colón en la costa cubana.

Dotado de un dinámico espíritu cívico, desde la presidencia del Club Rotario alentó un movimiento de las fuerzas vivas para gestionar la construcción de muy necesarias e importantes obras públicas en Santiago. Tan espectacularmente proyectó su personalidad y con ella su creadora y honesta capacidad ejecutiva, que fue postulado para la Alcaldía, y no sólo la ganó en 1944 sino que fue reelegido dos veces.

Recibió un gobierno municipal en quiebra, carente de todo crédito por razón de sus descomunales deudas. Al cabo de un año pudo izar una bandera azul en señal de que nada se debía. Y no le bastó esto, sino que realizó tan numerosas como imprescindibles obras. Entre ellas, el histórico Balcón de Velázquez, el Parque Zoológico, el Palacio Municipal, el Mercado... La consecuencia de esta notable ejecutoria política fue que su nombre resonó plausiblemente por toda la Isla. Y en 1951 el presidente Carlos Prío Socarrás acudió a él como el Ministro de Obras Públicas que se necesitaba.

Luis declinó el honor, negado a abandonar la alcaldía de Santiago, a la que se debía. Fue necesario consumar el singular privilegio de que ocupara el alto cargo sin renunciar a su condición de alcalde. Y en tres meses logró inaugurar setenta grandes obras que se encontraban paralizadas. Entre ellas el Mausuleo de José Martí, la doble vía que corre hasta el aeropuerto y que se extiende hasta Cacahual...

Al cabo de once meses tuvo que renunciar el Ministerio por haber sido postulado a la vicepresidencia de la república. Si esta significativa designación lo sorprendió, no alteró vanidosamente la siempre humilde y plácida compostura de su ánimo. Pero el 10 de marzo interrumpió la continuidad constitucional. Con la entereza de un estoico regresó a Santiago a vender seguros. Sin poder ocultar su rechazo del nuevo gobierno, se le remitió a Boniato. Absuelto, llega a Miami. En México trabaja con "Bacardí". Y cuando desde La Habana invitan a los exiliados a que regresen, Casero vuelve a Santiago. Sin las necesarias garantías que esperaba, emigró a Jamaica. Al saber el triunfo de la revolución, la vuelta al hogar y una vez más a los seguros. Pero, no tardó en comprender la farsa revolucionaria. No había espacio político ni económico fuera del totalitario régimen para nadie. Razones familiares le impidieron salir hasta fines del 71. Por veinte años Luis Casero ha vivido en Miami. Vende la "Enciclopedia de Cuba". Funda el Club de Rotarios Cubanos Exiliados. Ostenta la representación de este grupo en la Junta Patriótica Cubana. No cesa de trabajar con vivaz inteligencia, con generosidad suma y con inquebrantable tesón por la redención de Cuba.

Con su calibre ciudadano, sus prendas personales: su elegante sencillez, su acrisolada rectitud, su tan fina sensibilidad. Intachable, es un honor de nuestra nacionalidad y un ejemplo para nuestra juventud y para todos desde la hermosa cima de sus noventa años.

María Gómez Carbonell (1903)

Nació en La Habana en 1903. Era una Carbonell. Nieta de Néstor Leonelo. Su madre fue Candelaria, la niña de la estirpe, hermana de José Manuel, Néstor y Miguel Ángel. Sus simples nombres lo dicen todo. Se graduó en Filosofía y Letras.

Al margen de sus talentos literarios en la poesía, en la prosa y en la tribuna, María había nacido con una múltiple vocación pública. Funda la Alianza Nacional Feminista para luchar por los derechos políticos y civiles de la mujer.

En 1934 está en el Consejo de Estado. En 1936 es electa representante a la Cámara. En el 40 ingresa en el Senado. Y volverá a ser electa en dos ocasiones más. Si en la primera la designaron para el tradicional discurso sobre Maceo, en el segundo le toca hablar sobre Martí. Dos piezas de no común elocuencia. Ella tenía el necesario conocimiento de los dos próceres y el fervor patriótico que siempre llevó consigo. Fue la primera mujer que tuvo el privilegio de estar en el gabinete presidencial y el honor se repetirá.

Presidió la Corporación Nacional de Asistencia Pública, que comprendía un hogar de perfeccionamiento para menores con retraso mental, un hogar de tránsito, un centro de servicio social para la orientación, investigación y diagnóstico de los grupos desposeídos y comedores escolares y populares. En todo esto, tan complicado, María puso lo mejor de sus talentos y lo más humano de sus sentimientos.

Estas responsabilidades no interferían su mundo literario ni sus actividades políticas dentro del Partido Conservador de Menocal. La oradora nunca se negó a asumir la tribuna y especialmente le tocó hablar de muy destacadas mujeres cubanas: Ana Betancourt de Mora, Bernarda Toro de Gómez, Emilia Casanova, Emilia Teurbe Tolón, Isabel Rubio, Mariana Grajales, María Cabrales, la Avellaneda...

Se desploma la república, y el hecho impacta dolorosamente a esta mujer tan cubana, tan patriota tan sensitiva. Llega a Miami y en 1962 funda la Cruzada Educativa Cubana que aspira a evocar a las grandes figuras de la patria sobre la base de los tradicionales valores patrióticos de la isla.

Y ese programa fue tan intenso y fecundo que en el 74 se publicó un libro que serviría de testimonio de lo realizado con inclusión del premio "Juan J. Remos", el gran maestro de la cultura cubana, que se otorgó tanto a muy representativas figuras como a instituciones. Fueron más de trescientos. Y en medio de tantas cosas la revista "El Habanero", tan cultural como patriótica. Algo de lo mejor del exilio. En 1980 organizó la conmemoración del centenario de José Manuel Carbonell con una gran velada.

"Ediciones Universal" le publicó un libro de versos, "Volveré", y Guillermo Jorge otro en prosa; "Mis generales y mis doctores", que no son los que inspiraron la novela de Carlos Loveira. Son diecisiete de los primeros y veintidós de los segundos. Una galería de ejemplares cubanos.

Quebrantada su salud, falleció en 1988, a los ochenta y cinco años. No perdió un día de su vida, obsesionada por servir a la república, por promover la cultura, por dar a conocer la historia, por realizarse como política, parlamentaria, ministra, poetisa, escritora, oradora y fundamentalmente como persona dotada de inteligencia, sentimientos y voluntad. Era sencilla, humilde y modesta a pesar de su prosapia y de ser quien era. Fue una brillante protagonista de la vida pública.

Nunca eludió la herencia que había recibido de sus mayores. La honró y acreció con total naturalidad, simplemente. Cuba era su obsesión con todo lo que ésta pueda representar. Siempre lírica, idealista y serenamente apasionada. Jamás desertó del cumplimiento de sus deberes con la patria.

Roberto Agramonte (1904)

En la noche del 12 de diciembre de 1995 murió en Coral Gables el doctor Roberto Agramonte, el último gran maestro cubano. Especialmente lo saben los que fueron sus alumnos en la Universidad de La Habana y los que han leído sus obras. Sus clases eran un espectáculo de sabiduría. Asombraba la vastedad de su erudición. Lo mismo puede decirse de sus libros, tanto de los didácticos como los otros.

Ningún otro cubano tiene una hazaña como la suya. Nacido en 1904, en el 24 obtiene su doctorado en Filosofía y Letras. Al año siguiente, el de Leyes. Y en el 26, con veintidós años, profesor permanente de la Universidad, en la cátedra de Filosofía Moral, Sociología y Psicología que había ocupado Enrique José Verona.

En 1927, con veintitrés años, su nombre resuena ampliamente en los altos niveles intelectuales de la Isla. Le bastó la publicación de su libro "La Biología y la Democracia", con el que replica al de Alberto Lamar Schweyer, "La biología de la democracia".

Estos dos libros representaron un debate de singular calibre. Mientras Lamar asumía la justificación de la dictadura en los momentos en que se insinuaba la posible permanencia de Machado en el poder, Agramonte salía al ruedo en defensa de la democracia. Desde entonces quedó definida la posición política del joven profesor.

Esta vocación democrática de Agramonte se ratifica en 1935 cuando publica la biografía de Gabriel García Moreno, tan implacablemente combatido por Juan Montalvo. Fue éste quien llevó al profesor cubano al tema del dictador ecuatoriano.

La tesis doctoral que Agramonte sostuvo en 1925 versó sobre el pensamiento de Montalvo. Y a partir de este ensayo no cesó de escribir sobre el autor de los famosos "Siete Tratados", hasta culminar con "La Filosofía de Montalvo", en tres grandes volúmenes, que fue lo último que publicó. Una obra magna.

Si abordó a Montalvo con constancia y pasión, porque es uno de los más grandes escritores de toda América, no menos apasionado y tenaz fue con el Apóstol de Cuba. "Martí y su concepción del mundo" no es un ensayo sino un colosal tratado. El autor penetró hasta donde nadie había llegado. Y no conforme con este enorme volumen, siguió con "Martí y su concepción de la sociedad" y con "Las doctrinas educativas y políticas de Martí".

No le bastó al doctor Agramonte con sus clases. El profesor escribió los textos de sus respectivas cátedras: "Curso de Filosofía Moral", "Tratado de Psicología General y "Tratado de Sociología General".

Y no para sus estudiantes de La Habana, sino con un destino continental, publicó su "Sociología Latinoamericana" y otros dos volúmenes más, también dirigidos a los estudiosos y lectores del resto de la América Hispana. Y con una proyección universal, su "Teoría Sociológica", que es una exégesis crítica de todos los grandes sistemas que se han producido en esa materia.

Pero Cuba fue siempre la constante de su pensamiento. Escribe sobre dos fundamentales figuras cubanas: "Varona, el filósofo del escepticismo creador" y "Luz Caballero y los orígenes de la conciencia cubana". Y al margen de su producción fue él quien promovió y dirigió en la Universidad la publicación de nuestros autores clásicos, como José Agustín Caballero, Varela y otros con textos que nunca se habían vuelto a editar.

Agramonte tuvo siempre una proyección internacional. Era conocido y admirado en toda América. Como profesor, enseñó o disertó en las universidades de México, Guatemala, El Salvador, Panamá, Uruguay, Ecuador, Argentina, Puerto Rico. Perteneció a muy importantes academias e instituciones norteamericanas, europeas e iberoamericanas relacionadas con la Sociología. No pocos países lo condecoraron. Francia le dio la Legión de Honor.

En cuanto a Martí, ninguno de los estudiosos del Apóstol ha penetrado tanto en su mundo ideológico como el profesor Agramonte. Así lo demuestran sus mencionadas obras. Son verdaderos tratados, con un total de dos mil setenta y siete páginas. Asomarse a estos volúmenes, repasar sus páginas, medir la profundidad con que penetra en el vasto y complejjo mundo ideológico de Martí, hasta llegar a sus más ocultas raíces, es una experiencia que produce el más grande de los asombros.

¿Cómo pudo llevar a cabo el doctor Agramonte esto que podría calificarse de verdadera hazaña? Recuérdese que la colección de la

"Editorial Trópico", base fundamental de su investigación, contaba con setenta y dos volúmenes, con unas doscientas cincuenta páginas cada uno. Es decir, un total de diociocho mil páginas. El tuvo que leérselas, y no de corrido, sino morosamente, con la concentración de un sabio investigador ante el microscopio.

Además, lo suyo no es una colección de frases martianas, sino que frente a cada afirmación del Apóstol hace una amplia y profunda exégisis, a fin de ubicar cada idea de Martí dentro del pensamiento universal.

Esto nunca nadie lo hizo antes. Para hacerlo, además de una tremenda capacidad de trabajo, de una paciencia infinita y de una inconmensurable devoción al grande hombre, se necesitaba una total sabiduría filosófica y, en definitiva, un conocimiento de todas las áreas del saber. Sólo él contaba con todos esos requisitos.

Independientemente de toda su otra obra, bastan los mencionados volúmenes en torno a Martí para comprender que el doctor Agramonte fue un sabio, nuestro último sabio. Poseía una poderosísima inteligencia y una memoria sobrenatural.

Si escribió sobre las concepciones que tenía Martí acerca del mundo, de la sociedad, de la educación y de la política, ¿por qué no indagar sobre la concepción que él tenía de José Martí?

Para Agramonte el pensamiento de Martí es tan original, tan auténticamente suyo, que no se le puede encuadrar exactamente dentro de ninguna de las distintas ideologías conocidas. En el cubano prevalece siempre su sello personal.

Al margen y por encima de todas los sistemas, Martí estaba convencido de que la naturaleza era tan armoniosa que todas las ideologías podían ensamblarse con el Cosmos.

Como consecuencia de esta tan ancha y flexible posición idcológica, si él hablaba de la armonía de la naturaleza, Agramonte llega a la conclusión de que la filosofía martiana no era menos armoniosa.

La armonía es la clave de toda la filosofía del más grande de los cubanos, tan lamentablemente ignorado todavía. No lo será cuando seamos capaces de penetrar en los libros del profesor Agramonte. Ellos reprentan el más inaudito esfuerzo dirigido hacia al conocimiento de lo que Martí pensaba sobre los mas variados e importantes temas que tienen que ver con el hombre y la sociedad con todas sus implicaciones. Nada le fue ajeno. Lo juzgo todo y sobre todo opinó.

Si se ha discutido mucho si Martí fue o no un filósofo, Agramonte, con su incontrastable autoridad sobre el tema, no vacila en afirmar que el Apóstol poseía toda la capacidad necesaria para construir un sistema filósofico. Y como una de las pruebas a esgrimir, añade que en el drama "Adúltera", escrito entre los diecinueve y los veintiún años, hay más psicología y más filosofía que en no pocos tratados de esas materias.

Todo es posible en Martí, porque en él se da el privilegio de que en su triple personalidad se conjugan el hombre teórico, el hombre estético y el hombre práctico. Sin violación de la humildad, Martí tenía conciencia de que su vida no era una vida común, sino una vida extraordinaria.

Conociéndose a sí mismo, reconocía la tenacidad de su carácter, la solidez de su conducta, su capacidad de conmover y el justo renombre que había alcanzado en plena juventud. Nunca pudo pasar inadvertido.

Si William James dividía a los hombres en impulsivos y tiernos, Agramonte incluye al Apóstol entre los que están bajo el signo de la ternura. Y, en consecuencia, afirma que Martí es racionalista, idealista, optimista, religioso y amante de la libertad.

Y si hay quien los divide en clásicos y románticos, Martí está, categóricamente, dentro de éstos. Y como tal es original y múltiple, con capacidad para proyectarse de los más diversos modos.

Para el erudito profesor de Psicología, Martí era un introverso. Le era posible desconectarse de los sentidos y penetras en lo más profundo de su ser. Esta introversión revela su fidelidad a sí mismo. Hombre de pensamiento y acción, su acción siempre retorna al pensamiento.

Tanto su mundo consciente como su oculto trasfondo inconsciente responden siempre a su propia autenticidad. A su ser humano y a su ser cubano. No deserta de sí. Por eso ha quedado como el más alto símbolo de la nacionalidad cubana.

Sólo bajo esta concepción de Martí que ha elaborado el maestro Agramonte es posible comprender que su permanente norma fue la de sacrificar personalmente su presente en aras del futuro patrio. El no sabe vivir fuera del sacrificio. El sacrificio es su forma de vida, su forma de vivir. Su vocación y su destino. Es por eso que Agramonte lo considera más que hombre. Lo califica de deidad. Y el ilustre profesor, tan moderado en todo, no incurría jamás en exageraciones.

Martí no tiene descanso. Es un hombre en permanente tensión. Y a través de varias direcciones, Se da por entero, sin tregua, a su destino. No faltaron quienes no lo comprendieron en vida. Ni quienes tampoco lo entendieron en la república. Y hasta en el exilio los hay que aún siguen sin conocerlo en sus exactas dimensiones. Sin embargo, todo está en consonancia con su alma. Un alma destinada a realizar la redención de su país. Esa fue su más elevada misión.

Martí da todo lo que tiene. El es de la raza de los hombres que se levantan solos. De los que vencen la crueldad y superan el abandono para llegar hasta la altura donde les sea posible derramar el bien.

Agramonte reconoce que Martí tiene tanto de estoico como de místico. Era, además, un idealista práctico. En él se conjugaban la raíz y el ala. Si se le conociera, él podría ser el guía espiritual del mundo. Pero, ¿quienes lo conocen? En cuanto a los cubanos una minoría y no son muchos los extranjeros que han penetrado en su obra.

Siempre fiel a la filosofía, Agramonte vuelve a la dimensión filosófica que él mismo reconoce en Martí. Y aclara que el genial cubano no fue un filósofo sistemático. Si éste crea una estructura dogmática, Martí, a través del fragmentarismo de su pensamiento, deja caer sus ideas dentro de las más variadas formas literarias. En cada uno de sus escritos siempre se encuentran no pocas de esas felices expresiones suyas que ostentan un indiscutible rango filosófico.

Agramonte no vacila en afirmar que Martí estaba privilegiadamente dotado para el pensamiento puro. El es un hombre total, con no pocas aristas. En él se aúnan la razón y el sentimiento. La idea abstracta y el hecho concreto. El pensamiento y la acción. El ideal y la realidad, el yo y la circunstancia.

Para Agramonte Martí no elabora ninguna de esas abtractas teorías que se han echado a rodar por el mundo. Martí concibe una doctrina viva, dirigida a un determinado auditorio, que no es otro que el cubano. Y éste la recibe como un carismático mensaje para su propia salvación. Ese fue su sublime ministerio. Poseía el arte de comunicar la verdad como los grandes iluminados. El era uno de ellos.

Si en este siglo han surgido dentro de la filosofía el vitalismo y el existencialismo, Agramonte señala el énfasis que Martí ponía en el valor y la significación de la vida. La vida no puede encerrarse en la rigidez de la lógica. Sabía que el sentimiento está más cerca del hombre que la razón.

Poeta, envolvió su doctrina con las mejores galas de su genio literario. Sin su poesía no se puede reconstruir su cosmovisión del mundo. En sus versos está la mayor suma de sus ideas. El era capaz de depositar las más sutiles expresiones de su filosofía dentro de la más estética expresión.

Agramonte ve un ejemplo en su definición de la filosofía: "No es más que el secreto de las relaciones que existen entre las varias formas de la existencia."

Martí anunció un libro que no llegó a escribir, "El concepto de la vida", para denunciar esa vida falsa que imponen los convencionalismos de la sociedad en contra de nuestra verdadera naturaleza.

El aspiraba a descubrir el secreto de la vida, siempre regida por leyes inexorables. Según Agramonte Martí estaba convencido de que sería posible conocer esas leyes, tal como se conocen la de los astros. Perforando lo invisible, llegó a intuir el gran principio metafísico de la unidad de los contrarios. La vida nace de la muerte y la muerte nace de la vida. Tal como él confesó, todo lo sabía de la vida, lo grande y lo minúsculo, lo bello y lo feo.

Hombre de voluntad y razón, no aceptaba el predominio del azar sobre la decisión humana. No podía haber otra que la satisfacción de ese eterno anhelo de la perfecta hermosura y de la más completa felicidad.

Para él lo bueno es bello. Así como lo verdadero tiene que ser tan bello como bueno. El creía en la unidad del espíritu sin que le importaran las contradicciones, porque la vida es contradicción, lucha constante y hasta combate. Algo muy grave que puede alcanzar un trágico sentido.

Martí señala los que deben ser algunos de los logros de la vida: el amor, la paz, la fama... Creía en el triunfo del bien sobre el mal. Es preferible no ser, si no se es sincero. No creía en la fatalidad y sobrestimaba el libre albedrío. El primer poder del hombre es la voluntad, afirmaba.

Aagramonte destaca otra actitud de Martí que lo coloca dentro del movimiento filosófico que exalta a la voluntad como la palanca y el eje de la vida humana. Con la voluntad y al amparo del libre albedrío que le ha dado la naturaleza el hombre busca su libertad. Tan alto llega el individualismo de Martí que dice que el hombre por sí mismo está por encima de la vida y de la naturaleza. Esta posición del hombre en el Cosmos es la que le otorga su dignidad, anota su tan agudo exégeta.

Si Martí promueve la guerra en Cuba es para rescatar la dignidad del cubano. La dignidad es la base de todas las virtudes. Por eso la quiere como la primera ley de la república.

Martí enlaza la dignidad con el decoro y el deber. El deber condiciona su vida. Identificaba su deber con la inmolación de su vida por la patria. Agramonte piensa que por encima de su estoicismo, Martí fue un gran romántico.

Sin mengua de su exaltación de la persona humana, el percibe la realidad de lo colectivo. No concibe al hombre solo, sino dentro de la sociedad. Una sociedad con todos y para todos.

Ningún hombre, por representativo que sea, puede decidir el destino de un pueblo. No cree en la existencia de hombres providenciales. Por encima de ellos están las ideas. Y si el Apóstol alude a la razón histórica, Agramonte reconoce que el cubano se anticipó a Ortega y ésta no es la única vez.

Agramonte también sostiene que Martí fue un precursor de la teoria de los valores. A lo largo de su vasta producción literaria constantemente se refiere al amor, la amistad, la belleza, la libertad, el bien, el deber, la dignidad, el decoro, la justicia, la verdad.

Si Martí piensa como hombre de acción, actúa como hombre de pensamiento. Para él no hay sobre la tierra otro poder definitivo que la inteligencia. Pero una inteligencia sensible a la bondad, a la justicia y a la hermosura.

Mientras nos acordemos de Martí, tendremos que recordar a Agramonte, porque nadie entró más profundamente que él en el pensamiento del Apóstol. Nadie analizó más acertdamente sus ideas. Nadie tampoco las situó como él dentro la filosofía europea.

Andrés Rivero Agüero **(1905)**

La muerte del doctor Andrés Rivero Agüero debe servir para que los compatriotas que lo sobreviven graben en su memoria el nombre de un político que, como dijera Diaz Mirón, el poeta mexicano, era de los que "cruzan el pantano y no se manchan".

Si los cubanos somos tan dados a las más exageradas generalizaciones y siempre estamos prestos a dictaminar negativamente sobre cualquiera de nuestras figuras políticas, debemos aprovechar la desaparición de un político absolutamente honesto para aceptar que con él hubo siempre otros, igualmente probos, a través de los cincuenta y seis años que nos duró la República.

Toda realidad humana siempre implica dos dimensiones. Nunca todo es bueno ni todo es malo. Para juzgar con alguna justicia a las generaciones posteriores a Machado, hay que compararlas con las anteriores a 1933. Y tanto antes como después los hubo honrados y malversadores. Un congénito y universal pecado a través de todos los niveles de la vida oficial.

Rivero Agüero fue de los honrados con que soñaba el Apóstol. Y bajo el signo de la honradez atravesó su larga vida. Fue la suya una existencia forjada con la integridad en una mano y la voluntad en la otra. Sólo así se explica la limpieza de su ascendente trayectoria.

Si nació en humilde hogar, no hay mérito mayor que el que ostenta aquél que, venido al mundo en las más precarias condiciones, es capaz de conquistarse una alta y brillante posición sin menoscabo de su honra.

Adolescente, intuyó que el destino había que conquistarlo y que sin cultura no se conquista. De mensajero de la Zona Fiscal de Santiago de Cuba saltó al Instituto de Segunda Enseñanza. Bachiller entró en la Escuela de Derecho y la abandonó con su título de abogado.

Pero no le bastó el amplio bagaje de conocimientos logrados, y que no eran únicamente jurídicos. Aspiraba a más. Ingresó en la Facultad de Filosofía y Letras. Y tanto los estudios filosóficos como los literarios le complacieron más que los otros. Le ofrecían un más vasto horizonte cultural.

Aún estaba en Santiago cuando se sintió atraído por la política. E interesado por los asuntos de la ciudad, logró sentarse en el Ayuntamiento. Fue su primera tribuna pública.

Su trayectoria habanera comienza con la Jefatura de la Consultoría del Ministerio de Salubridad. Y ya dentro del mundo oficial, con Batista en Palacio, es director del Instituto del Café y el Presidente, percatado de sus talentos y virtudes, no vacila en nombrarlo Subsecretario de Agricultura. Y de inmediato Ministro, cuando es un joven de treinta y seis años.

Con el cambio de gobierno en el 44, Cuba entra bajo el signo del autenticismo. Económicamente desguarnecido, a pesar de la posición ministerial desempeñada, se consagra al ejercicio profesional y paralelamente al periodismo, que ya había cultivado en plena juventud. Escribe en "Prensa Libre" y "Bohemia".

Y al producirse nuevas y propicias señales, está en la fundación del Partido Acción Unitaria, que después será Acción Progresista. Con el 10 de marzo se altera el rumbo de la República. Fiel a Batista, asume la responsabilidad de estar a su lado y es Ministro de Educación. Si el país vive bajo el impacto de lo ocurrido, el gobierno, sin complejo alguno, trabaja en pos del futuro. Rivero Agüero cumple su cometido a plenitud.

En las elecciones del 54, es electo Senador. En el Congreso prueba sus condiciones de parlamentario. Y una responsabilidad más cae sobre él cuando el Presidente lo exalta a la alta y difícil posición de Primer Ministro o jefe de gobierno.

Ya el país se debatía en la más dramática lucha política. Cosme de la Torriente, un prócer ungido de historia, interviene en pos de una solución entre las partes en contienda.

Tanto en un bando como en el otro hay los intransigentes y los flexibles. Andrés es de éstos. Y al convocarse nuevas elecciones generales en 1958, se le postula para la presidencia. La mayor parte de la oposición repite el error del retraimiento del 54. Y se derrumba la República. Con razón, su contrincante, el tan eminente Carlos Márquez Sterling, declaró que "Rivero hubiera sido un buen presidente".

Después, el exilio. Y con Miami, la prueba definitiva de que quien ha muerto había sido un político honrado. Además, un hombre bueno y generoso, humilde y sencillo, sincero y franco, tan cordial como tolerante. Respetado siempre por todos.

Luis J. Botifoll (1908)

Nació en La Habana el 27 de junio de 1908 de padres españoles: Juan y Gregoria. Él, catalán y ella, castellana de Segovia. Es ésta la que formará con su disciplina su futuro estilo de conducta. Y de él los más firmes valores de su personalidad tan brillante. Empieza sus estudios en una escuela pública. Seguirá en otra privada, que es donde no tardará en hablar el inglés.

Ingresa en el Colegio de los Padres Agustinos, en la Plaza de Cristo y con once está en el Colegio de Belén, destacándose como deportista En 1925 gana cuatro medallas de oro y una de plata en carrera y salto y es reconocido como el mejor atleta intercolegial del año. Y en septiembre ingresa en la Universidad. Se matricula en Derecho y empieza a trabajar en el bufete de Jesús María Barraqué, cuyo jefe es el doctor Guillermo Portela, profesor de Derecho Penal. Paralelamente al Civil se matricula en Derecho Público.

En 1929 se celebra la Exposición Interamericana de Sevilla y la Feria Internacional de Barcelona y la familia, una vez más viaja a España. De regreso, retorna a la Universidad con el último curso de su carrera, del 29 al 30. Se le elige presidente de la Asociación de Estudiantes de Derecho.

El clima universitario empieza a ponerse muy tenso por la prórroga y reelección de Machado. Graduado sigue involucrado en las actividades políticas del Alma Máter. Advertido el padre por una autoridad policíaca del riesgo que corre el hijo, se le manda a la Universidad de Tulane.

En Louisiana se gana una beca para hacer cursos especiales y al ir a un banco de Nueva Orleans conoce a Aurora, la linda muchacha de la que se enamora, porque con el rostro le ha visto el alma. En julio del 31 retorna definitivamente La Habana.

Abre bufete con dos colegas. El 22 de abril del 33 se casa. Y despliega una brillante carrera con tal prestigio que se le ofrece una cátedra en la Escuela Privada de Derecho. La ejerce por dos años y paralelamente publica monografías jurídicas y ofrece disertaciones con un dominio total de la tribuna.

Miembro de la Federación Internacional de Abogados asiste a las convenciones de México y Chile. Sus prestigios como internacionalista le ganan clientes extranjeros. Eliseo Guzmán ha organizado un grupo para publicar un nuevo periódico y el abogado recomienda que mejor negocio sería comprar al doctor Pedro Cué "El Mundo", fundado poco antes del establecimiento de la república, tan acreditado.

El 5 de agosto del 49 se hace el traspaso a los nuevos accionistas, entre los que aparece Botifoll. Guzmán asume la dirección y la administración pero muerto repentinamente poco después, Barletta le dice a Botifoll que se haga cargo del periódico, quedando como director.

Botifoll acepta el reto. Hace todas las indagaciones pertinentes y con la colaboración de su personal le da un vuelco completo a periódico. Es la consecuencia de su tan flexible inteligencia y de su carismática personalidad. Es un hombre que triunfa por su sencillez y su sinceridad hasta en los más selectos y altos niveles de la sociedad. Está henchido de una agradabilidad que es su más fuerte arma para el triunfo.

El 10 de abril del 51 la Cámara de Representantes le da un espectacular e histórico homenaje a "El Mundo" por su cincuentenario y Herminio Portell Vilá publica un libro sobre la historia del periódico. El hecho repercute nacionalmente y con el mismo el nombre del director.

Pero se produce el 10 de marzo del 52 y "El Mundo" condena lo ocurrido y sigue censurando todo lo que genera la nueva situación. Uno de los accionistas de "El Mundo" era el doctor Prío. Botifoll era tan amigo suyo que durante su presidencia le había ofrecido en dos oportunidades la embajada de Washington, pero él la declinó.

Al correr del tiempo, otro accionista, Barletta, piensa que para su negocio de autos no le conviene la política de Botifoll y como éste no cede, acude a la complicidad del gobierno. Una noche de 1954, agentes de uno de los cuerpos de la policía, encabezados por un coronel, se apoderan de "El Mundo".

El hecho tiene derivaciones judiciales y hasta ellas llegan los tentáculos oficiales de Barletta. El doctor Botifoll publicó después un libro sobre "el golpe de estado" que se dio en "El Mundo". Fue la lucha de un nuevo David en contra de otro Goliat. En toda esta larga y complicada historia lo mejor de la prensa cubana vio en Botifoll a un heroico defensor de la libre expresión y se puso a su lado con la más justa solidaridad.

Y concluido el pleito en virtud de la compra de las acciones de Prío y Botifoll, éste se dedica en pleno a su bufete que nunca había abandonado. Al frente tiene Unión Radio con la que tiene mucho que ver.

Los sucesos que fueron ocurriendo en el transcurso de estos años van caldeando la atmósfera cubana. Como Jorge Mañach había fundado el Movimiento de la nación cubana, Botifoll se le suma e intervino en el "Diálogo Cívico". Sin ninguna solución, lo de la Sierra Maestra se extiende más con la errónea complicidad de no pocas personalidades democráticas. Hasta la Casa Blanca está confundida. Y el primero de enero del 59 Batista no está en Cuba y Castro se mueve sobre un tanque hacia La Habana.

Dadas las peligrosas señales que daba el nuevo régimen Luis manda a su familia a Miami, mientras él permanece en La Habana con su padre a la expectativa. Abandonó la isla el 22 de agosto del 60. En Miami, de inmediato se puso a las órdenes del Frente Revolucionario Cubano y más tarde del Consejo.

En octubre de 62 se produce la crisis de los cohetes y ante lo ocurrido comprende que tiene que rehacer su vida y trabaja como asesor de empresas americanas. En 1968 su amigo Alberto Díaz Masvidal compra un pequeño banco, "The Republic Nationaal Bank" y lo invita a ser uno de los directores de la empresa. Le encargan que con Arístides Sastre, experimentado banquero, presida la Comisión de Préstamos. Él moviliza su aguda intuición y esta seguro de a quien se le puede prestar y hasta cuanto y a quien no.

Esta función extiende su nombre en la comunidad cubana y son muchos los que no lo olvidan. En 1993 una familia ecuatoriana, los Isaías, se convierten en los mayores accionistas y lo nombran "chairman". Su confianza en él es absoluta. Y a partir de ese momento, año tras año, crecen las operaciones y aumentan las ganancias en millones.

Pero como Botifoll es mas que un banquero, es sensible a lo que hacen algunas instituciones y sociedades y se le hacen agradables donaciones. Y como cubano, compra seis mil ejemplares del

"Martí" de Mañach para regalarlos y edita "Pinceladas criollas" de Jorge Plasencia con la misma finalidad. Ante el sesquicentenario del "Diario de la Marina" el "Republic" financia el concurso convocado sobre Pepín Rivero. Igual hace con múltiples premios

Al margen del banquero está el promotor de cultura cubana. En los predios del Colegio de Belén, y en combinación con el mismo, funda el "Patronato Ramón Guiteras" y éste convoca sucesivas series de disertaciones sobre los más interesantes temas cubanos. La primera fue en 1983 y el programa, que tiene por secretario al doctor José Ignacio Rasco, no ha perdido vigencia.

Con éste en esa misma función comenzó en 1985 la "Editorial Cubana" y al cabo de menos de tres lustros ha publicado casi cuarenta libros fundamentales para el conocimiento de la historia de Cuba

Ha recibido los más altos honores de esta comunidad y entre ellos los de la Universidad de Miami, FIU, Saint Thomas que le otorgan sendos doctorados "honoris causa". Don Luis, a los noventa y cuatro años, es un militante de la causa cubana con una positiva conciencia cívica. Es uno de los fundadores de la Fundación Nacional Cubano-Americana.

Ha escrito y publicado monografías sobre la aportación de Cuba a la guerra de independencia de las Trece Colonias y sobre el cambio de la imagen de Miami. Evalúa su actual pujanza y el espléndido futuro que le espera.

La Universidad de Miami con la que está tan identificado, ha bautizado con su nombre el auditorio del "Koubek". A este reconocimiento hay que sumar muchos. Ha servido siempre en donde era necesario. Cubano por encima de sus demás connotaciones. Si es muy importante, no se da importancia. Siempre sencillo, sereno, equilibrado, cordial y cortés.

En 1993, al cumplir ochenta y cinco años, renuncia al banco sin que abandone sus múltiples actividades cívicas y culturales.

Llega a los noventa y cuatro con Aurora, tres hijos, siete nietos y trece bisnietos

Leví Marrero (1911)

"Cuba: Economía y Sociedad" de Leví Marrero es la más grandiosa producción de la historiografía cubana.

Sin negarle mérito alguno a cuantos se han dedicado al estudio del pasado de Cuba es de justicia reconocer que Leví Marrero representa un hito cronológico tal en nuestra historiografía que con él se inicia un nuevo período de nuestros estudios en esa tan fascinante e irrenunciable materia.

Los historiadores anteriores, evaluados en conjunto, sin hacer distinciones entre ellos, se valieron de las fuentes más fácilmente accesibles, y en consecuencia se movieron sobre la epidermis de nuestra historia, por mucha que haya sido el deseo de algunos de ellos de iluminar nuestras pretéritas estructuras sociales y económicas.

Marrero descendió más profundamente. Actuó como el minero que baja a la entraña de la tierra, a lo más hondo de la mina en pos de las preciosas vetas del metal deseado. Leví se fue a los archivos y a las y bibliotecas de Cuba, de España, de Estados Unidos... Y trabajó sin tregua y con ilimitado fervor en este original y ambicioso empeño de llegar a las más ocultas y remotas raíces cubanas, a la más escondida plataforma de nuestra realidad. Se concentró en lo ecomónico y lo social, marginando los periféricos episodios políticos que son los que afloran a la superficie que está a la vista de todos.

¿Cómo se produjo la concepción de esta magna obra? En 1955 se creó en la Universidad de La Habana el Instituto Superior de Estudios Económicos. Como derivación del mismo se estableció la primera cátedra de Historia Económica de Cuba y con todo acierto se nombró como profesor al doctor Leví Marrero, que ya exhibía una fecunda y brillante ejecutoria en esta disciplina, paralelamente a su fervorosa dedicación a la Geografía.

Como consecuencia de esta cátedra, Leví publicó con destino a sus estudiantes un volumen sobre la materia que trascendió al público en general. Pudo percatarse del interés que muchos compatriotas compartían con él sobre la tan ignorada cuestión económica desde un punto de vista histórico.

Este hecho lo inspiró a trabajar en serio en una obra que llegó a planificar. Pero los dramáticos sucesos de la vida cubana que comenzaron con el 1959 lo obligaron a abandonar la Isla y dirigirse a Caracas, perdiendo mucho de lo acumulado sobre el tema y cuantas obras en torno al mismo había conseguido reunir.

El historiador había podido adelantar la redacción de su obra hasta bien entrado el siglo de los setecientos. Y aunque sólo estaba en su versión inicial conservaba consigo las páginas correspondientes a esos capítulos.

Ya en el exilio pudo moverse libremente y arribar a Puerto Rico. Entrar en Estados Unidos. Volar a España. Y siempre sin olvidar el esfuerzo iniciado y esforzándose en la hazaña de acopiar toda la nueva información que fuese necesaria.

Fue en 1972 que logró publicar el primer volumen. En la introducción del libro el autor anunciaba su plan. Sin embargo, no logrará consumar el contemplado proyecto por el cúmulo de material valiosísimo que fue encontrando en el Archivo de Indias sobre Cuba. Mucho más de lo que él pudo sospechar.

En vez de ocho han resultado quince, sin arribar a la república y cubrir la breve existencia de la misma. El sabio historiador, economista y sociólogo ha dado por terminada su labor en 1868.

Es de importancia suma destacar que Leví ha afrontado la realización de esta hazaña intelectual por su propia cuenta. Solo y a todo riesgo. Él ha corrido con todos los gastos que han implicado sus viajes. Él ha pagado sus estancias en España. Sin más asistencia que la muy amorosa y eficaz de doña Enriqueta, dolorosamente ya desaparecida del mundo terreno.

Una exploración de esta índole, con un audaz descenso a los más profundos silos de la historia, impone la labor estrictamente personal de un especialista en la materia. Lo mismo ocurre con la trayectoria a recorrer con cada virginal documento descubierto desde el olvidado y envejecido legajo hasta el milagro del libro. Estamos ante un héroe de la investigación historiográfica.

Y esta heroicidad ha tenido que vivirla hasta la publicación de la obra, tomo por tomo, a través de veinte años, desde el 72 al 92, con un total de cuatro mil ochocientas páginas.

Leví ha consumido en este empeño, comenzado en 1955, sus últimos treinta y siete años, con la paciencia del sabio, sacrificándolo todo ante la ilusión de legarle a los cubanos la obra que nunca se había escrito y que era de absoluta necesidad para entender las raíces del histórico destino de Cuba.

¿Cómo está estructurada "Cuba: Economía Y Sociedad"? Los dos primeros volúmenes están dedicados a los quinientos.

El tercero, el cuarto y el quinto se refieren a los seiscientos. Y otros tres volúmenes, el sexto, el séptimo y el octavo son para evocar los primeros sesenta y tres años de los setecientos.

¿Por qué los primeros sesenta y tres años y no el siglo completo como en los dos anteriores? Porque el historiador divide la centuria en dos segmentos: antes y después de la presencia de los ingleses en La Habana. El año de 1763 es fundamental en la historia cubana. No sólo porque Inglaterra se retiró de Cuba, sino por un conjunto de cambios que van a influir en el futuro de la Isla.

Por último, el Maestro va a dedicar siete volúmenes, del IX al XV, a los ciento cinco años que transcurren desde 1763 hasta el Grito de la Demajagua en 1868. Es el más fundamental período de la historia de Cuba. Es cuando cuaja definitivamente la sociedad cubana. Y con ella, la nación.

Expuesta la estructura, ¿cuál es el contenido de la obra a través de los cuatro períodos trazados por el autor? Geógrafo al fin, el primer volumen es en parte una introducción al tema. El escritor expone lo que dice que está detrás de la historia. El doctor Marrero explica las características del paisaje geográfico y a continuación las del paisaje económico. Sigue con la población aborigen.

Con el segundo volumen entra en su cometido, aún dentro de la misma centuria de los quinientos. A lo largo de éste y de todos los restantes, con excepción del XV, que es el último, el erudito profesor realiza su exposición, etapa tras etapa, a través de un repertorio de tópicos, todos los cuales tienen que ver exclusivamente con la economía y la sociedad.

Son los siguientes: la población con sus componentes, su procedencia, sus colores, su estratificación o nivel social, sus diferentes actividades o funciones... Muy especial atención el autor pone en el drama de la esclavitud, en el crimen de la trata y en el humanitario movimiento abolicionista. Y la demografía lo lleva al tema de la sociedad, crecientemente compleja, desde el que gobierna en nombre del Rey hasta el negro esclavo, pasando por los demás funcionarios, el clero, los nobles, los hacendados, los poderosos almacenistas y empresarios, los ganaderos, los profesionales, los pequeños comerciantes, los cosecheros o vegueros, los campesinos en general, los artesanos, los trabajadores libres...

Esa sociedad se asienta sobre la tierra, y ésta constituye un nuevo tema con los repartos iniciales, sus títulos de posesión, sus diferentes destinos de acuerdo con los distintos tipos de suelo... Con la tierra, la agricultura y con la agricultura, haciendas, estancias, vegas, sitios, peonías, bosques...

Al unísono aparecen sus más fundamentales productos y riquezas: los metales, la caña y el azúcar, la ganadería, el tabaco, el café, las maderas, los frutos menores...

Otros tópicos constantes son la Hacienda Real, la moneda, los precios, los salarios, el crédito, la banca, la navegación, el comercio exterior y el contrabando, el transporte, la Iglesia con sus funciones y servicios, la vida cotidiana...

Cada uno de estos temas presenta sus ramificaciones y el conjunto de todas ellas ofrece una real visión de la sociedad cubana y su economía desde la llegada de los españoles hasta el alzamiento de Céspedes. Y si es interesante lo económico, más lo es la sociedad, y dentro de ésta la forma en que viven, trabajan y se divierten los distintos segmentos, desde los más ricos hasta los más pobres.

Dentro de la vida cotidiana aparecen temas tan importantes como las costumbres y tradiciones, las creencias y supersticiones, la familia, los matrimonios, las uniones libres e inter—raciales, las asociaciones, la administración de la justicia, la violencia, la vagancia, el juego, la educación, las diversiones, los bailes, las funciones teatrales, la música, las letras, la religión, las procesiones, la beneficencia, la caridad, la medicina, la vivienda, el vestido, el lujo, los viajes, el consumo en general...

Se puede apreciar como esta vida cotidiana no es la misma en los quinientos, en los seiscientos, en los setecientos, en los ochocientos. Es uno de los aspectos más fascinantes de esta singular historia.

Después que se lee esta obra sabemos quien era y cómo vivía el cubano a través casi cuatro siglos. Cuál era su ámbito social. Cuál era su realidad económica. Qué comía, cómo vestía, cuáles eran sus expansiones, sus valores morales, sus virtudes, sus pecados, sus necesidades, sus intereses, sus aspiraciones.

Antes de "Cuba: Economía y Sociedad" se nos había ofrecido la visión política de la historia con sus dimensiones ideológicas y heroicas. Pero debajo de esa cobertura había una sociedad que era una nación sepultada. Leví Marrero la ha puesto delante de nuestros ojos, frente a nuestra conciencia.

Y llegamos al último volumen, el XV, en el que Leví, agotados ya los tópicos que han servido de base para su exposición, ofrece una distinta estructura, bajo el título de Ilustración, represión y conciencia.

Es en vez de la economía y la sociedad, la política. El autor desarrolla veintitrés temas. A manera de apéndice Marrero añade "Cuba (1868-1878): La forja de un pueblo".

Cuanto pueda decirse de esta hazaña de Leví es insuficiente. Pero tener una visión exacta de su obra es menester tener cada volumen en las manos, asomarse a cada página, contemplarla en todo su contenido y leerla morosa y concentradamente. Sólo así se captará la estrategia expositiva del autor, detrás de la cual hay que admirar la más paciente y exhaustiva investigación.

Con "Cuba: Economía y Sociedad" el doctor Leví Marrero ha quedado incorporado definitivamente a las edades. Nunca más podrá escribirse de Cuba sin acudir a él. Y la obra quedará como el más imponente monumento que dentro de la historiografía cubana.

Humberto Piñera (1911)

Cuando supe de la muerte del doctor Humberto Piñera, mi inevitable reacción fue la de rechazar como cierta la desaparición de un viejo amigo, de un gran cubano, de una de nuestras figuras intelectuales más notorias.

Inexorablemente tengo que recordarlo a lo largo de cuarenta años. En un encuentro de aquellos días, siendo ya fundador y presidente de la Sociedad Cubana de Filosofía, me informó de que se había rentado un local en la calle Amargura para que fuera sede del grupo. Invitado a visitarlo, nos pusimos de acuerdo y allá fui. Me encontré con una amplia sala. Contra una de las paredes un largo librero, con unos pocos libros. –Con esto vamos a comenzar nuestra biblioteca filosófica... Y como en aquellos días yo había comprado dos sobre Ortega y Gasset, se los ofrecí y se los entregué.

Sentí la necesidad de solidarizarme con aquel idealista joven, delgado e inquieto, que asumía el heroísmo moral de hacer Filosofía en Cuba, en la década de los cuarenta.

Algún tiempo después me llamó para darme la noticia de que había estado en Alemania para asistir a un Congreso de Filosofía. Él había presentado una importante ponencia. Quería verme, explicármelo todo, darme todo el material necesario. Me honraba pidiéndome que escribiera sobre el asunto en el "Diario de la Marina", donde yo colaboraba.

Su trabajo giraba en torno a Nicolás Hartmann, que murió en 1950. ¿Sería el evento un homenaje al filósofo? De ser así, ¿hasta dónde el alemán, tan notoriamente preocupado por la ética y, en consecuencia, por los valores, influyó sobre el inquieto cubano?

Me leí la ponencia de Humberto, me informé de cuanto había ocurrido en el mencionado evento, y escribí sobre el asunto, complaciéndolo.

Dedicado él a la enseñanza al margen de sus actividades dentro de la Sociedad Cubana de Filosofía, y yo, sumergido en mil quehaceres como abogado, escritor y periodista, había un punto fijo de seguro encuentro. Eran las cenas del PEN CLUB.

Y se produjo el derrumbe de la república. Y un día me sorprenden noticias suyas sobre el ambicioso empeño de resucitar la "Revista Cubana" de Varona. Él aparecía como director asociado, junto a Carlos Ripoll. Me mandó el primer número dedicado al 10 de octubre, porque se estaba en 1968, el año del centenario del grito de La Demajagua, y escribí un artículo. Después me llegó el segundo, consagrado todo a Martí, y yo volví a comentar el suceso editorial. Pero la empresa había fracasado.

Llegó a Los Angeles y lo invite a cenar en casa con Estela. Fue entonces que me dedicó un ejemplar de su magnífica obra sobre Ortega y Unamuno.

Después, a través de mis sucesivos viajes a Miami, nos vimos con alguna frecuencia. Cuando fui a hablar sobre Emeterio Santovenia, con motivo del décimo aniversario de su muerte, me presentó, pues el acto estuvo apoyado por la Sociedad Cubana de Filosofía. Y al reunirse la SIP en la Florida, me fue a ver al OMNI y me informó de su ambicioso libro sobre Martí. Publicado el volumen por Manolo Salvat, escribí sobre el mismo.

En 1980 llegó a Los Angeles a ocupar la tribuna del Patronato José Martí. Se cumplía un siglo de la llegada del Apóstol a Nueva York. Encontré en él al mismo hombre de siempre lleno de serenidad y de inquietud. En esa combinación estaba el quid de su personalidad. Fue en ese encuentro que me regaló su "Introducción e Historia de la Filosofía". Al repasar sus páginas, tuve que pensar cuánto había que saber para escribir algo tan sencillo y sustancioso.

Por último, la presencia de Humberto en las páginas del "Diario Las Américas". Entre sus más vehementes artículos sobre la candente actualidad, sus reflexiones en torno a los más trascendentales temas. Este periodismo suyo de ideas fue una hazaña intelectual más de este hombre que acaba de morir y que yo contemplo como un símbolo dentro de nuestra cultura. ¿Por qué?

Por lo que significaba su vida. Decir que vivió desvivido por Cuba, sirviendo la causa de su reconquista es una gran verdad, pero no es todo. Exaltar su personalidad, con la constelación de sus altos atributos, en un acto de justicia, pero no es suficiente. Destacar al profesor, al escritor que usó tantas veces la vía del periodismo para publicar sus ensayos, no es bastante.

No basta con reconocer que su obra no es sólo literaria y que fundamentalmente pertenece al quehacer filosófico, sino que hay que examinar este último punto para fijar la importancia que tiene dentro de ese campo con tan pocos cultivadores.

¿A qué se debe este hecho? A través del siglo XIX tuvimos algunos tan seriamente preocupados con la filosofía como José Agustín Caballero, Félix Varela, Luz Caballero, los hermanos González del Valle... El siglo terminó con Enrique José Varona, que en la década de los ochenta, en medio del enrarecido ambiente colonial, tuvo la valentía de ofrecer desde la Academia de Ciencias sus tres famosos cursos filosóficos.

Y si en la colonia no hubo una ostensible vocación filosófica, ¿qué puede decirse de la república? Aparte de Mañach, tenemos intelectuales muy distinguidos con una fervorosa inclinación hacia la Filosofía. Pero, si entre todos ellos, hay uno que se concentró más en esa ciencia, que promovió los estudios filosóficos y que escribió en mayor cantidad y con más rigor, ése fue Humberto Piñera. Fundamentalmente vivió para esa ciencia. Graduado en la materia doctoralmente y al margen de lo que pudieron enseñarle sus profesores y los textos universitarios, fue su personal estudio lo que lo proveyó de ese vastísimo saber que había alcanzado.

Enseñó esa disciplina en varios niveles académicos. Y empezó a producir prontamente y sin tregua. La Sociedad Cubana de Filosofía fue su plataforma. Y en el exilio, la restauró, y continuó el tenaz quehacer de interesar a sus compatriotas por las más altas especulaciones del pensamiento. Y si ya fuera de Cuba, en Nueva York, en España y en Miami tuvo que penetrar académicamente en los predios de la literatura, nunca desertó de lo que era su más entrañable vocación.

Y esto es lo importante, porque su presencia y su obra no sólo llenaban su espacio sino que salvaban en parte el vacío que se producía por la ausencia de intelectuales seriamente interesados en el quehacer filosófico. Muchos no acaban de comprender su importancia porque se han formado bajo la idea de que la Filosofía es una ciencia abstracta e inaccesible, sin recordar que así como todo evoluciona, también esta disciplina no es actualmente lo que fue, para humanizarse ostensiblemente. Cada siglo ha dado su filosofía, como ha tenido su literatura y su arte.

La Filosofía ha descendido desde el empíreo en que los filósofos se planteaban los más universales problemas para entrar en la existencia del hombre y sus valores.

Pero, más allá de estos cambios, la Filosofía ha sido siempre un quehacer casi heroico. Ese filósofo capaz de las más graves especulaciones es un ser del pasado, distinto a los que ahora se conforman con especular dentro de la más corpórea fenomenología humana.

Si el pueblo cubano y los demás países de la América Hispana pecan de innegable superficialidad, a veces frívola, se ha debido a que no hemos estado, en la medida necesaria, inclinados a los estudios filosóficos.

¿Cómo escribir Filosofía dentro de un pueblo al que no le interesa semejante materia? Esa fue la gran hazaña intelectual del doctor Piñera. El aspiró a inquietarnos filosóficamente. Quiso ponernos en la conciencia las ideas que nos faltaban. Él se afanó por demostrarnos que lo filosófico no estaba reñido en nada con la vida en general, ni con la política. Acaso si hemos tenido tan mezquina política ha sido precisamente por haber faltado la debida información filosófica que ilustrara sobre las más severas cuestiones éticas.

Piñera vivió en fervor filosófico sin desentenderse de Cuba. Mucho escribió y publicó de Filosofía. Nos iluminó el sentido de la vida. En un libro de 1952 enfrentó al existencialismo con el vitalismo. Cumplió su misión.

Guillermo de Zéndegui (1912)

No hay que anteponerle a su nombre el doctorado porque cuando se es tan docto como lo era Guillermo de Zéndegui, todo lo demás sale sobrando. Por encima de sus cargos y funciones, lo que más lo define y califica es su cultura. Pero, ¿qué es la cultura? Ante su tradicional identificación con los conocimientos, en 1934 Max Scheler marcó la diferencia entre una cosa y la otra en un libro que ha circulado ampliamente dentro del mundo intelectual: "El saber y la cultura".

Para el filósofo alemán la cultura no es una dimensión del saber, sino del ser. No es un hecho, sino una esencia. Tiene que ver con la más íntima formación del espíritu. Y fue bajo esta concepción de la cultura que el famoso Chesterton, viendo en Toledo a unos campesinos sentados sobre el suelo y dispuestos a disfrutar su almuerzo, pudo decir a Fernando de los Ríos "que cultos son estos analfabetos". Esta sorprendente paradoja ha quedado como la más lograda de quien fue un maestro de esa retórica figura después de Oscar Wilde.

Había que observar en Zéndegui sus gestos, el talante con que desarrollaba el fluido y enjundioso discurso que tenía para todo. Porque si era esencialmente culto en el nivel del ser, era un erudito henchido de conocimientos. Se podría decir que su intelectualidad era un espectáculo, porque en el fondo él tenía mucho de actor en el mejor sentido de la palabra.

Su porte, siempre elegante, su prestancia, un tanto grave o severa, eran reflejos de su personalidad. Y en ella, absolutamente inconfundible, se conjugaban su refinada sensibilidad, su recio carácter, su vivaz temperamento. Y con estas aristas psicológicas, sus poderes mentales, que, dirigidos por su inteligencia, lograron tan vastos saberes al cabo de muchos años de lecturas y estudios.

Un auténtico intelectual, que es un tipo humano muy específico. Si se dice que es aquél que vive en diario trabajo con la inteligencia, hay que añadir que es el hombre que más condicionado está por los supremos valores éticos y más presionado por los inexorables acontecimientos que lo rodean y que marcan el rumbo de la humanidad.

Todo un caballero, un señor, un hombre investido de una dignidad que siempre honró con el decoro de su vida, sin mancha alguna en sus sucesivos quehaceres y responsabilidades. Por mandato de su vocación se movió siempre dentro de las más nobles empresas culturales.

En La Habana fue presidente del Grupo Bolivariano de Cuba. Al unísono, director técnico de la Sociedad Colombista Panamericana, que encabezaba Julián Martínez Castells. Asimismo director general del Instituto Nacional de Cultura durante el último lustro de la república y secretario del Patronato de la Biblioteca Nacional, que presidía el ilustre y tan injustamente olvidado Emeterio Santovenia.

Más que su elección como concejal del Ayuntamiento de La Habana, lo que garantiza su memoria es su hermoso libro "Ámbito de Martí", con tantas fotografías de los lugares vinculados al Apóstol y que se puede adquirir en las librerías de Miami.

Con el derrumbe de la república, tras su escala en México, llega a Washington, en la seguridad de que allí, en la Organización de los Estados Americanos, está su destino. Estaba tan consciente de sus títulos y valimientos que no le sorprende que se le designara subdirector del Departamento de Asuntos Culturales. Como tal, dirige la revista "Américas", la mejor de cuantas dentro de su género se han editado en el continente, con ediciones en tres idiomas.

Y en medio de todo lo que allí escribió, no pueden olvidarse los cuadernos que redactados por él se dedicaron, uno por uno, a todos los países del Nuevo Mundo. En páginas, muy ilustradas, aparecía cada nación en todos sus aspectos: la geografía, la población, la historia, la cultura en todos sus niveles. Debieron haberse reunido y publicado en un volumen.

Ya en Miami, Guillermo estuvo presente en toda empresa cultural. Estaba en la "Editorial Cubana", fundada por el doctor Luis J. Botifoll. Pronunció no pocas disertaciones dentro del "Patronato Ramón Guiteras". Y semana tras semana su artículo en el "Diario Las Américas". Más que tales, eran verdaderos sermones, a la manera de los famosos del indómito González Prada.

Respondían a la tesis sostenida en su libro "Todos somos culpables", que publicó Manolo Salvat. Si el diagnóstico podría molestar a muchos,, la historia confirmará el acierto de su juicio. Nada cubano le era ajeno. Y así lo prueba lo último que publicó: "Las primeras ciudades cubanas", también bajo el sello de "Ediciones Universal". Quien ha muerto fue un cubano que honraba a Cuba por sus hechos y por ser quien era.

Gastón Baquero (1916)

Debo a la gentil generosidad de Monseñor Ángel Gaztelu el poder ver ahora el "poster" que se ha impreso para anunciar el homenaje que la Universidad de Salamanca le rinde a un cubano que lleva treinta cuatro años viviendo en el exilio español. En el centro, la foto del periodista y escritor que honra la cultura hispánica. Encima, su apellido, calificándosele de poeta de tres mundos. Debajo otra calificación, la de "argonauta".

¿Hacia qué Vellocino de Oro puede navegar este cubano que ha perdido el asiento patrio? Para Gastón no hay más ambición ni más meta que recobrar la isla perdida. Toda Cuba es una espantosa ruina. Física, moral y culturalmente. Yo he podido observarle la abisal desolación en que está sumergido.

Pero, ¿quién le iba a decir a Gastón y a sus leales amigos y admiradores que llegaría este singular tributo de la prestigiosa Universidad salmantina? ¿Por qué se ha decidido otorgarle este internacional reconocimiento a un hombre que practica sinceramente la más recatada humildad? Ningún otro cubano ha recibido semejante homenaje.

He leído el programa. Trece connotados intelectuales de España y de la América española disertarán sobre diversos aspectos y tópicos de su obra. Altas autoridades oficiales y universitarias ocuparán la tribuna en su honor. Mientras tanto, allí, ante ellas y el público, silencioso y ensimismado, con un infinito tropel de pensamientos pasándole por la gran cabeza, estará él recordando a los suyos y hasta las palomas de su madre.

Los que lo conocemos adivinamos su asombro. Se preguntará por qué se le ha hecho todo eso si él quiere pasar por el mundo totalmente inadvertido. Y en esta franciscana actitud está la raíz de tan insólita exaltación. No hay palabras para agradecer a los organizadores esta justa y feliz iniciativa. Gastón la merece. Ha llegado tan lejos porque nunca ha buscado la consagración que significa lo de Salamanca. Baquero no es un hombre común. Lo conozco hace medio siglo.

Cuando hacia la mitad de la década de los cuarenta ingresa en el "Diario de la Marina", exhibirá sus inmensos talentos, la fortaleza de sus principios, la reciedumbre de su carácter, toda la fascinación de su avasalladora personalidad. Porque él no es el que Madrid conoce. El auténtico Gastón Baquero es el de La Habana, con aquella vertical y elegante apostura, con aquel andar firme y vigoroso, con aquellos olímpicos gestos de los que acaso no tenía conciencia por la espontaneidad con que los producía.

Gastón es un mundo aparte. No hay más que observarle su imponente cabeza, las rígidas líneas de su rostro, la plasticidad de sus mohines, como reflejos de los movimientos de su ánimo. En un tiempo de especialidades, él es un genuino personaje del Renacimiento. Ese cerebro suyo no tiene la estructura ni las funciones normales de los demás seres inteligentes. Su memoria tiene profundidades insondables y su pensamiento la más deslumbrante celeridad. Lo sabe todo, por esa inaudita capacidad que posee para absorber los conocimientos, retenerlos y relacionarlos mágicamente.

Sabe literatura, pero no sólo la hispánica, sino las extranjeras. Es difícil encontrar quien sepa más de música, más de arte. Toda la historia no es más que un paisaje que tiene ante sus ojos, que no miran como los de cualquiera. Su mirada taladra.

Conoce la sociedad, y con ella a los hombres, y en éstos las más diversas estribaciones de su conducta, sea la de un político o la de un empresario, la de un sencillo obrero o la de un erudito intelectual. En Cuba tuvo que lidiar con todos. Le era posible saltar con atlética destreza de un nivel a otro a pesar de la distancia que hubiese entre ellos. Un magno ejemplar humano. Y en el fondo sencillo y sentimental hasta la ternura frente a la cual se volatiliza toda su enérgica severidad.

Pero acaso lo más fundamental de su personalidad, para ser un hombre completo, es su cubanía. De Cuba se lo sabe todo. No hay nada de la Isla que él no sepa. Lo que se ve y lo que está escondido. Él ha nacido privilegiadamente dotado de las más singulares potencias. Se perciben en "Magias e invenciones", el libro de sus poesías.

Pero con el derrumbe de Cuba se derrumbaron en su alma muchos de los más firmes arquitrabes. Se sacudió su colosal estructura espiritual. Y aquel hombre de fe y de esperanza, de seguridad y de optimismo, se sintió perdido dentro de ese absurdo laberinto por el que camina envuelto por melancólicas nostalgias, sin importarle nada como si el Eclesiastés lo hubiera convencido de que todo no es más que vanidad de vanidades.

Si los ocho siglos de la Universidad de Salamanca se rinden ante él es porque lo merece. Dios permita que una maravillosa iluminación le haga recobrar toda su más auténtica identidad de hombre de excepción. Mucho le queda todavía por hacer.

BIBLIOGRAFÍA DE OCTAVIO R. COSTA

SANTOVENIA, HISTORIADOR Y CIUDADANO, La Habana, 1944, Úcar, García y Cia.

DIEZ CUBANOS, La Habana, 1945, Úcar, García y Cia.

RUMOR DE HISTORIA, La Habana, 1950, Úcar García, S.A.

SUMA DEL TIEMPO, La Habana, 1950, Úcar García, S.A.

ANTONIO MACEO, EL HÉROE, Premio de la Academia de la Historia en 1947. Primera edición, La Habana, 1947. Reedición, Miami, 1984, La Moderna Poesía.

JUAN GUALBERTO GÓMEZ: UNA VIDA SIN SOMBRA, Premio de la Academia de la Historia de Cuba en 1949. Primera edición, La Habana, 1949, Editorial Unidad. Reedición, Miami, 1984, La Moderna Poesía.

MANUEL SANGUILY, HISTORIA DE UN CIUDADANO, Primera edición, La Habana, 1950. Reedición, Miami, 1989, Ediciones Universal.

HOMBRES Y DESTINOS, La Habana, 1954, Úcar, García, S.A. Reedición, Miami, 1998, Editorial Cubana.

VARIACIONES EN TORNO A DIOS, EL TIEMPO, LA MUERTE Y OTROS TEMAS, Miami, 1987, Ediciones Universal.

PERFIL Y AVENTURA DEL HOMBRE EN LA HISTORIA (1492-1988), Miami, 1988, Ediciones Universal.

SANTOVENIA: UNA VIDA CON SENTIDO HISTÓRICO, Miami, 1989, Editorial Cubana

ANTOLOGÍA DE INSTANTÁNEAS. UN PERIODISMO LOCAL, COTIDIANO Y VIVO (1960-1989), Miami, 1991, Ediciones Universal.

DON PEPE MORA Y SU FAMILIA, Miami, 1991, Ediciones Universal.

LUIS J. BOTIFOLL: UN CUBANO EJEMPLAR, Miami, 1991, Centro Norte Sur, University of Miami.

EL IMPACTO CREADOR DE ESPAÑA SOBRE EL NUEVO MUNDO (1492-1582), Miami, 1992, Ediciones Universal.

RAÍCES Y DESTINOS DE LOS PUEBLOS HISPANOAMERICANOS, Miami, 1992, La Moderna Poesía.

IMAGEN Y TRAYECTORIA DEL CUBANO EN LA HISTORIA I (1492-1902), Miami, 1994, Ediciones Universal.

MODESTO M. MORA, M.D., LA GESTA DE UN MÉDICO, Miami, 1996, Ediciones Universal.

IMAGEN Y TRAYECTORIA DEL CUBANO EN LA HISTORIA II (1902-1958), Miami, 1998, Ediciones Universal.

BOLÍVAR: MÁS ALLÁ DEL TIEMPO Y DEL ESPACIO, Miami, 1999, Ediciones Universal

SER Y ESENCIA DE MARTÍ, Miami, 2000, Ediciones Universal.

BAJO MI TERCA LUCHA CON EL TIEMPO. MEMORIAS (1915-2001), Miami, 2001, Ediciones Universal

CARUCA (1917-2000), Miami, 2002, Ediciones Universal.

CUBANOS DE ACCIÓN Y PENSAMIENTO, Miami, 2003, Ediciones Universal.

www.ingramcontent.com/pod-product-compliance
Lightning Source LLC
Chambersburg PA
CBHW032302300426
44110CB00033B/277